2009 金融风暴下的中国

（修订版）

2009 THE GLOBAL FINANCIAL CRISIS AND CHINA

金歌／著

中国社会科学出版社

图书在版编目（CIP）数据

2009 金融风暴下的中国/金歌著 . —北京：中国社会科学出版社，
2009. 1（2009. 4 修订重印）

ISBN 978-7-5004-7566-8

Ⅰ. 2… Ⅱ. 金… Ⅲ. ①金融危机—研究—世界 ②经济发展—
研究—中国 Ⅳ. F831. 59 F124

中国版本图书馆 CIP 数据核字（2009）第 001118 号

出版策划	任　明		
特邀编辑	晓　丽		
责任校对	富　国		
封面设计	弓禾碧		
技术编辑	李　建		

出版发行　中国社会科学出版社

社　　址	北京鼓楼西大街甲 158 号	邮　编	100720
电　　话	010—84029450		
网　　址	http：//www. csspw. cn		
经　　销	新华书店		
印　　刷	北京奥隆印刷厂	装　订	广增装订厂
版　　次	2009 年 4 月第 2 版	印　次	2009 年 4 月第 2 次印刷
开　　本	710×1000　1/16		
印　　张	16		
字　　数	221 千字		
定　　价	28. 00 元		

今年国民经济和社会发展的主要预期目标是：国内生产总值增长8%左右，经济结构进一步优化；城镇新增就业900万人以上，城镇登记失业率4.6%以内；城乡居民收入稳定增长；居民消费价格总水平涨幅4%左右；国际收支状况继续改善。……

做好今年政府工作，必须把握好以下原则：

一是扩内需、保增长。坚持把扭转经济增速下滑趋势作为宏观调控最重要的目标，把扩大国内需求作为促进经济增长的长期战略方针和根本着力点，增加有效需求，加强薄弱环节，充分发挥内需特别是消费需求拉动经济增长的主导作用。

二是调结构、上水平。坚持把推进经济结构调整和自主创新作为转变发展方式的主攻方向，变压力为动力，坚定不移地保护和发展先进生产力，淘汰落后产能，整合生产要素，拓展发展空间，实现保增长和调结构、增效益相统一，增强国民经济整体素质和发展后劲。

三是抓改革、增活力。坚持把深化改革开放作为促进科学发展的根本动力，进一步解放思想，加大重点领域和关键环节改革力度，消除体制机制障碍，激发创造活力。

四是重民生、促和谐。越是困难的时候，越要关注民生，越要促进社会和谐稳定。坚持把保障和改善民生作为经济工作的出发点和落脚点，实行更加积极的就业政策，把促进增长与扩大就业、改善民生紧密结合起来，让人民群众共享改革发展的成果。

——摘自温家宝在十一届全国人大第二次
全体会议上所作《政府工作报告》

目 录

第二章　并非暖冬：金融危机对中国的影响

第三章　重拳出击：中国应对危机的对策

第四章 绝处逢生：危机下中国的挑战与机遇

第五章　英雄本色：全球危机下中国的角色与视野

第六章　走过严寒：2009年国计民生展望

第七章 梅兰芳菲：金融危机下的新生活

前 言

　　2008 年的冬天，因为金融风暴席卷全球，世界经济严重减速，五大洲的人们都感受到了料峭的寒意。曾几何时的"暖冬"，在这个冬天消失了它的身影。与风暴发源地相距万里之遥的中国也未能幸免，外贸出口首当其冲，经济列车骤然减速，实体经济广受连累，民生问题渐次凸显……

　　2009，新的一年，伴随着凛冽的寒风向我们走来。在这新的一年里，金融危机将怎样进一步发展？世界经济将呈现一种怎样的状态？中国经济的增速与走势如何？面对这些严峻的挑战，我们将怎样迎战与突围？我们的对策如何、胜算几何？金融危机对民生有着怎样的影响？我们如何渡过危机下的新生活？这些，都是我们每个人应该也必须了解的。我们还应该了解的是，次贷危机是怎么爆发的？华尔街的金融精英们又玩了些什么花样？在"救美"与"自救"之间，国际社会又进行了怎样暗潮汹涌的角力？在中国"英雄救美"与"救中国就是救世界"的抉择上，又进行了怎样惊心动魄的博弈？追寻这场灾难的政策根源，政府和主管部门做错了什么？追寻这场灾难的人性根源，我们普通大众又做错了什么？

　　如今，寒雪消融，万物复苏，大地回春。然而，这场金融风暴带给全球的冬天，也许比自然界的冬天要长、要久。各国经济增长的趋缓是否会酿成全球衰退？危机的谷底何时显现？经济的恢复何时到来？中国经济是否仍能一枝独秀、一马当先，率先恢复强劲增长？中国百姓是否能够在这场危机"倒逼"而形成的改革中享受到更多的实惠？我们的国家和民族能否在这场危机中发挥更广泛的影响，进一步奠定自己的国际地位，争取到更多的话语权？

趁着金融风暴肆虐的这些日子，我们有必要静下心来，了解些什么，理解些什么，破解些什么。如果说本书在这方面能对读者有些什么帮助，那正是作者所愿努力的。

最后，我们就以温家宝总理在 2009 年春天两会记者会上引用的古诗，表达我们对大自然和人类社会美好春天的祈愿：

> 莫道今年春将近，
> 明年春色倍还人。

第一章

风暴之眼：金融风暴的来龙去脉

众所周知，大自然中的风是气流在水平方向分布不均匀形成的，小到丝丝凉风，大到掀天飓风，莫不如此。一般来说，我们平常所说的台风（与飓风一样，都是指 33 米/秒以上的热带气旋，在西北太平洋和我国南海的叫台风，在大西洋、加勒比海和北太平洋东部的叫飓风）都形成在海上，根据强弱的级别分成热带低压（风力为 6～7 级）、热带风暴（风力为 8～9 级）、强热带风暴（风力为 10～11 级）、台风（风力为 12～13 级）、强台风（风力为 14～15 级）、超强台风（风力为 16～17 级）。台风是旋转着前进的，仿佛一个大大厚厚的卷筒，其外围宽度一般可达 600～1000 公里，最大可达 2000 公里。卷筒的中心自然是空的，因此，台风在厚厚的筒壁之中往往有一个直径大约 40 公里的筒心，称作"台风眼"（"风暴眼"）。台风过处，万物披靡，而风暴眼里却风平波静。

时下的这场金融风暴，恐怕比历史上任何一次飓风更有广度、更具威力，所过之处，没有谁不感到刺骨的寒冷，没有谁还有工夫审视、琢磨这个恣意肆虐的恶魔。也许，只有在风暴眼中才可以偷得一时之闲，记下风暴的来龙去脉吧？或者，就让风暴眼自己告诉我们吧！

一 都是次贷惹的祸

2008 年遍及全球的金融风暴，导火索是美国的次贷危机。如今，这场金融领域引发的危机已经蔓延到了实体经济，酿成了全球性的经济危机。在极度深寒的侵袭之下，人们已经无暇回头审视刚刚过去的往事。不过，要想弄清此次危机祸起何处，更关键的是为了深刻反思过去金融经济领域的问题以利未来全球经济的良性发展，则必须看看风暴之源——次贷究竟出了什么问题。

1. 次贷，看上去很美

自 2007 年春天以来，次贷就是人们经常议论的话题，那么，这个捅出信用危机、引发金融风暴的家伙是个什么东西呢？次贷全称次级抵押贷款（sub-premium mortgage，简称次贷、次级债），指银行或贷款机构提供给那些信用等级或收入较低、无法达到普通信贷标准的客户的一种贷款。美国次贷产生于 20 世纪 80 年代。1980 年，美国国会为鼓励房贷机构向低收入家庭发放抵押贷款，通过了《存款机构放松管制和货币控制法》。该法取消了抵押贷款利率的传统上限，允许房贷机构以高利率、高费率向低收入者放贷，以补偿房贷机构的放贷风险。由于当时正值美国经济衰退，房贷并未因该法的生效而出现大幅增长。1994 年通过的《住房所有权和房产价值保护法》对抵押贷款利率和借贷关系作了进一步规范，明确高成本抵押定义为年利率超过同期限国债收益率 8 个百分点的抵押贷款。

贷款买房子的制度原本是一种非常好的金融制度。一般来说，首先，它要求贷款者付 20% 的首付款，表示贷款者的责任心；其次，贷款的总数不能超过贷款者年收入的 4 倍，也就是说年收入 10 万元的家庭，银行顶多借给你 40 万元买房子。这是最基本的金融产品，这种产品使很多原来买不起房子的年轻夫妻可以拥有一处自己的房子，实现了他们的"美国梦"，同时激活了相关联的经济部门。在这种制度下，银行与贷款者的责任与风险都非常清楚：贷款者知道如果还不出每个月的贷款就有可能失去房产和 20% 的首付款；银行知道如果呆账达到一定程度就会被政府关闭，取消营业资格。在责任与风险的平衡下，社会生活平稳运转。

美国抵押贷款市场的"次级"（sub-prime）及"优惠级"（prime）是以借款人的信用条件作为划分界限的。根据信用的高低，放贷机构对借款人区别对待，从而形成了两个层级的市场。信用低的人申请不到优惠级，只能在次级市场寻求贷款。两个层级市场的服务对象均为贷款购房者，但次级市场的贷款利率通常比优惠级贷款高 2%～3%。次级抵押贷款由于给那些受到歧视或者不符合抵押贷款市场标准的借款者提供贷款，所以在少数族裔高度集中和经济不发达的地区很受欢迎。从这一点来看，应该说美国次级抵押贷款的出发点是好的，在最初的 10 年里，这种金融产品的适度发放也取得了显著的效果。1994～2006 年，美国的房屋拥有率从 64% 上升到 69%，超过 900 万的家庭在这期间拥有了自己的房屋，这很大部分应归功于次级房贷。

在利用次级房贷获得房屋的人群里，有一半以上是少数族裔，其中大部分是低收入者，信用纪录也较差。因此，次级抵押贷款具有高风险性。相比普通抵押贷款 6%～8% 的利率，次级房贷的利率有可能高达 10%～12%，而且大部分次贷采取可调整利率（非固定利率），这正是制度设计对次贷高风险性的一种补偿。就这样，钱少、信用差的贷款者承担高利率，高利率的放贷者承担高风险，前者有房住，后者赚大钱，周瑜打黄盖——一个愿打，一个愿挨。次级抵押贷款，看上去很美。

2. 震惊世界的金融"创新"

然而，事情并未到此停止，华尔街的精英们继续进行金融"创新"。终于，一种震惊世界的金融产品——CDS 诞生了。在美国，个人贷款者是向抵押贷款公司而不是直接向银行申请抵押贷款，抵押贷款公司则将抵押贷款（其实只是债券）出售给商业银行或者投资银行获取资金。考虑到次级贷款的风险，美国金融界又设计出了一种机制，即把银行贷款的风险卖给保险公司，银行交付一定的保险费，出事时由保险公司来赔偿违约损失。这种金融新品叫 CDS（credit default swap），是一种合同，全称为"信用违约（掉期）合同"。

CDS 是美国一种相当普遍的金融衍生品，1995 年首创。CDS 相当于对债权人所拥有债权的一种保险，举例来说：A 公司从 B 银行借款，B 从中赚取利息，假如 A 破产，B 可能会连本金都输得精光。那么，B 又该如何减少风险呢？金融公司 C 可以为 B 提供保险，B 只要每年支付保费给 C 即可。如果 A 破产，C 公司保障 B 银行的本金；如果 A 按时偿还，B 的保费就成了 C 的盈利。这种交易不受任何证券交易机构监管，完全在交易对手间直接进行，所以又被业界称为柜台交易（over-the-

counter，OTC）。也就是说，在最初成交 CDS 时，并没有任何机构对 C
是否有足够的储备资金进行评估检查；出于可以不断分散风险的考虑，
又可以进行"暗箱操作"。因此，这种方式后来逐渐为券商、保险公司、
社保基金、对冲基金所热衷。近年来，这一衍生品的参照物又扩展到了
利率、股指、天然气、石油价格等。

当风险全都由保险公司来承担时，它势必要寻找一种新的渠道，将
更大的风险分担出去。在购买了大批房屋贷款（债券）后，保险公司重
新将这类产品加以包装，卖给另外一个金融机构获取即时利润。接包的
金融机构又重新包装，再卖给下一个金融机构。新包装一个接着一个，
原始的贷款风险不断转手。银行因为感觉没有风险，胆子越做越大，致
使房地产市场变得异常活跃，房价节节攀升。据统计，1996～2006 年
间，美国房价飞涨了大约 85%。这一切更加刺激了房地产市场的膨胀，
因为在无需首付款的情形下，人们购房主要地是去投资。所以 CDS 不
断地买进又被卖出，越滚越大，最高的时候，全美 CDS 合约的总市值
达 62 万亿美元。

从理论上说，CDS 能够持续运转是基于一个假设，那就是房价不
断上涨。稍微有点常识的人都明白，这个假设是不可能成立的。前些年
美国房地产的欣欣向荣是金融界不负责任发放贷款、CDS 越滚越大造
成的假象，这个假象随着经济增长的放缓总有一天会露出破绽直至崩
溃。遗憾的是，在巨大利益驱动以及追慕享乐等心理的作用下，次贷活
动每个环节上的参与者都在自欺欺人——皇帝的新装典雅而华丽，漂亮
极了。

3. 是种子就要发芽

早在 2003 年，投资大师沃伦·巴菲特就预言 CDS 是一颗定时炸
弹、"大规模金融杀伤性武器"，并下令其执掌的伯克希尔·哈撒韦公司
撤出 CDS 市场。但当时人们把巴菲特的话当作了耳旁风，对 CDS 依然
如醉如痴。

说起来，艾伦·格林斯潘执掌的美联储，在次贷泡沫的催生中起了
推波助澜的作用。从 2001 年初美国联邦基金利率下调 50 个基点开始，

美联储的货币政策开始了从加息转变为减息的周期。经过 13 次降低利率之后，2003 年 6 月，联邦基金利率已经降低到 1%，达到过去 46 年以来的最低水平。房贷利率也在同期下调：30 年固定抵押贷款利率从 2000 年底的 8.1% 下降到 2003 年的 5.8%；一年可调息抵押贷款利率从 2001 年底的 7.0%，下降到 2003 年的 3.8%。

这种宽松的货币政策环境，刺激了美国房地产市场的迅猛发展。因为利率下降，使很多蕴涵高风险的金融创新产品在房地产市场上有了产生的可能和扩张的机会。在利益的驱动下，放贷机构间竞争的加剧催生了多种多样的高风险次级抵押贷款产品。浮动利率贷款和只支付利息贷款大行其道，占总抵押贷款发放的比例迅速上升。贷款机构只顾极力推广这些产品，而有意忽视向借款人说明风险和确认借款人还款能力的环节。美联储数据显示，次级贷款占全部住房抵押贷款的比例从最初的 5% 上升到 2006 年的 20%。一些贷款机构甚至推出了"零首付"、"零文件"的贷款方式，即借款人可以在没有资金的情况下购房，且仅需申报其收入情况而无需提供任何有关偿还能力的证明，如工资条、完税证明等。借款人的还贷负担远低于固定利率贷款，这使得一些中低收入者纷纷入市购房，甚至开始利用其中的有利机制投资房市。

金融机构与投资者的贪婪加上美国政府监管部门的松懈，让次贷市场在迅速膨胀的同时开始扭曲。金融机构为了拿到更多的订单，甚至开始与投资者一同作弊。弗吉尼亚州的一家咨询机构——住房抵押贷款资产研究所 2006 年 4 月对 100 笔"零文件"贷款进行了一项跟踪调研，调研者把贷款人申请贷款时申报的收入与其提交给国内税务署（IRS）的税务申报比较，发现 90% 的贷款人高报个人收入 5% 或以上，其中 60% 的借款人虚报收入超过实际收入的一半以上。德意志银行的一份报告称，在 2006 年发放的全部次级房贷中，此类"骗子贷款"占到 40%，而 2001 年的比例为 21%。

从历史经验来看，美国房地产的起落一向是周期性的，一个周期大约是 7 年。在 CDS 的链条中，当还不上贷款的人越来越多时，保险公司就会倒闭。保险公司一倒闭就不能兑现给银行提供的保险，银行也要倒闭。附带的，那些购买 CDS 证券的外国投资公司也要咽下所有的损失，因为那些贷款债券已经不值钱了。随着经济通胀加剧，从 2004 年 6 月起，美联储的低利率政策开始了逆转，到 2007 年次贷危机暴露之前，美联储先后 17 次加息，联邦基金利率从 1% 提高到 4.25%。到 2006 年 8 月，联邦基金利率上升到 5.25%，这标志着美国经济周期扩张性政策的完全逆转。

连续升息提高了房贷的成本，开始发挥抑制需求和降温市场的作用，促发了房价下跌以及抵押贷款违约风险的大量增加。但是，次级抵押贷款市场并未因此而停住脚步，放款机构和贷款者都认为，如果出现还贷困难，借款人只需出售房屋或者进行抵押再融资就可以了。可事实上，由于美联储连续 17 次加息，房地产市场持续降温，贷款人很难将自己的房子卖出，即使能卖掉，价格也可能下跌到了不足以偿还剩余贷款的程度。这时，很自然地会出现逾期还款和丧失抵押品赎回权的案例。而此类案例一旦大幅增加，必然引起对次贷市场的悲观预期，次贷市场发生严重震荡，冲击贷款市场的资金链，进而波及整个抵押贷款市场。与此同时，房地产市场价格也会因为房屋所有者的止损心理而继续下跌。两重因素的叠加最终形成了马太效应，出现恶性循环，加剧了次贷市场危机的发生。

二　倒下去的多米诺骨牌

美国次贷危机有两个相当著名的角色——房利美（联邦国民抵押贷款协会）和房地美（联邦住房抵押贷款公司），简称"两房"。"两房"根据美国国会特别法注册的，业务受联邦政府监管，享受许多其他金融机构做梦也不敢奢望的豁免和优惠，差不多算是"国企"。"两房"是美国住房贷款的主要发放者，占全美房贷发放量的 50%，占次级房贷的 90% 还多。2007 年春次贷危机爆发，2008 年 9 月 7 日，"两房"被美国政府（联邦住房金融局，FHFA）接管。"两房"尘埃落地，但由于次贷关系链太长了，一经触发，就像多米诺骨牌，倒下了一片。

1. 贝尔斯登消失

贝尔斯登是美国第五大投资银行，全球 500 强企业之一，成立于 1923 年。这是一家全球领先的金融服务公司，致力于为全世界的政府、企业、机构和个人提供服务。公司主要业务涵盖机构股票和债券、固定收益、投资银行业务、全球清算服务、资产管理以及个人银行服务，在全球拥有约 14500 名员工。

贝尔斯登不是资产规模最大的投行，但却是近几年华尔街最赚钱的投行。在 2007 年第四季度的公告中，彭博社数据显示，由于出售服装零售商 New York & Co 带来的特殊收益，至 11 月底贝尔斯登第四季度多赚 22%，纯利由 2006 年同期的 2.88 亿美元增加至 3.52 亿美元，每股盈利为 2.61 美元，连续三个季度创出新高。而事实上，早在 2003 年，贝尔斯登就因占领抵押担保债券业务（CMO）的主要市场，税前利润超过了高盛和摩根斯坦利，成为全球盈利最高的投资银行。

贝尔斯登的灾难最早始于 2007 年旗下两只对冲基金的倒闭，当时投资人的损失超过 15 亿美元，贝尔斯登从此也元气大伤。2007 年 5 月底至 8 月底间，公司账面资产缩水达 420 亿美元。随后，9 月 20 日贝尔斯登宣布季度盈利大跌 68%，继而又在 12 月 20 日宣布 19 亿美元资产减记。

2008 年 3 月 10 日，星期一。美国股市开始流传贝尔斯登可能出现流动性危机的消息。一些美国固定收益和股票交易员开始把现金从贝尔斯登撤出。美国证券交易委员会（SEC）似乎闻到了市场上的紧张气氛，破天荒地在那一天替贝尔斯登辟谣，称"投资银行都具有足够的缓冲资本"。但后来的事态显示，美国证交委的乐观表态并没有赢得投资者的信任。从 2008 年 3 月 11 日开始，越来越多的贷款人和客户开始从贝尔斯登撤资，贝尔斯登的超额流动性迅速枯竭。3 月 13 日，形势已经很明朗，以前愿意接受抵押的证券公司坚持要提取现金，贝尔斯登已经无法应付客户的资金要求。在短短一周时间内，股价如高台跳水般从 30 美元狂跌到 4.8 美元，其间更是差点以折合每股 2 美元的超低价被摩根大通收购。仅仅上任两个月的贝尔斯登主席兼 CEO 阿兰·施瓦茨彻底崩溃了，他接通美联储的电话，发出了求救信号。

2008 年 3 月 14 日，美联储决定通过摩根大通向贝尔斯登提供应急资金，以缓解该公司的流动性短缺危机。这是自 1929 年美国经济大萧条以来，美联储首次向非商业银行提供应急资金。5 月 31 日，摩根大通最终以每股 10 美元的价格宣布完成对贝尔斯登价值 14 亿美元的收购。至此，这家拥有 85 年历史、经历过大萧条及多次起起伏伏的顶级投行，正式消失在华尔街的历史中，成为当时信贷危机最大的受害者。

2. 雷曼兄弟猝死

雷曼兄弟公司是为全球公司、机构、政府和投资者的金融需求提供服务的一家全方位、多元化投资银行。雷曼兄弟公司通过其设在全球 48 座城市的办事处组成了一个紧密连接的网络积极地参与全球资本市场，这一网络由设在纽约的全球总部和设在伦敦、东京和香港的地区总部统筹管理。

雷曼兄弟公司自 1850 年创立以来，已在全球范围内建立起了创造新颖产品、探索最新融资方式、提供最佳优质服务的良好声誉。这一声誉来源于其公司杰出的员工及其热忱的客户服务。截至 2008 年 9 月，公司的雇员人数为 12343 人，员工持股比例达到 30%。雷曼兄弟公司雄厚的财务实力决定了其在所从事业务领域的领导地位，并且成为全球最具实力的股票和债券承销和交易商之一。同时，它还担任全球多家跨国公司和政府的重要财务顾问，并拥有多名业界公认的国际最佳分析师。由于业务能力受到广泛认可，雷曼公司拥有包括众多世界知名公司的客户群，如阿尔卡特、美国在线、时代华纳、戴尔、富士、IBM、英特尔、强生、摩托罗拉、NEC、百事、菲利普莫里斯、壳牌石油、住友银行及沃尔玛……

能够走过百年历程的机构必然经历过风风雨雨。历史上的雷曼也曾经四次在巨额亏损的危机中奇迹般地幸存了下来。其中的两次重大危机分别是：1994 年雷曼被美国运通卖出后，面临严重的资金紧缺，并蒙受巨额亏损，股价下跌 30%；另一次是在 1998 年，因俄罗斯卢布贬值，俄罗斯债券发生违约，对冲基金长期资本管理公司崩溃，使雷曼再次面临生死考验。然而，雷曼兄弟凭借着其百多年的经验、良好的信用和掌舵人的智慧，在两次重大危机中最终化险为夷。

　　不幸的是，2008 年上半年，在美国抵押贷款债券业务上连续 40 年独占鳌头的雷曼兄弟因持有巨量与住房抵押贷款相关的"毒药资产"在短时间内价值暴跌而撑不住了。2008 年 6 月 16 日，雷曼兄弟公司发布财政报告称，第二季度（至 5 月 31 日）亏损 28.7 亿美元，是公司 1994 年上市以来首次出现亏损。9 月 10 日，雷曼兄弟公司提前发布第三季度财政报告，巨额亏损大大超过市场预期。报告显示，雷曼兄弟第三季度巨亏 39 亿美元，创下该公司成立 158 年历史以来最大的季度亏损。财报公布之后，雷曼股价应声下挫近 7%，股价从 2008 年初的超过 60 美元跌到 7.79 美元，短短 9 个月狂泻近 90%，市值仅剩约 60 亿美元。

　　在从外部投资者获取资金的努力失败后，雷曼兄弟决定出售旗下资产管理部门的多数股权，并分拆价值 300 亿美元的房地产资产，以期在这场金融危机中生存下来。美国财政部长保尔森、证交委主席考克斯以及来自花旗银行、摩根大通、摩根斯坦利、高盛、美林等公司的高层，连续三天云集位于曼哈顿的纽约联邦储备银行总部，研究如何拯救面临破产的雷曼，以阻止信贷危机进一步恶化。但财长保尔森反对动用政府资金来解决雷曼的财务危机，会议没有取得成果。受此影响，与会的英国第三大银行巴克莱银行宣布，由于美国政府不愿提供财政支持，决定退出拯救计划，撤出对雷曼兄弟公司的竞购行动。2008 年 9 月 15 日，拥有 158 年历史的雷曼兄弟公司宣布：由于陷入严重财务危机而申请破产保护。其提交的破产申请显示，雷曼的负债已经超过 6000 亿美元。

3. 美林、高盛、大摩一个都不少

　　美林、高盛、摩根斯坦利（业内亦称"大摩"）都是华尔街的著名投资银行，它们的名字是那么的闪亮，以至于金融企业都唯其马首是瞻，金融业的从业者要是在那里不小心遇到了这三家公司的金融精英们，都会赶忙让道并献上注目礼。而今，它们虽然都还活着，但身份已变，光彩已逝。

　　美林公司是世界最大、最著名的证券零售商和投资银行之一，资本

额高达 235 亿美元，在《财富》杂志全球 500 家大公司排名中，位列证券业第一。作为世界最大的金融管理咨询公司之一，美林在纽约曼哈顿 4 号的世界金融中心大厦占据了 34 层楼。公司前身于 1885 年创立，公司于 1914 年 1 月 7 日正式创办，1915 年正式更名为美林。

美林公司的业务涵盖投资银行的所有方面，包括债券及股票的承销、二级市场经纪及自营业务、资产管理、投融资咨询及财务顾问，以及宏观经济、行业、公司的调研。美林拥有阵容强大、范围全面的调研分析队伍。在《机构投资者》杂志每年的"全美最佳研究小组"评选中，美林公司连续三年获得全球最强研究实力这一最高荣誉奖。美林公司在世界 40 多个国家开展业务，也是首家获邀在中国开设办事处的美资投资银行。1993 年，美林在上海的办事处正式开业。几年来，美林通过首次公开上市和债券发行等形式参与的中国政府和企业融资项目数量超过任何其他投资银行，总额接近 100 亿美元。

2007 年春天以来，由于受次贷危机重创，美林公司财务极为糟糕，股价从 2007 年 1 月每股 97.53 美元的最高点至年中时暴跌 80%，与抵押贷款相关业务净损失大约 190 亿美元。在 15 个月中，美林公司的资产负债表上拥有数百亿美元的高风险、流动性不良的资产，负债权益比率超过了 20 倍。2007 年四季度业绩更创下十余年的最差纪录，准备金减记 160 亿美元。其中，CDO（债务抵押凭证）减记达 125 亿美元。当时，美林尚有 218 亿美元的 CDO 相关资产以及 840 亿美元与房地产相关的资产。由此，美林前任 CEO 斯坦利·奥尼尔在困境中黯然引咎辞职。

相比贝尔斯登和雷曼兄弟，美林公司现任 CEO 约翰·赛恩更有预见力。上任之后，他采取了比其他诸多美国金融巨头更多的措施。如 2007 年 12 月，美林向淡马锡和资产管理公司 Davis Selected Advisors 定向增发 1.17 亿股新股，每股价格 48 美元，募集了约 56 亿美元。在 2008 年中报发表的同时，美林宣布完成出售价值 44.25 亿美元的彭博股权以及预计出售的约 35 亿美元的金融数据服务公司股份。剥离这两项资产，为美林补充了近 80 亿美元资本。2008 年 7 月 28 日，美林宣布再次筹资 85 亿美元，同时将价值 111 亿美元的次贷相关资产打折出售。此举曾被市场认为是"壮士断腕"之举，有助于之后的稳定发展。这些均是约翰·赛恩试图使美林在 2007 年开始的次贷危机中保全自己而采取的措施：筹集了巨额资本，清除了问题资产，出售了所持的大笔股权资产。

然而在采取了这么多措施的情况下，美林仍然难逃出售命运。就在雷曼兄弟宣布申请破产的当天，2008 年 9 月 15 日，美林公司 CEO 约翰·赛恩与美国银行 CEO 肯尼斯·刘易斯出席在纽约召开的新闻发布会，美国银行宣布以接近 500 亿美元的价格收购美林。

有了对美林的详尽描述，高盛、大摩可以不再徒费笔墨，它们的"光荣历史"不难查寻，只简单介绍一下结果就够了：2008 年美国当地时间 9 月 21 日晚间，美联储批准高盛和摩根斯坦利成为银行控股公司的申请，世界上最后两大投行不复存在。

至此，美国五大投资银行全军覆没。

4. AIG 被政府接管

美国国际集团（AIG）是全球最大的商业保险公司，旗下的 AIG American General 更是全美最顶尖的人寿保险机构。AIG 在全球各地的退休金管理服务、金融服务及资产管理业务，也位居世界前列。其金融服务业务包括飞机租赁、金融产品及全球消费者信贷业务。AIG 也是个人和大型企业投资管理市场中的翘楚，为客户提供专业的股票、定息证券、地产及其他投资管理服务。AIG 的股票在纽约证券交易所、美国 ArcaEx 电子证券交易市场、伦敦、巴黎、瑞士及东京的股票市场均有上市。

然而，一场划时代的金融危机，加上过多地下注那些深奥难懂的证券，规模相对较小的 AIG 业务部门因大量缺乏监管的衍生品而产生了巨额账面亏损。这些因素结合起来，让这个全球最大的保险公司命悬一线。2008 年 2 月 11 日，AIG 向美国证监会（SEC）提交的文件中作出预亏修正，将次贷担保损失由此前公布的 11 亿美元，修正至 48.8 亿美元。这一损失仅涉及 2007 年 10 月和 11 月。2008 年 2 月 29 日，AIG 公布其 2007 年第四季度及全年业绩，数据显示 2007 年第四季度净亏损达 52.9 亿美元。AIG 业绩公布后，国际评级机构惠誉表示，将维持 AIG 及其子公司的债务展望评级为负面。穆迪、标准普尔两大评级机构也相应下调了 AIG 的总体评级级别。有关资料显示，2008 年前三个季度 AIG 共损失 185 亿美元，股价自 2008 年以来跌去了 96%，仅 9 月 12 日一天便跌去了 31%。9 月 15 日，AIG 股价再跌 61%，收报 3.75 美元；次日开盘之后，AIG 的股价又遭遇一轮暴跌，曾经下探至 1.25 美元。

　　股价暴跌、信用评级下调、交易对手追索抵押品，这些危机环环相扣，仅三天的时间，AIG 这个具有 1 万亿美元资产的巨人走入了绝境。2008 年 9 月 16 日，AIG 不得不接受了来自美联储的 850 亿美元贷款，从而落入政府之手。按照美联储与之达成的协议，美联储向 AIG 提供 850 亿美元贷款，作为代价，美联储将持有 79.9% 的股权，AIG 需要出售资产以偿还这笔巨额债务。美联储给出 850 亿美元贷款的条件异常苛刻：贷款利率高达 11.5%。为保障纳税人的利益不受损害，贷款将以 AIG 的全部资产为抵押。2008 年 10 月 8 日，美联储宣布，再次向 AIG 提供高达 378 亿美元的贷款，用以帮助其补充资金流动性。然而，事态并没有在 AIG 获得贷款解救后得到太多的缓解，在获知 AIG 面临生存威胁不得不向美联储借过渡贷款并打算出售资产的消息之后，亚洲的投保人对 AIG 亚洲子公司友邦保险（AIA）信心丧失，新加坡、韩国及香港等地有不少民众纷纷前往 AIA 当地的客服中心要求退保，香港的 AIA 两天内就接到 2000 份的退保要求。

　　多么可怕的一场金融飓风！

　　然而，风暴并未结束。

三　风暴过处是寒冬

　　不同于历史上那些金融风暴的是，这次金融风暴在全球化的背景下，极具传导性，在不长的时间里，它已经从美洲刮到了欧洲、亚洲、大洋洲，从发达经济体传到了新兴经济体，从虚拟经济领域波及了实体经济。在这次金融飓风所过之处，不论是南半球还是北半球，所有的地方都同时进入了冬天。

1. 最幸福的国家"破产"

冰岛意为"冰冻的陆地"，而实际上这个游离于北欧大陆之外的岛国，却是个绿草茵茵、地热丰富、渔业发达的富饶国家。在那里，空气与水源的清新纯净堪称世界第一。人的平均寿命达到女子 82.2 岁，男子 78.1 岁。该国的全民文化程度较高，早在 100 多年前冰岛就消灭了文盲。

冰岛经济主要依靠海洋渔业。渔业提供冰岛 60% 的出口收入，雇用了 8% 的劳工人口。单一的经济发展使冰岛的对外依赖性很大。服务业在国民经济中占很重要的地位，旅游业近年来发展很快。有权威杂志曾评论说冰岛是"世界上最幸福的国家"，而事实上也的确如此。冰岛是高福利、高待遇、高税收的国家。这里的高福利制度保证了小孩可以免费读完大学，国民的医疗费用政府几乎全包，失业后也能领到不低的福利金。贫富差异不大，犯罪率几乎为零。它的优良制造标准（GMP）排在全世界第 4 位，远在美国和英国之前。

谁也没有想到，当华尔街的金融风暴渐渐登上欧洲大陆后，这个世界上最幸福、最富有的国家一夜之间却沦为了国际"乞丐"，成了真正意义上的金融业的"冰岛"。2008 年 10 月 6 日，冰岛金融系统的恶化几近失控：冰岛克朗对欧元的汇率大幅下滑了 25% 以上；雷克雅未克（冰岛首都）股市上的所有冰岛银行股票被全部停止交易；国际信贷评级机构把冰岛的信贷级别从 A－降为了 BBB……冰岛总理盖尔·希尔马·哈尔德通过电视讲话，对全体国民发出警报，称冰岛面临全国性破产风险。10 月 7 日，冰岛第二大银行 Landsbanki 面临危机被政府接管，旗下在英国经营的网络银行 Icesave 当天暂停了所有存取款业务。10 月 8 日，为了缩小急速下坠的银行业规模，第三大银行 Glitnir 银行也被冰岛政府接管进行重组。同时，这些银行在欧盟一些成员国开设的支行冻结了储户存款。这个后果在欧盟成员国，特别是在冰岛银行储户较多的英国和荷兰引起极大反响。英国政府还根据其反恐法冻结了冰岛银行在英国的所有资产，以保护英国储户的利益。另外，由于市场缺乏足够支撑，冰岛央行还在当天决定放弃前一天制定的 131：1 的克朗兑欧元的固定汇率，任冰岛克朗自由浮动，随后克朗即巨幅贬值。10 月 9 日，冰岛政府宣布接管该国最大的商业银行 Kaupthing，至此，冰岛三大银行全部被政府接管。

事态恶化后，总理哈尔德呼吁储户保持冷静，不要急于从银行取走存款，他还承诺冰岛所有的居民储蓄将得到政府担保。冰岛由此成为欧洲继爱尔兰、德国、奥地利、希腊和丹麦后，又一个为储蓄存款作保的国家。在冰岛的零售店里，居民们纷纷抢购日用品。由于整个银行体系崩溃，外汇市场停业，进口物品无法及时到货，大量日用品面临断供的危险。此外，冰岛克朗的一路贬值也使当地的物价变得比以前更为便宜。这期间，冰岛克朗与人民币的汇率接近 15：1，比两年前贬值将近 1 倍。冰岛经济正在经历巨大考验，总理哈尔德甚至建议国民自行捕鱼来节省粮食开支。经过权威机构计算，冰岛国内生产总值 2007 年仅为 193.7 亿美元，但是外债却超过了 1383 亿美元，以冰岛大约 32 万人口计算，相当于每个冰岛公民身负 37 万美元债务。

2. 韩国遭遇"美元枯竭"

美国金融风暴爆发后，韩国成为了亚洲遭灾重地，甚至曾一度被认为有成为亚洲"冰岛"的危险。

2008 年，韩国国内生产总值第一至第三季度与上年同期相比仅出现小幅增长。11 月，企业景气指数预测仅为 65，为最近 10 年来的最低点。10 月，韩国的消费者物价指数比 2007 年同期上涨 4.8%，这是自 2008 年 6 月以来该指数同比涨幅首次低于 5%。对外贸易方面，受原油价格和原材料价格上涨及出口下滑等因素影响，韩国 6~9 月连续出现贸易逆差，出口增速从 9 月的 28.2% 大幅滑落至 10%。此外，2008 年以来，韩国股市市值已经累计"缩水"300 万亿韩元，约合 2290 亿美元。与此同时，韩元不断贬值的趋势也没有停止的迹象。由于无法忍受股价暴跌和汇率动荡带来的痛苦，不少韩国人举行抗议示威活动。随着韩元持续疲软，那些身背美元或日元贷款的中小企业度日维艰，只能看着所需偿还的本金和利息越滚越多。而韩国银行为了保证外汇储备，禁止了部分到期外币贷款的延期，不少企业面临破产的命运。

更为严重的是，韩国各大银行和企业一度出现"美元枯竭"的现象。在短短 4 个月时间里，外国投资者在韩国股市抛售了 147 亿美元的股票，他们利用这笔资金购买美元并转至海外。另外，受原油和原材料价格上涨的影响，炼油公司等进口企业的美元需求比 2007 年大幅增加。相反，出口企业却把赚取的美元囤积起来，不投放到市场。由于美元不足，急需美元的银行实际上已中断外汇贷款，购买出口外汇票据等贸易金融业务也不断减少。因此，中小出口企业即使接到出口订单，也因为无法买到购买原材料所需的美元而频频亮起红灯。

与众多亚洲的邻居相比，为什么韩国感受到了全球风暴带来的更大压力？

韩国的经济体系是以出口为导向的高度开放型经济。自由经济帮助韩国吸引了相当程度的外资进入，促进了经济的活力，韩国的出口贸易得到了极大发展。但是，这样的经济体系高度依赖于外国资金流入和外国对其工业和电子产品的需求。此外，韩国重要的出口产品包括钢铁、汽车和造船这些周期性较强的行业，在全球经济下行的时候，进口国家对这些产品的需求将不可避免地出现萎缩。因此，当全球投资者撤资和出口市场放缓时，韩国经济体系的弱点就暴露无遗，面对经济危机的挑战显得非常被动。

近几年，拉动韩国经济增长的主要力量是投资和旺盛的消费。发达国家市场所带来的危机，可能会使韩国经济的这两个引擎也熄火。因为韩国的投资和消费都是由信贷的巨额投放推动的，而在金融危机中，这一经济增长模式的核心——韩国的银行正面临无法偿还短期负债的尴尬局面。20 世纪 90 年代亚洲金融风暴过后，韩国全面开放金融市场，吸引了大量外国资本投资于国内的金融机构，但这也导致了韩国银行系统对外部资金过度依赖。据统计，韩国银行系统持有 2353 亿美元的外币债务，约为其 2007 年底官方外汇储备的 90%。根据美林的报告，从 2006 年开始，韩国的外债呈现出急剧攀升的势头。仅短期外债到 2006

年底就达 700 亿美元左右的规模，2008 年更是接近 1800 亿美元。当 2008 年金融风暴登陆韩国时，其外债短债率已超过国际公认警戒线 20%。次贷危机发生后，许多韩国银行的外方控股股东如汇丰、花旗等都被卷入了这场金融风暴，而韩国的资本可自由流动性也为急需资金的国外银行集团提供了套现机会。2007 年年中至 2008 年年中的一年时间里，韩国金融市场累计套现额达到 500 亿美元左右。

此外，韩国的另外一个危机在于，韩国银行的存贷比率在亚洲国家中也最高，达到 136%，大大高于亚洲 82% 的平均水平。从银行盈利的角度讲，存贷比越高越好，因为存款要支付利息。但存贷比过高又会加大银行的风险，因为银行还要应付广大客户的日常现金支取和日常结算。韩国银行业的高存贷比，又使其严重依赖于外部市场融资开展业务。而巨额的外资撤出导致韩元急跌，这又使外部融资压力加大，银行负担加重。

正是因为上述这些原因，使韩国不可避免地成为这次金融风暴扩散至亚洲后的重灾区。

3. 英国——必然的难兄难弟

2008 年 10 月 16 日，投资大鳄索罗斯就美国雷曼兄弟公司申请破产保护和美国国际集团陷入困境发表意见，当时，他似乎更关心英国的命运，并坦言英国在这次金融风暴中受到的冲击将远比其他绝大多数国家更严重，必然成为美国的难兄难弟。事实上，在索罗斯预言的同时，英国这个以金融业为经济主体的国家已经受到了美国金融风暴的袭击。

第一个遭遇袭击的是英国最大的储蓄银行 HBOS。HBOS 旗下有哈里法克斯及苏格兰银行两家银行，在英国的客户数高达 2200 万，1/5 的英国房贷都由 HBOS 提供，客户的存款金额至少 2500 亿英镑。然而，自 2008 年 9 月 14 日传出美国雷曼兄弟公司申请破产的消息后，HBOS 的股价连续两个交易日分别狂跌 22% 及 18%，成为英国股价受创最严重的金融个股。HBOS 的危机惊动了英国首相布朗。一年前，英国最大的抵押贷款机构北岩银行受美国次贷危机影响，资金流动遇到困难，引起储户挤兑。由于没有机构愿意接盘这家濒临破产的银行，英国政府最后不得不把其收归国有。为避免再次发生类似的银行倒闭事件，政府出面协调解困，布朗首相不得不亲自与莱斯银行董事长维克多·布兰克协商 HBOS 未来的命运，同时英国财政部与金融监理总署也鼓励两家银行进行协商。最终，莱斯银行同意以 120 亿英镑（约合 220 亿美元）收购身陷困境的 HBOS。

在银行倒闭、股票下跌和英镑贬值的同时，英国人很快发现，金融风暴的触角已经伸向了实体经济：房地产市场低迷，汽车销量下滑，零售业销售疲软，国内生产总值下降……发源于美国的金融危机已开始"入侵"英国的实体经济。

进入 2008 年以后，英国房地产价格出现大幅下滑。英国建筑协会 10 月初公布的数据显示，9 月份英国平均每套房产价格下降约 3000 英镑，降至每套 16.18 万英镑，比前一个月下降 1.7%，同比则下降了 12.5%。迫于经济压力，许多英国人不得低价抛售房产。英国首家房地产信息评估机构——"英国评估"的数据显示，仅在 2008 年 8 月份，英国就有 5% 的房主被迫出售房产，这个数字比 2007 年同期的 1.4% 高出许多。数据还显示，2008 年以来，英国的房主至少因房产交易亏损了 2 亿英镑。分析人士认为，随着经济形势的恶化，房地产的交易亏损将会更加严重。到 2009 年，将有 20% 的房主不得不低价出让手中的房产。

第二大消费品汽车的销售也遭到了重创。据英国汽车制造商和销售商协会的统计，2008 年 9 月，英国轿车销量仅为 33 万辆，比 2007 年同期下降 21%，为连续第 5 个月下滑；全英国汽车销量在 1～9 月份下降了 17.5%。为应对市场低迷的现实，各大厂商纷纷减产，有的公司甚至推出曾在 1973～1974 年经济不景气时实行的一周三天工作制。减产的汽车厂家中包括日本在英国的日产、本田和丰田汽车公司，而原本产量就不高的英国宾利和捷豹汽车公司也宣布减产。

不单房产、汽车等大宗商品市场萎缩，英国的零售业也出现了销售疲软趋势。每年 12 月通常是圣诞节销售旺季，也是资金需求旺季，但面临上游生产环节资金紧张、银行信贷收紧，2008 年的圣诞节成了一个"紧缩"的季节。英国一家市场分析机构的报告认为，2008年的圣诞节是1980年以来最萧条的一个圣诞节。离圣诞节还有两个月，英国各地不少大商店就挂出了"清仓甩卖"、让利50%甚至70%的招牌，以早日下手争取客源。更令人惊诧的是，英国连锁超市巨头伍尔沃思在2009年1月5日以前陆续关闭了其全部店面。

英国商会在对5000家公司进行2008年第三季度调查后公布报告说，英国消费信心降低，就业形势严峻，制造业和服务业境况低迷。英国国家统计局公布的数字则显示，截至2008年8月底的3个月内，英国失业率达5.7%，失业人数增加16.4万人。据英国政府公布的数据，2008年第三季度，英国国内生产总值同比下降0.5%，是1992年以来首次出现收缩。这些数据说明，这场金融风暴已使英国经济处于萧条风险之中。

4. 俄罗斯的支柱有点悬

当金融风暴在欧美大陆上开始横冲直撞的时候，俄罗斯经济也受到了不小的冲击。

首当其冲受到打击的是俄罗斯各大银行。2008年9月16日是俄罗斯金融市场上最晦暗的日子，俄各大银行的股票一天之内丧失了近1/3的市值。接着是各大公司。9月24日，因股票价暴跌、资金困难，掌握着俄罗斯70%的石油产量和91%的天然气产量的四家工业公司——卢克石油公司、俄罗斯石油公司、THK-BP石油公司和俄罗斯天然气公司的负责人联名致信总理普京，请求俄政府提供贷款，用于向西方银行偿还贷款。10月7日，眼看着俄银行股票跌至最近三年来的最低点，总统梅德韦杰夫要求政府拨款9500亿卢布，用于向银行提供至少5年期的贷款。10月8日，俄罗斯最大的钢铁公司之一——马格尼托戈尔斯克钢铁公司宣布减产15%，裁员10%，约占公司员工总数1/10的3000名员工将因减产而失去工作。俄罗斯的冶金业和汽车制造业也受到了严重冲击。一些冶金企业宣布减产，汽车制造商降低了商用小轿车和载重汽车的产量。

对俄罗斯普通民众来说，金融风暴带来的最大威胁是物价上涨。一方面，金融危机也使俄国零售网络受到打击。由于无法争取到采购大批日用商品所需的贷款，许多俄罗斯批发商面临破产，这势必加剧通货膨胀。另一方面，受金融危机的影响，生产、运输、仓储等环节成本的增加也会抬高物价。此外，全俄社会舆论研究中心公布的一项民调结果显示，41%的俄罗斯人都认为，全球金融危机已对他们的个人财产情况产生不良影响。在被访民众中，有 44%的人认为，金融危机将对俄罗斯整体经济形势产生不良影响，其中 14%的人相信俄罗斯经济恶化迹象已经初露端倪。

近几年来，俄罗斯因其储量丰富的石油、天然气价格的大幅上涨而给经济注入了强劲活力，俄罗斯人的生活也得到了极大的改善。凭借石油、天然气的巨额收入，俄罗斯又恢复了昔日大国的自信，政治、军事等领域都寻回了当年的大国风范。而今，由于石油、天然气价格的暴跌，俄罗斯的经济支柱有点悬了。

5. 澳洲未能免疫

让我们再到大洋洲，看看金融风暴下的澳大利亚。

美国次贷危机发生后，澳大利亚也受到了一定影响，货币贬值，股市大跌。澳大利亚央行表示，自 2008 年 7 月以来，澳元兑美元已经累计下跌 30%左右，这主要是因为，面对动荡的市场状况，投资者纷纷抢购避险资产，同时抛售澳元。澳元的迅速贬值促使澳大利亚央行在 10～11 月期间屡次入市干预，干预的理由是流动性不足，汇率出现无序波动。澳大利亚央行在研究报告中称，随着电子经纪业务的逐渐成熟，澳元兑美元交易市场的流动性已显著改善，但自从 2007 年 8 月次贷危机爆发以来，情况有一定程度的恶化。

与货币贬值相应的是股指下跌。从 2008 年 9 月起，不到一个月的时间，澳大利亚股票综合指数竟跌去了 1000 多点。股指大跌，使澳大利亚许多富豪的资产大幅缩水，有的缩水竟高达 90%。2008 年 5 月，澳大利亚权威财经杂志《BRW》公布了年度 200 大富豪排行榜，FMG 金属集团总裁福雷斯特以 94 亿澳元的身价高居榜首。而半年过去了，福雷斯特现在的心情只能用欲哭无泪来形容。根据《星期日电讯报》报道，FMG 股价从半年前的 11 澳元跌到了 11 月份的 1.3 澳元，福雷斯特 94 亿澳元的资产跌得只剩了 12 亿。而富豪榜上排名第三的澳大利亚媒体巨头詹姆斯·帕克也很受煎熬，他的财富从 61 亿澳元锐减到了 26 亿澳元。曾进入澳大利亚亿万富豪榜的华裔科学家、无锡尚德电力控股有限公司董事长施正荣的财富从 23 亿澳元降到了 3 亿澳元，缩水 87%。澳大利亚零售业巨头弗兰克·罗伊的个人财富也从 63 亿澳元减少到了 44 亿澳元。从 5 月到 10 月，澳大利亚的 44 位亿万富翁只剩下 24 位，44 位富翁的个人财富损失合计超过 210 亿澳元。

　　澳大利亚是一个资源丰富的国家，农业、矿产资源出口占国民经济相当大的比重，在世界相应出口中也占相当大的份额。由于受金融危机的影响，世界最大三家铁矿石企业的两家——澳大利亚的必和必拓与力拓已相继减产，并一再下调产量。2008 年 12 月 15 日，澳大利亚农业资源经济局局长格莱德表示，预计澳大利亚 2008～2009 财政年度的商品出口收入将降至 1920 亿澳元（约合 1250 亿美元），其中羊毛产品、矿物和能源产品的出口额降幅最大。出口商品价格下滑及需求量减少是导致出口收入下降的主要原因。格莱德还说，随着全球经济形势的进一步恶化，澳大利亚农业资源经济局有可能再次下调 2008～2009 财政年度的商品出口收入预期。

　　建筑业的下滑也显示了经济的收缩。澳大利亚住宅工业协会设计有一套建筑业表现指数（Performance of Construction Index，PCI），指数共 100 点，50 点以上表示经济活动扩张，50 点以下则表示经济活动收缩。该指数显示，2008 年，受全球经济和金融危机影响，为规避风险，澳大利亚建筑业活动出现比前几个月更快速的下滑趋势，已连续 9 个月收缩。11 月，PCI 指数下滑 4.4 点，跌至 32.0 点，这也是自 2005 年 9 月 PCI 指数发布以来建筑业表现的第二大跌幅。相比之下，10 月份，英国建筑业指数下降到了 35.1 点，德国建筑业指数下降到了 43.1 点。多数建筑公司把业务量下滑归因于持续的经济危机以及需求的下降。

　　另一个反映景气状况的就业，也显示了经济疲弱。调查显示，2008 年第四季度，澳大利亚招聘广告投放量大幅减少，互联网招聘广告同比下降 16.6%，报纸招聘广告下降 42.7%。11 月，澳大利亚报纸招聘广告降到了 1991 年以来的最低年比升幅，而 9～11 月，澳大利亚报纸招聘广告创下了 30 年来的最高降幅。经济界人士认为，招聘广告数量下降，显示全球金融危机对澳大利亚经济影响很大。澳大利亚财长韦恩·斯万表示，2009 年，澳大利亚经济增长将放缓至 2%，低于政府 5 月预测的 2.75%。税收收入将在 2009～2012 年四年间减少 400 亿澳元（280 亿美元）。斯万表示，澳大利亚显然不对全球金融危机和经济放缓具有免疫力，只是比起其他国家能更好地承受危机的影响。

四　五洲协力抗风暴

当金融风暴在 2008 年初冬给世人带来寒意的时候，世界各国的政要和经济界人士仿佛当头浇了凉水一般警醒过来，也行动起来。起初是一番呼吁和吵嚷，呼吁经济好、外汇多的国家去美国救市，吵嚷着寻病根、严监管；接着就行动起来，先是山姆大叔解囊自救，接着是欧洲国家纷纷出台救援计划，其间还穿插着走马灯似的峰会。虽然此次抗击金融风暴还免不了"各人自扫门前雪"之讥，G20 伦敦峰会尚未召开，美欧在会议主题上就出现了争执，但各国总能坐到一起来，行动体现出前所未有的步调一致，也算得上是五洲协力抗风暴了。

1. 山姆大叔无奈自救

2007 年春天次贷危机爆发之初，可以说美国政府并未采取强有力的积极措施。贝尔斯登的倒塌虽然动静不小，但华盛顿当局似乎还没有意识到问题的严重性。直到雷曼兄弟的事情出现，华盛顿当局才发现了问题的严峻。而那时，事态的变化已是日新月异、令人措手不及，等待救援的金融机构一家接着一家，根本无法兼顾。就这样，美国政府向"两房"注入了大量资金，接管了美林、高盛、摩根，可怜的雷曼兄弟却只能猝死。

救火要用水，救华尔街的金融精英们要用的是大笔的钱。2008 年 10 月 4 日，美国国会众议院就布什总统的 7000 亿美元"问题资产救助计划"（TAPP）进行表决，通过了这一方案。至此，美国政府庞大救市计划的资金算有了眉目。而在此前，这一计划曾一波三折。

美国政府 7000 亿美元的救市计划是 2008 年 9 月 20 日提交国会的，此后争议就一直未停止过。在政府敦促国会通过救市方案之时，有 122 名经济学家联名致信国会，反对这一计划，认为是对自由竞争市场的粗暴干涉，是对市场长期游戏规则的破坏；美国民众也表示反对，民意调查显示，超过半数的民众反对用纳税人的钱去救市，特别是金融机构的那些 CEO 在搞垮了公司以后还可以拿到巨额的薪水或退休金，激起了美国民众的强烈反感。

来自美国民间的"骂名"让美国国会不敢轻易表态，因此，9 月 28 日还有消息说国会两党已就救市计划细节达成一致，允许政府分阶段使用 7000 亿美元用于救市，可是就在第二天，众议院就否决了救市方案。相对"骂名"的是，对于美国国会来说，他们也不敢承担损害美国经济的"罪名"，而且救市至少存在着恢复市场信心的可能性，而如果不救，则根本看不到经济好转的迹象。所以，尽管参众两院对救市计划从先前达成一致发展到后来否决，但人们相信国会最终肯定会批准通过这一计划。布什政府在国会否决救市计划后，马上对计划进行了修订，推出新版计划，随之获得了国会两院批准通过。

新版本的救市方案包括对储户的保护以及对公司税务方面的优惠。经过修改的方案包括联邦存款保险金额的上限由 10 万美元提高到 25 万美元；同时也包括了曾被众议院否决、价值 1100 亿美元的延长税务宽减措施。其中 2500 亿美元立即拨付使用直接购买银行股份，最大一笔是购买总部位于明尼阿波利斯的美国银行公司的股份，耗资 66 亿美元；最小一笔是购买总部位于洛杉矶的百老汇金融集团的股份，耗资 900 万美元。在这之前，美国财政部已斥资 1250 亿美元购买了花旗银行、富国银行等 9 家美国大银行的股份。时任财政部长保尔森对国会表示，在布什政府卸任前最多使用 7000 亿美元资金中的一半。这意味着奥巴马政府将决定如何使用剩余的 3500 亿美元。但如何使用则需要接受国会监督。

计划出台后，业内人士曾用国际货币基金组织（IMF）的三项标准，即三"T"——针对性（targeted）、暂时性（temporary）和及时性（timely）对该计划作出了评估。由于该方案最初设定向金融机构购买次贷产品等不良资产，此举被业界认为有助于价格重新发现，使金融机构无需对金融资产过度减记，也能防止资产负债表持续恶化及股市恐慌性抛售使更多企业陷入危机的恶性循环，有助于稳定金融市场。但同时业界人士也认为，该方案欠缺暂时性和及时性，唯独针对性很强。然而在救市方案出台后仅仅一个多月，2008年11月12日，财政部长保尔森宣布，美国政府将对以"问题资产救助计划"为核心的7000亿美元救市方案进行重大调整，计划中的剩余资金不会按原计划购买金融机构的不良资产，而改为用于支持银行系统以外的证券化信贷市场，包括信用卡、汽车和助学贷款市场，并向银行及其他金融机构注资。这就意味着几经波折才出台的救市方案就连仅有的针对性也失去了。

随着越来越多陷入困境的公司暗示需要得到资助，美国政府的救市计划面临着巨大压力，资金捉襟见肘。救市计划获得批准仅仅一个半月后，在国会批准的首批3500亿美元资金中，财政部就只剩下了600亿美元。获得政府救助的"两房"也声称需要政府的第二批注资。另一个显示金融公司所面临困境的迹象是，美国运通公司转变为银行控股公司的申请迅速获得了联邦储备局的批准。此举为这家信用卡巨头从财政部获得纳税人资金的注入铺平了道路。一直在积极游说政府资助的三大汽车巨头亦称，如果其财务状况不能保持稳定，可能会在年底前无法偿还部分到期债券。这种此起彼伏要求资助的呼声自然在不断给布什政府带来扩大"问题资产救助计划"范围的压力。

不仅资金捉襟见肘，救市的效用也受到了广泛的质疑。美国政府的救市计划并未能挽回投资者的信心，股指仍然跌跌不休。金融机构高管薪酬状况不明，离职费高得出奇，以及拿着刚得到的救助资金豪华度假，引起了社会的广泛诟病。众议院议长南希·佩洛西说："政府问责局的报告令人泄气，表明财政部对救市计划的执行情况缺乏透明度，没法向美国纳税人交代。"而2008年诺贝尔经济学奖获得者保罗·克鲁格曼则直斥 7000 亿救市计划是"金钱换垃圾"。

新任总统奥巴马就任之前已经在积极筹划抗御金融风暴。与布什政府不同的是，奥巴马政府更侧重民生，把着力点放在了就业、社会救济和福利等方面，包括让那些买了房子的人保住房产。在宣誓就任后，奥马巴政府在一个月内就促成了新的 8000 多亿美元的经济刺激计划，动作不可谓不神速。然而，美国金融机构的状况仍然不见好转，实体经济业已陷入衰退，失业率也屡创历史新高。

2. 各国央行慷慨解囊

在美国推出 7000 亿美元银行救援案之后，欧元区一度成为全球关注的焦点，市场早就期待深陷危机的欧元区也推出类似的统一行动。但是，在 2008 年 10 月初的小型峰会上，德、法、意、英等国首脑却未能就出台地区救援计划达成一致。2008 年 10 月 12 日，欧元区 15 国领导齐聚巴黎，就推动地区银行救援再度商讨。这次峰会也是自欧元区创始以来首次举行的国家和政府首脑级会议，而最终的会议结果也没有令人失望。经过近三小时的磋商后，欧元区 15 国首脑最终通过了协调救市措施的行动计划，计划的核心内容在于：各国政府将通过为银行发行债券提供担保或直接购买银行股权的形式，帮助银行拓宽融资渠道，缓解银行因信贷紧缩而面临的融资困境。随后欧元区成员国在 10 月 13 日拿出了各自的具体救市措施，措施中包括了动用多少资金、以何种方式帮助银行融资等。按照计划，欧元区国家政府将在 2009 年 12 月 31 日前为银行新发行的中期债务提供担保，以缓解银行间的惜贷气氛；其次，欧元区国家政府承诺将通过资本重组及其他"适当手段"救助陷入困境的银行，接受救助的银行必须采纳"适当的重组计划"；第三，欧元区国家政府将以购买优先股方式向银行和其他金融机构直接注资，为防止不公平竞争，获得此类政府支持的机构必须接受"额外限制"。

欧洲各国自身也在加紧出台措施稳定金融体系。2008 年 10 月 13 日，英国政府宣布向苏格兰皇家银行等该国三大银行注资 370 亿英镑（640 亿美元），以帮助其避免陷入破产境地。此外，德国和法国等也很快宣布了高达数千亿欧元的银行干预计划。对各国积极援救金融业以避免金融机构破产的做法，国际货币基金组织给予了肯定和支持。其 185 个成员国已表示支持七大工业国早前作出的承诺，将使用所有可行手段，避免具有系统性重要意义的金融机构崩溃。此外，该计划还特别呼吁欧洲央行设立一种用于从金融机构和其他公司收购商业票据的融资工具，以向亟需现金的企业注入资金。

英国虽不属于欧元区，但在欧元区首脑峰会召开前，法国总统萨科齐特地邀请英国首相布朗进行先期磋商。在此之前，英国政府已经紧急公布了一揽子银行救助计划，决定向英国各大商业银行提供高达 500 亿英镑的资金，并为银行间的同业拆借提供总额达 2500 亿英镑的担保，以缓解银行间因丧失信任而不愿拆借的信贷紧缩局面。与美版救市方案不同的是，英版救市方案主要通过政府取得优先股的形式为银行直接注资，而不像美国那样去购买银行的不良资产。

在冰岛政府无力支撑接管后的三家总资产相当于国家 GDP 达 9 倍的银行而在技术上破产之后，其邻国挪威提高了警惕。2008 年 10 月 12 日，挪威政府宣布，将提供 3500 亿挪威克朗（约 574 亿美元）的政府债券，银行可用这些政府债券作为抵押进行借款操作。此外，挪威央行还为小型银行提供两年期的固定利率贷款。

与此同时，澳大利亚和新西兰政府也已开始行动。10 月 12 日，澳大利亚和新西兰两国政府都宣布对所有银行存款提供担保。澳大利亚政府将在未来三年内为国内总值 1.2 万亿澳元的存款提供担保，包括各类银行、建筑协会和信贷联盟的存款。澳大利亚更承诺为本国银行在国际货币市场上的各种操作作保，并提供 80 亿澳元（合 52 亿美元）用于收购抵押贷款支持证券。此外，澳大利亚还提供 40 亿澳元，帮助本国的非银行类借贷机构在抵押市场上的竞争。新兴市场国家显然也已感觉到了危机的逼近。10 月 12 日，产油大户阿联酋政府也加入了为银行存款担保的行列，成为第一个采取救援措施的海湾国家。阿联酋政府表示，将为阿联酋国有银行的所有银行存款及所有银行间拆借提供担保。而且早在 9 月 22 日，阿联酋央行就已设立一个总值 136 亿美元的流动性工具，准备提供给银行以应对全球金融危机。

3. 全球合唱"降息歌"

美国 7000 亿美元金融救助计划通过后未能提振美股的事实，加上多家大型欧洲金融机构先后陷入困境，再一次打击了市场信心，世界各地投资人再度蜂拥出逃股票等高风险资产。2008 年 10 月 6 日，日本、韩国以及中国台北股市跌幅都超过 4%；俄罗斯股市竟然一度暴跌 16%，交易被迫暂停；欧洲股市未能幸免于难，巴黎股市暴跌 6.3%，法兰克福股市重挫 6.0%。全球股市呈现极度恐慌局势。

各国央行为稳定金融体系、刺激经济增长和挽救低迷股市，纷纷采取降息措施，开始了与全球投资者的信心博弈。2008 年 10 月 7 日，澳大利亚央行率先宣布大幅下调基准利率 100 个基点后，10 月 8 日，美欧六大央行宣布紧急降息，当天美联储宣布将联邦基金利率即商业银行间隔夜拆借利率降低 0.5 个百分点，降到 1.5%。欧洲央行宣布将基准利率从 4.25% 降至 3.75%。英国中央银行——英国英格兰银行宣布将基准利率降至 4.5%。加拿大央行宣布将利率降至 2.5%。瑞士和瑞典央行分别宣布将基准利率降至 2.5% 和 4.25%。同时，中国央行宣布从 2008 年 10 月 15 日起下调存款类金融机构人民币存款准备金率 0.5 个百分点；从 2008 年 10 月 9 日起下调一年期人民币存贷款基准利率各 0.27 个百分点，其他期限档次存贷款基准利率作相应调整，个人住房公积金贷款利率也下调 0.27%。

2008 年 11 月 6 日，欧洲央行宣布再次下调主导利率 50 个基点，由 3.75% 降至 3.25%，以期扭转欧洲经济的颓势。至此，欧洲央行的降息幅度已达 1 个百分点，这是自 1998 年欧洲央行成立以来最大幅度的降息举动。英格兰银行同一天宣布，将基准利率下调 1.5 个百分点，降至 3%，以刺激正在步入衰退的英国经济。此外，瑞士央行当天也宣布将基准利率下调 0.5 个百分点，降至 2%。

2008 年 12 月 4 日，新一轮降息大潮再度席卷全球，而这一次较以往更为猛烈。仅在 4 日一天，欧亚两大洲就有五家央行宣布了降息决定，而且降息幅度普遍大大超出预期。其中，欧洲央行大幅降息 75 个基点，刷新了该行成立近 10 年以来的单次降息最高纪录。而瑞典央行则狂砍 175 个基点。

与此同时，亚太经济体亦大胆出手：新西兰央行 12 月 4 日宣布降息，降幅达到史无前例的 150 个基点，基准利率则由 6.5% 降至 5%。这是新西兰央行 2008 年第四次降息，也是降息幅度最大的一次。印尼当天晚些时候也宣布降息 25 个基点，这也是印尼一年来首次降息。澳大利亚央行宣布连续第四个月降息，100 基点的降幅大大超过预期，基准利率降至 4.25% 的低点。该行在四个月中累计降息多达 300 个基点，为自 1991 年该国经济上次陷入衰退以来最大力度的一轮降息。泰国央行同样宣布大幅降息 100 个基点，将基准利率拉低至 2.75%，为 8 年来最大降息幅度。这也是该国自去年 7 月以来首次降息。

对于全球央行超出市场预期的大力降息，业内人士普遍表示欢迎。专家指出，连续的大幅降息短期内会给市场信心带来提振，这一点从 12 月 4 日欧洲股市盘中大涨也可见端倪。但从长远来看，这样的举措可能无法根本扭转信贷市场的紧张状况。而且，随着利率空间不断缩小、甚至降至"零利率"，各国也需要考虑下一步的应对之策。

4. 着眼于长远的措施

随着金融风暴的深入影响，人们意识到眼下的这场危机已经深深地侵入了实体经济。在这种新的形势下，只向金融机构注资纾困已经远远不够了。如果说最初的救市是对全球经济机体出了问题的那一部分止血疗伤的话，那么现在应该是给整个肌体补充养分并使其恢复活力的时候了。因此，在多轮政府注资暂时减缓了各国经济命脉流血后，世界各国政府开始采取新的、更加长远的措施，旨在促进消费和扩展经济。各国希望通过增加公共开支、减税及增强消费者的信心，迅速扭转目前经济衰退的状况，以恢复世界经济增长。市场预测商业咨询公司总裁大卫·克罗斯指出："推动经济的最佳捷径是刺激消费者开支。这会立即转化为商业投资和就业机会的增加，同时恢复民众对这个体制的信心。"

为了促进消费者开支，美国国会 2008 年 2 月批准了 1680 亿美元的一揽子计划，其中包括退还部分收入所得税。这不包括由联邦储备系统对教育贷款、汽车贷款和房屋贷款最高达 8000 亿美元的注资。美国及其他国家的政府除了采取短期刺激措施外，还着眼于为持续增长奠定基础的项目。比如，美国奥巴马政府新的一揽子计划，其中主要是以创造就业机会和长期扩展经济为目标的基础建设工程和其他投资项目。

与此同时，欧盟实施了一项超过 2500 亿美元的促进增长的方案。英国和西班牙分别提出了 300 亿美元和 140 亿美元的刺激计划。法国总统萨科齐在一次公开演说中指出，现在是大规模投资于基础建设、教育和创新的时候了。法国的一个政府网站援引他的讲话说："法国政府将拨款 1750 亿欧元（约 2260 亿美元），作为今后三年对经济活动的直接投资。除了投资于高等院校、研究项目和环境事业外，我们还将对数字经济进行大规模投资，它将和清洁技术一道成为未来增长的引擎。"

联合国于 2008 年 12 月 1 日发布报告，建议制定大规模的、协调一致的刺激计划，防止全球经济继续滑坡。世界银行发布的一份应对金融危机的报告对此表示赞同。世界银行网站援引世行经济管理专家丹尼·莱普齐格的话说："对于很多目前现金短缺的政府而言，投资于社会项目和经济活动的代价可能太高了。但现在如果不采取行动，将来要付出的代价会远远高于现在采取行动的代价。"世行行长佐利克 2009 年 1 月间建议，发达国家"捐出"经济刺激方案的 0.7% 成立一个基金会，支助穷国。而世行首席经济学家林毅夫 2 月 9 日在华盛顿提出了 2 万亿美元的"全球复苏计划"，建议美、欧、日等发达国家和中国这样的"高储蓄国"以及石油出口国拿出 GDP 的 1%，在未来五年向中低收入国家投资（捐款）2 万亿美元，这样世界经济在 2010 年就能恢复。这项仿照二战后美国援助欧洲修复战争疮痍、启动经济重建的"马歇尔计划"，被称为"新马歇尔计划"。

五　不仅仅是华尔街之罪

在美国次贷危机把世界经济拖进冬天的时候，痛定思痛，人们不禁要问：这究竟是谁之过？谁应该为这场由金融风暴导致的金融危机负责？有人将其归咎于美国的超前消费文化，有人将其归咎于前总统克林顿鼓励少数族裔置业，有人将其归咎于金融机构缺乏监管、信誉评级机构把关不严，有人更指出是美联储前主席格林斯潘低息政策种下的祸……在众多的评论和讨伐声中，有一种声音日渐突出，那就是这场金融风暴的最本质根源在于人性的贪婪、欺诈和无知。

泡沫、危机、衰退，绝不仅仅是华尔街之罪！

1. 一封来自华尔街的信

无论是在经济学还是在金融学中，都有一个共同的假设前提：经济活动中的人是理性的，所有的金融创新和金融衍生品也都正是建立在此基础上的。很显然，在实际操作中，我们根本无法忽略人性的强大作用，这也是行为金融学这门科学出现和存在的原因。毫无疑问，在经济活动中，人性像一只看不见的手一样，导引着人们的心理和行为。因此，单纯地将这次金融风暴归为技术或监管上的疏忽都是不准确的，必须深入到人性的领域里去探寻。

在进入具体分析和探讨之前，不妨让我们先读读这封来自华尔街的信：

亲爱的美国大众：

你们是不是很想搞清楚华尔街到底发生了什么？别担心，并不是只有你们不知所措，连身处华尔街金融界的很多精英们都想知道确切答案。现在所发生的一切对我来说就像是一场梦魇，我不知道自己身在何处，又该走向哪里。

短短9个月的时间里，华尔街五大投行已经全军覆没，投行的概念已经成了历史的纪念。美国政府接管了"两房"；没过几天，我们又将全球最大的保险商AIG收归国有。当然，行业整合不可避免地会有赢家和输家。雷曼兄弟是个输家，美国政府没有伸手救它，所以它已申请破产。美国银行则是个赢家，它买下了美林公司，现在成了全美最大的金融机构。

变化来临时总会伴随着不确定性。不确定性对任何事情来说都不是好事，因为它会摧毁市场信心。对我们金融体系来说尤其糟糕，因为这个体系的运转完全依赖于投资者的信心。我借钱给你是因为我相信你会还钱，如果我不相信你，那我是不会把钱借出去的——这就好像华尔街目前的情况，美国的金融机构不再充分彼此信任。

不幸的是，缺乏信任是会传染的。银行之间拆借的越少，放贷给其他行业公司的款项也就越少，你能获得的贷款也就越少。最后的情况就是，你无法获得贷款了。由于消费占了美国经济总量的70%，所以如果无法获得贷款，那对所有人来说都是坏消息。贷不到钱，你就面临着危机——这就是信贷危机。

当然，我们华尔街确实应该遭受万千指责。我们用各种方法把抵押贷款拆分打包，再给它套上件花衣服，然后要么出售、要么互换。我们乐此不疲，却忘记了背后的风险。在炮制疯狂发财计划方面，我们的确才华过人。当然，那些资产信誉评估公司也是见钱眼开，它们给我们那些穿着花衣裳的金融衍生品评了投资级，甚至是AAA，我们那些"品"不卖疯了才怪！

不过美国大众，你们也有责任。

谴责目前正在置华尔街于死地的上千亿美元不良抵押贷款？且慢！知道吗？正是靠着这些钱，你们很多人才买了根本负担不起的房子和公寓。你们正是我们华尔街精英的"粉丝"和金融创新的"拥趸"。而且，你们不只买一套住，还买更多的用来投资。具有讽刺意味的是，现在得用你们的钱来偿还那些有问题的抵押贷款了，因为华尔街没钱了。政府接管 AIG 和"两房"？这用的都是你们的钱；2008 年 3 月底摩根大通收购贝尔斯登，用的也是你们的钱。你们或许不喜欢这样，华尔街可能也不喜欢，甚至华盛顿的那些政客们都不会喜欢，但我们别无选择——除非你能回到物物交换的原始经济中去。

因此，美国大众，我们的危机很不幸也是你们的危机。我们一起制造了危机，现在就得一起付出代价。合并、政府接管和破产会继续清扫我们的金融体系。这是个好迹象。这意味着我们正在作出自我调整，虽然这是被逼的。我们自由市场的运转方式奇怪吗？美国政府出面拯救华尔街，而你们，美国大众来埋单。

最后是我的建议：留着这封信，等我们下次再遭遇愚蠢不幸的时候再拿出来看好了。

诚挚的华尔街

2. "用鸡屎做鸡肉沙拉"

让我们再来看看曾在美国从事14年次贷金融的理查德·比特纳（Richard Bitner）这位业内人士对他的从业方式和几个典型案例的回顾吧。比特纳在2008年7月出版了《贪婪、欺诈和无知：美国次贷危机真相》一书，仅从书名就一针见血地揭示了次贷危机爆发的根本原因。书中所描绘的篡改信用、放大收入等行为极大地扰乱了信贷市场，为了获得更多的贷款以及更大的利益，从普通民众到金融机构，这种欺诈行为蔓延在金融领域的每一个角落。比特纳将次贷业务形容为毒品交易，将华尔街和投资银行比喻成哥伦比亚大毒枭，而他自己和经纪人们则像贩毒组织的中层成员，在街上兜售毒品。为了促成生意，他们无所不用其极，整个行业完全失去了理性，变得疯狂，仿佛风险并不存在。

41岁的比特纳住在达拉斯，2000年创立凯尔纳按揭投资公司，公司在全盛期有65名员工。凯尔纳主要从事中间人角色，把房地产经纪替准业主申请贷款的个案交给大型金融机构批出贷款，再将这些贷款额转给华尔街大行，由他们将贷款证券化，出售给全球金融机构和政府。不过，凯尔纳公司所处理的都是次级贷款，即借款人大多是财政状况欠佳、大型金融机构拒绝贷款的案例。经纪人为了骗取贷款，通常隐瞒借款人的重要资料，例如删改工资单，或将一对离婚男女说成夫妻，拥有联名户口，甚至夸大物业估值。比特纳在书中透露，他们经手的借款人资料的70%是弄虚作假凑成的，至少一半物业的估值被夸大了10%。就是利用这种方式，仅凯尔纳这家小型次贷公司，每年就可以获得2.5亿美元贷款的批复。其中，我们不妨看看几个个案的操作方法。

个案一：骗子们以14万美元买下物业，然后制造假买家以22万元承接。假买家串通经纪人和估价官，将物业估值夸大到 22 万美元，成功骗取比特纳的 8 万美元差价后一走了之。在另一个案子中，鲁宾逊和鲁宾逊太太正在办离婚手续，经纪人为了促成交易，隐瞒两人离婚的现状，结果鲁宾逊太太无力供款，比特纳赔了 7.5 万美元。

个案二：南卡罗来纳州的卡特（加油站工人）和太太帕蒂（收银员），想买一幢近 170 平方米的新房，但他们月薪仅 2200 美元，信贷纪录又差，银行不愿提供贷款，比特纳却肯借。但扣去还贷后，他们每月只剩 700 美元。搬进新居后，帕蒂生病几天后丢了工作，而卡特又没有医疗保险。结果夫妇俩没钱支付贷款，在损失 5% 的首付后，两人搬出了新房，而比特纳向华尔街大行购回这笔贷款时亏了 9 万美元。

比特纳发现，次贷行业的"真谛"是"用鸡屎做鸡肉沙拉"，而评级机构则是再将其做成"法国小牛排"之后，急流勇退，及时地离开了这个毒贩子行列。比特纳回忆说，到 2005 年，他这个做了 14 年贷款业务的人，连"借款人能否支付每月的还贷，发放贷款能否改善借款人的现状"这两个基本问题都被各种各样的金融技巧所淹没时，他明白了：这个行业的人疯了。

回顾史上的历次金融危机，我们不难看出在投机行为中人们是如何无法控制自己的贪婪而最终吞下苦果的。而这一次，不仅仅是这个行业的人疯了。这场金融风暴最本质的根源在于华尔街甚至整个美利坚的贪婪：金融衍生品的过度开发，是商人的贪婪；货币发行权的滥用，是帝国的贪婪；透支借贷寅吃卯粮，是消费者的贪婪。商人的贪婪，从债券的证券化并以此为支点将自己的资产撬到高出其所有者权益的数十倍可知。消费者的贪婪，我们可以从美国人的消费欲望得到最大程度的纵容和满足而不是受到理性的制约和限制得以证实。一方面，美国以世界 5% 的人口消耗着世界 1/3 的资源，年人均能源消耗量是全球平均水平的 9 倍；另一方面，美国普通民众的住房负债加消费负债共计 14 万亿美元，相当于 GDP 的 101%，平均每人 7 万美元。

按理，这场危机当中投资者是最吃亏的，但要论及这场金融风暴的形成，投资者也难逃其责。在美国透支消费文化的影响下，即使根本没有投资能力的人也有了进场投资的冲动。如果次级贷款没有受到投资者疯狂的追捧，恐怕也不会有今天的局面。正是受无限制扩张的消费和透支欲这只看不见的手的牵引，美国资本市场的泡沫一直在被无节制地放大着。人性就是这样，贪婪是没有极限的。就这样，美国人汲取世界营养的管子越来越粗，越来越不满足，这些已经严重超越了世界的承受能力；而其自身的惰性也越来越大，杠杆效应利用得越来越离谱，结果次贷危机爆发并引起了全球金融危机，最终透支的不仅仅是世界人民的未来，也包括自己子孙的未来。

3. 格林斯潘 "部分错了"

作为美国联邦储备委员会的前任主席，艾伦·格林斯潘曾被誉为美国有史以来最伟大的央行行长，除美国总统以外世界上最具影响力的人。18 年来，这位格老爷子的每一次公开讲话，都会引来全球倾听；每一项决策，都能牵动全球金融和经济；他的一个喷嚏，足以令世界感冒……他，有着令自己自豪和骄傲的成就。然而，这场席卷全球的金融风暴却让他成为全世界媒体发难的 "罪人"。

2008 年 10 月 23 日上午 10 时，曾经的三大财政巨子来到美国众议院大楼政府监督与改革委员会的议事厅，面对议员作证。这三位大人物是：美联储前主席艾伦·格林斯潘，美国证券交易委员会前主席克里斯托弗·考克斯，前任财政部长约翰·斯诺。

众议院政府监督与改革委员会主席亨利·韦斯曼首先向格林斯潘发难："有关美联储和其他联邦机构规则制定错误和决策错误的表可以列很长。但我的问题很简单：你错了吗？" "是的，我承认有一部分是。" 格林斯潘回答道，"我犯了一个重大错误，我以为那些自负盈亏的组织，如银行和其他企业，他们能够很好地保护自己的股东以及他们的公司净资产。但事实并非如此。"

韦斯曼紧紧追击这位曾经的美联储掌门："这样说来，你发现你的世界观、你的意识形态，都是不正确的，都运作不灵了？"

"是的，可以这么说。" 格林斯潘回应道，"你知道，这就是我被这次危机震惊难以置信的原因，因为我运用自由市场理论超过 40 年，经验告诉我它运行得非常好。……而现在我在这个理论里发现了一个缺陷，我不知道这有多重要，影响有多深远。我为发现这个事实感到难过。这是一场百年不遇的金融海啸。"

对于美联储放弃监管导致次贷危机，格林斯潘承认"部分错误"。在国会听证会上，他这样辩解道："美联储对于经济运行规律的预期本身就是一门不精确的科学。如果我们的预测有60%准确，那意味着我们还有40%的概率犯错误。"格林斯潘承认，他自己错在没有设法规制违规信贷交换市场，从而放纵了金融衍生品的泛滥。

格林斯潘在听证会上还说，自己当年曾错误地认为银行有能力评估其所面临的风险，而它们出于自身利益的考虑也会避免滥放贷款。问题是美国银行业为何丧失了起码的风险评估能力？有一点原因可以肯定，并不是银行家们全都忘记了"自身利益"，而是格林斯潘及其辅助的美国几届政府不断向市场传达这样一个观念：资本主义所特有的经济发展周期性已经消失，只要调控得当，经济就不会出现衰退。换句话说，只要有格老这样一位"超人"坐镇美联储，巧施货币政策，任何天灾人祸都无碍美国经济旺盛增长。

为了替自己开脱，格林斯潘还把问题归之于人性。2008年10月初，他在乔治敦大学发表的演讲中说："华尔街的品行不端是这场金融动荡产生的原因。"尽管金融衍生品的泛滥最终部分酿成了信贷危机，但主要责任还是在于市场参与者的贪婪——包括放贷的和供贷的。格林斯潘曾坚信，金融市场参与者的行为是靠得住的，但他现在不得不承认，面对高财务杠杆诱惑，金融机构和公众都疯了，根本靠不住。

4. 只指责贪婪的人性是不够的

具有讽刺意味的是，美国大片《华尔街》中有句台词："贪婪，不管什么样的贪婪，贪恋生活、贪图钱财、贪图爱与知识等等，都标志着人类的进步。"1986年，一家大企业的首席执行官——伊凡·博斯基，在加州大学一家商学院的毕业典礼上说了一句非常有名的话："Greed is alright!"（贪婪是可以接受的）这句话后来成了商界的经典名言。贪婪在这种文化背景下被合理化了。这种对贪婪的界定或许曾经是华尔街那些曾经出入高级写字间、西装革履的金融精英们为自己投机行为开脱的最好理由，也许正是在这种思想的引导下，人性的贪婪才恣意扩散，以至于在这个世界上没有什么能让贪婪止步。而今，这种贪婪在让华尔街付出了不菲代价的同时，也让世界各国受到了牵连。

沃顿商学院的管理学教授彼得·卡普利从管理的角度上指出，在管理中，如果以牺牲公司的整体最佳利益为代价，过度专注于个人财务目标，那正是领导力衰败的根源，而领导力的衰败震撼了整个金融服务领域。这种由人性的弱点导致的领导力的衰败，也让美国政府对金融机构的监管也大为纵容。

从辩证的角度看，人性中"利己"或"追求个人利益最大化"是与生俱来的，谁都无法更改。在人类发展历程中，正是这种"利己"或"追求个人利益最大化"的原始动力，客观上起到了"助推剂"的作用。正是绝大多数个体为自身利益最大化而孜孜不倦地努力和奋斗，才以百川归海的合力，客观上推进着人类政治、经济、科技、文化等一切方面的成长成熟，也增加着人类社会的总福利。但是，这一切利己行为之所以能推动社会正向发展，一个必要前提是：它们必须在一个约定俗成、符合社会整体利益的框架内活动。这个框架就是制度，在华尔街则是金融监管的法规。

人性如水，当华尔街的"框架"或说"规矩"有所扭曲时，水当然会随其形状变化而充盈其间。但这错误的根源首先在"框架"或"规矩"，而非"水"。如果仅仅将这次金融危机的发生归罪于人性的贪婪，那么算起来，人类历史上哪一次人为灾难的发生，不与这种"贪婪"息息相关呢？仅仅进行道德批判是解决不了实际问题的。我们还必须重新审视诸如自由市场、经济全球化、金融衍生品等各个方面的"框架"或"规矩"。而且用历史的眼光来看，金融危机、经济危机还是经济周期的某种规律性反复，它仿佛历史的宿命，我们能做的或许只是延缓其反复的周期，最小化其造成的损害。

六 "百年一遇"意味着什么

2008 年 9～10 月间，美国联邦储备委员会前主席艾伦·格林斯潘说过一句话："这是一场百年不遇的金融海啸。"如今，格林斯潘尽管已经走下了神坛，头顶上光环不再，但这一次，人们差不多又把格老的这句话当成了"圣谕"，不断地引用、转述。只是格老这次的话不再像以前一样隐晦，意思再明白不过了。

那么，具体而言，"百年一遇的金融海啸"，意味着什么呢？

1. 观点："却道天凉好个秋"

我们不妨先来看看各界人士的观点，有谁"附议"了格老的观点，认为这场金融危机确实很严重；或者谁把格老的话当成了耳旁风，以为这场危机不过是"小凉风"、"毛毛雨"。其实，随着时间的推移，恐怕只有那些粉饰太平的"聪明人"和那些颠顶的"肉食者"才会说危机不重，而大多数人现在考虑的是这场危机到底重到如何：有上世纪 30 年代的大萧条那么严重吗？什么时候才能见底？恢复需要多长时间？

先来看看格林斯潘的详细评说，这是他在国会听证会之前接受媒体采访时说的："美国正陷于'百年一遇'的金融危机中；这场危机引发经济衰退的可能性正在增大。这是我职业生涯中所见最严重的一次金融危机，可能仍将持续相当长时间。"

美国总统布什在 G7 伦敦峰会上说："我对形势的严峻性持务实态度，但我也对我们能否战胜困难持乐观态度。从长远来看，经济终将复苏。"

美国新总统奥巴马在其经济顾问会议上说："这是上世纪 30 年代经济大萧条以来最严重的经济危机。"

中国国家主席胡锦涛在 G20 华盛顿峰会上说："我们正在经历的这场国际金融危机，波及范围之广、影响程度之深、冲击强度之大，为上个世纪 30 年代以来所罕见。"

澳大利亚总理陆克文说："我们的挑战是如何尽一切可能来支持增

长和确保就业。为什么我们需要这样做，因为我们面临的是四分之三个
世纪以来最大的经济危机。"

巴西总统卢拉说："当前这场全球性金融危机没有一个国家可以幸
免，发达国家和新兴市场国家在联合应对危机、共同建立新的国际金融
体系等问题上责无旁贷。"

日本首相麻生太郎在 2008 年 10 月间的东盟十国和中日韩三国早餐
会上曾说："这场金融危机对亚洲影响有限，而且亚洲主要国家外汇储
备充足，所以亚洲的情况与美欧不同。"到了 12 月中旬，他改口称：
"这是 100 年才发生一次的全球性大衰退。"

国际货币基金组织总裁多米尼克·斯特劳斯－卡恩说："它们（新
兴经济体）将为当前的危机付出极其高昂的代价，承受危机的后果。我
的电话不停地响，打来的都是求助电话。"

国际金融学会执行会长查尔斯·达拉称，目前的金融危机是"现代
经济史上最严重的全球同步衰退"。他领导的国际金融学会每月公布一
次的《全球经济监测报告》说："应当强调的是，全球经济整体紧缩真
的是一个不好的结果，这是自上世纪 60 年代后首次出现全球紧缩。"

从以上国家领导人及国际经济组织掌门人的谈话来看，他们几乎一
致认为这场金融危机相当严重，甚至将之与 20 世纪 30 年代的"大萧
条"相提并论。

关于这场危机是否已经见底，将持续多长时间，世界经济何时才能
恢复，政界要人和经济界人士有这样一些代表性的观点：

美国总统布什在 G20 华盛顿峰会晚宴上说："金融危机并非一夜发
生，也不会一夜解决。"

美国财长保尔森说："目前这次危机在信贷市场引发的信心危机，
可能比以往 20 年中任何一次金融震荡的持续时间都要长。"

国际银行业联合会创办主席、国际金融家协会理事长伊安·穆林
说："这场金融危机是历史上涉及面最广的一次，要预测这场金融危机
结束的时间的确很难。但是我认为，那些英语系的发达国家如果要在三
年内结束和恢复过来，是一件令人很惊奇的事情，这场危机维持四五年

时间也是很正常的。"

英国独立报总编玛格丽塔·帕加诺答问时说："问：我怎么知道这场银行业危机最糟糕的阶段何时结束？答：要是我们知道就好了。如果银行能够顺利地进行资本结构调整，并再次开始贷款，那将大大增加人们对'实体经济'的信心。"

全国人大常委会原副委员长、经济学家成思危说："我预计本次金融危机二至三年内就会过去，从 2011 年开始将迎来世界经济的复苏。乌云将会过去，阳光将会出现。"

经济学家厉以宁在一次座谈会上说："当前世界金融危机还在进行之中，不确定性还是很大，如果说现在已经见底了，恐怕不太准确。但是，金融危机对中国影响基本已至谷底。……然后，这个谷底的时间有多长，我们现在还不能作出判断。"

"却道天凉好个秋。"现在的这场危机已经把全世界拖入了冬天，但着眼于其"肃杀"，用这句词来概括人们对此次金融危机的言论、观点，不能说不贴切。

2. 数字："飞流直下三千尺"

了解宏观经济状况，少不了数字，包括事前预测的和事后统计的。在如今这场危机肆虐全球的形势下，人们对数字又多了几分敏感。人们眼巴巴地盯着数字，不论是基于事实的统计，还是基于推断的预测。

也许用李太白的诗句概括显示当前世界经济宏观态势的数字有些夸张，但眼下这场危机带给人们的震撼，要远远超过"飞流直下三千尺"的庐山瀑布。

先来看看国际货币基金组织和世界银行 2008 年 11～12 月间发表的报告作出的预测。

2008 年 10 月，国际货币基金组织发表了半年一次的《世界经济展望》报告。此后，世界经济形势严重恶化，该组织不得不在 11 月发表一份修订报告。国际货币基金组织预测，世界经济 2009 年的增长率为2.2%，低于 10 月份预测的 3%。发展中经济体 GDP 增长率为 5%，尽管暴跌的农矿产品价格对石油出口国产生了严重的影响。发达国家经济的预测从上一次的增长 0.5%，调整到下降 0.3%，这样的下降将是二战以来的第一次收缩。

与此同时，世界银行发表的《全球经济展望》报告预测，全球GDP增长率将从 2008 年的 2.5% 下降到 2009 年的 0.9%。发展中国家的增长率预计会从 2008 年的 7.9% 下降到 2009 年的 4.5%。报告说，全球经济正在从发展中国家带动的"长期强劲增长"转变为"严重的捉摸不定"。作为许多发展中经济体的增长动力，世界贸易在 2009 年将收缩2.1%，这是 1982 年以来的第一次收缩。报告还说，过去五年推动价格上涨 130% 的农矿产品繁荣已经终结。

经济合作与发展组织在其经济展望中说，2009 年，该组织 30 个成员国的经济产出将收缩 0.3%，而 2008 年预测的增长率为 1.4%。该组织说，预计美国 2009 年的产出将收缩 0.9%，而 2008 年的增长率为1.4%。预计日本 2009 年的产出将收缩 0.1%，2008 年的增长率为0.5%。欧元区 2009 年的产出在 2008 年增长 1.0% 之后，很可能收缩0.6%。

位于华盛顿的国际金融学会代表着全世界数百家主要银行和金融机构。该学会预计，2009 年世界经济可能会下降 0.4%，而 2008 年为增长2%。美国、欧元区 15 国和日本的经济可能会大幅缩水 1.4%，它们2008 年的增长率仅为 0.9%。

拉丁美洲和加勒比经济委员会的报告称，与 2008 年 4.6% 的增长率相比，2009 年的预测数据有大幅下降，该地区经济增长率预计将降至1.9%。

国际能源机构说，全球能源需求 2008 年出现 1983 年以来的第一次减少。该机构将 2008 年全球每天能源需求的预测减少 35 万桶，降至每天 8580 万桶，比 2007 年下降 0.2%。它还降低了 2009 年的全球能源需求预测，估计每天需求仅增长约 0.5%，达到 8630 万桶。

接着来看关于消费者信心的调查数据。

2008 年 12 月 23 日，国际市场调查机构益普索公司公布了其所作的一次网上调查的报告。调查结果显示，金融危机打击了全球民众的信心，有 3/4 的家庭开始削减开支，新兴国家的消费者感觉所受的打击尤其大。虽然中国、印度、俄罗斯这些国家最近几年对世界经济增长起到了推动作用，但 11 月份对 22 个国家所作的这项调查发现，上述新兴经济大国消费者的乐观情绪"明显下降"。

这项调查发现，全球消费者的乐观情绪下降了近一半。2008 年 11 月份进行调查时，只有 31% 的人认为目前的经济形势非常好或比较好，而在 2007 年 4 月，这部分人的比例占到了 55%。其中，乐观情绪下降最多的是中国，从 18 个月前的 90% 骤降到了 46%，而印度则从 88% 下降到了 65%。

益普索公司这次的调查对象包括美国、加拿大、巴西、墨西哥、阿根廷、韩国、中国、日本、英国、西班牙、澳大利亚、俄罗斯、印度、捷克、波兰、土耳其、瑞典、荷兰、比利时、德国、法国和意大利等国家的人。这 22 个国家的国内生产总值占到了全球国内生产总值的 75%。

调查还显示，72% 的人已经开始削减家庭开支。人们认为，首先应该削减的是用于看电影、听音乐等娱乐项目上的开支，持这一观点的家庭占到了 76%，其次分别是用于度假（73%）、奢侈品（72%）和服装（59%）等项目上的开支。

国际购物中心协会统计显示，2008 年 11 月份主要零售业销售额同比下降 2.7%，创下了过去 39 年来的最大降幅，12 月份，主要零售业销售额比上年同期减少 1% 以上。虽然汽油价格下降了，但零售店的顾客却急剧减少。据统计，12 月份第二周光顾主要零售店的人数比上年同期下降了 7.9%。

统计数字也不尽是下降的，也有上升的，那就是失业人数和失业率。当然，这枚硬币的另一面写的也是下降——就业岗位的减少。

国际劳工组织总干事胡安·索马维亚 2008 年 10 月 20 日预计，在 2009 年底之前，全球金融风暴及其对实体经济的影响有可能造成 2000 万人失业。索马维亚在新闻发布会上说，国际劳工组织预计全世界的失业人数将从 2007 年的 1.9 亿上升到 2009 年底的 2.1 亿。鉴于危机对实体经济的冲击，这个数字可能还会更大。他称"这种局面将是世界历史上前所未有的"。他认为，从 2007 年到 2009 年，日均生活费不足 1 美元的"贫困劳动者"将会增加 4000 万，不足 2 美元的人将会增加 1 亿。

据报道，美国在 2008 年将损失 200 万个就业岗位。该国周失业人数已从原来的 10 万上涨到了 12 月中旬的 58.6 万人。研究机构预测，美国 12 月份的失业率可能达到 7%。而在 2009 年 2 月，这一数字又达到了 8.1%。

肆虐全球的这场金融风暴尚未结束，有人已经在测算这次风暴给全世界带来的损失。瑞穗证券 2008 年年末的测算显示，世界性金融危机将导致全球金融机构损失 5.8 万亿美元。测算以国际货币基金组织和英国央行英格兰银行的数据为基础，推算出美欧住房贷款、面向个人及企业的贷款以及将贷款证券化了的金融产品的余额约为 32 万亿美元。其中美国的损失约为 4.4 万亿美元，欧洲约 1.4 万亿美元，合计达到 5.8 万亿美元。损失率为 17.9%。美国市场上的次贷相关房贷和证券化产品有 65% 到 75% 都出现了价值缩水。即便是在欧洲，三成左右的房地产相关证券化产品也可能出现亏损。而美国此外还有 45% 左右的消费贷款相关证券化产品出现亏损。

5.8 万亿美元！此次金融危机给全球带来的损失是足以令人震撼的，但显然，这只是冰山一角，因为它测算的只是金融机构的损失，而且也仅限于美欧。

3. 世相："怎一个愁字了得"

金融风暴引发的全球经济紧缩，给世人心头罩上了抹不去的焦虑和忧愁。由于当期收入增长下降或实际减少，以及经济前景不明朗致使预期收入降低，人们都捂紧了钱袋子。商家则提前变着法儿甩卖促销，却不怎么能打动消费者的心。欧洲的年轻人怨声载道，出现了所谓"700欧元一代"；韩国的卖菜老妪收入菲薄，赚下了总统的眼泪。买的、卖的，老的、少的，总统、平民，都有一腔说不出的苦。

在美洲，2008 年的圣诞节对美洲国家的家庭来说与往年有了区别，由于全球金融危机的影响，大多数家庭在购买圣诞礼物和准备传统的平安夜大餐时都必须量力而行。危机造成的后果在消费能力一向强劲的美国显得尤为突出，许多家庭都不得不"勒紧裤腰带"过日子。仅有 38.7% 的美国人在圣诞节前夕采购礼品，这是近 6 年来最少的一次。而且，打折和低价产品是他们的首选。根据墨西哥当地多家媒体公布的调查，该国有 19% 的人表示不会在过节上多花钱，而 41% 的人削减了圣诞礼品的支出。哥伦比亚同样未能躲过危机的侵扰，节日期间大小商家并没有迎来像往年一样的人潮。在多米尼加，全国零售商和企业家联合会主席里卡多·罗萨里奥评价 2008 年的节日消费低潮来得"有些突然"，他说："经济危机使人们不得不捂紧了钱袋。"

在欧洲，年轻人也许是受经济不景气打击最大的人群。两年前，年龄在 30 岁以下、靠打短工维生、月薪为 1000 欧元的欧洲人被称为"1000 欧元一代"。如今，就连这张社会标签也贬值了。现在，这些加入临时劳动力大军的年轻人被称为"700 欧元一代"。他们无法过上父辈们习以为常的生活，也缺乏父辈们理所当然的安全感。法国生活水平监控研究中心的马蒂厄·安戈蒂说："我认为这不是传统意义上愤怒的一代。如今情况不同了，但是这一代变得越来越担忧和悲观。"

在冰岛首都雷克雅未克，一家生活类报纸的头版标题赫然写着："危机偷走了我们的圣诞节！"经营户外用品商店的哈尔多尔说："那感觉就像是你的叔叔或爸爸是个酒鬼，一不留神，他便喝光了家里的积蓄，典当了住房，卖掉了汽车，然后有一天，你和你的妈妈、兄弟姐妹变得一无所有。"人们很难相信自己的国家如此迅速地跌入了深谷。几个月前，冰岛人的生活水平还居于世界前列，贫困似乎完全是别人的事情。

在韩国首都首尔，韩国总统李明博为体察经济危机下的民生状态，去一处市场视察。当他得知市场上一位卖萝卜和干菜的老妪每天收入只有两万韩元（约合 13 美元）时，流下了眼泪，并解下自己用了 20 多年的围巾送给她。其他商贩也纷纷向李明博诉苦，称生意太差，吃饭都成问题。李明博安抚他们说，生活会好起来的。

4. 字母："远近高低各不同"

在金融风暴肆虐的这些日子里，经济学家真是让人有些哭笑不得。

"风起于青萍之末"的时候，他们未能及时发现并呼吁制止，等风暴席卷全球，他们又成了诊脉、开方的医师。他们未能在过去的过去预测今天的过去，却热衷于预测今天的未来。有的经济学家执著于某种数理模型，仿佛经济事实都应该围绕他的模型转；有的经济学家对未来给出了一大堆可能，就是没说哪种可能最可能。

关于世界经济的走势，有人用字母给出了形象的说明。既然连格林斯潘也说他的预测60%正确、40%错误，那么，我们也就不妨姑妄言之、姑妄听之吧。

（1）V型经济衰退——短期剧烈振荡

这是最为乐观的一种走势，即经济下行很快触底，并很快大幅反弹。V字的尖底意味着经济在谷底运行的时间很短，而右侧几乎直立的一笔意味着恢复迅捷有力。

具体到经济部门和现象来说，意味着各国的金融救助计划收到了奇效。进入2009年，银行业将重拾信心，并再次开始正常放贷。到2009年夏天，利率进一步下降，信贷气氛更加积极。随着购买者恢复元气以及消费者和企业信心的回升，房地产以及其他大宗商品的价格趋于稳定。公司业绩报告虽然盈利水平将有所降低，但不会出现严重衰退。

目前看来，就全球而言，V型走势预期渺茫。也就是说，全球经济基本上不会是这样的走势。时至今日，还远不能说全球经济已经触底，迅速恢复根本无从谈起。倒是第二波银行危机出现似乎颇为可能，更多的国家甚至可能遭遇冰岛那样的窘境。也有极少数经济体可能会出现V型走势，比如中国等。

（2）U型经济衰退——五年低迷期

如果我们在2009年年初作出U型预测的话，也许有人会说太过悲观；如今看来，这也许是一种还算不错的境况。U型的底部太宽了，意味着经济在低位运行的时间要长一些，时间也许要三五年。

具体到经济部门和现象来说，意味着市场信心受到较重打击，消费持续低迷。由于受到更加严厉的新监管体制和市场信心的影响，银行仍不愿放贷。贷款方只关注于进行安全系数最高、风险最为适宜的贷款。

各类公司前景预期一般，减产裁员。信心的恢复和经济的复苏都有待酝酿。

在某种意义上来说，U 型也许是目前这场经济危机最有可能的走势。虽然三五年的时间对于心急的人们来说太长了点，但回顾历史上的经济危机，三五年能够恢复元气也许是相当不错的了。

（3）W 型经济衰退——两次衰退

W 虽然像两个 V 的叠加，但意义却极不相同。W 不意味着衰退回升至原有状态后又来一次衰退，而是在刚刚复苏之时就又出现衰退。

具体而言，如有关专家所说，目前似乎只是短期强烈震动。但石油输出国组织会实施减产，小麦种植地区会出现新旱情。与此同时，人们纷纷要求加薪，通货膨胀再度出现。各国央行实施加息政策。消费者失去信心，并苦于还债。银行将开始新一轮减记销账。房产收回率和破产公司数量会再次攀升。

就专家列举的几种现象看，似乎有一些已经存在，那就是石油减产和农作干旱。没有通胀和加息，那是因为前一波衰退还未见底。W 走势虽然也可能持续时间不长，但这种震荡却是很要命的。如果人们的信心遭到二次打击，世界经济的前景难得乐观。

（4）L 型经济衰退——失落的十年

L 是一种有底没边的走势。它的那个不封口的底，意味着经济低位运行要持续好长时间，比如 10 年。经济总会回升的，但 L 意味着那只是未来的期望，当下可以不去考虑。

专家指出，这种状况历史上有过。他们说：正如我们在日本银行业危机过后所看到的那样，2008 年的通货膨胀将在 2009 年转化为通货紧缩。银行仍不愿意放贷，消费者则苦于还债。坏账增加，房价下降40%。企业破产率创下新高。失业人数增加。随着借款者失去工作，房产收回现象开始增加。出现多家银行和保险公司倒闭。美国深陷衰退之中，中国经济则面临硬着陆。

L 型走势太过悲观了，而且其复苏可以说是遥远的事情，所以现在较少人去谈论它。但就现象而论，现在已经有许多成为事实。只是尽管可能出现这些现象，世界经济也应该比之更早复苏，只是强劲增长可能要来得慢一些罢了。

V、U、L、W，形象地给出了这场危机下行深度、持续时间的几种走势，让人想起苏东坡的"横看成岭侧成峰，远近高低各不同"。只是大众仍旧"不识庐山真面目"，这时经济学家大概会告诉我们："只缘不在此行中"吧？

第二章

并非暖冬：金融危机对中国的影响

这些年来，由于全球气候变暖，人们已经习惯了暖冬。2008 年的冬天也是如此。然而，进入 12 月，气温陡然下降，人们瞬时间感受到了刺骨的寒冷。而肇始于美国的金融风暴，也漂洋过海，逐渐地让中国人感受了料峭的寒意。

曾几何时，在美国人眼睁睁看着有百多年历史的雷曼兄弟倒塌，美国政府不得不注资救助其金融机构的时候，我们觉得自己也许可以置身风暴之外，甚至可能成为灾难的救星。然而，随着风暴的扩大和持续，它对中国的影响已经全面凸显并日渐加深。如今，已经没有人再怀疑这次金融危机对我国的深重影响了。

一　海上生寒风

中国是典型的大陆性季风气候国家，夏季暖湿气流由东南沿海吹向内陆，冬季冷空气由西北边陲吹向沿海。只要是冷空气，它就总是从西伯利亚那里刮来，这似乎已经是"地球—中国人"都知道的常识。

然而，事情偏偏就是这样吊诡。2007 年的夏天，一股冷空气从美国西海岸穿越太平洋，在中国的东南沿海登陆，肆虐一番后，又强劲地吹向内陆纵深，而且寒气渐深。当人们在料峭寒意下从懵懂中猛然惊醒的时候，才意识到这股冷风来自海上，而非欧亚大陆的纵深。随着这阵冷风的侵袭，东南沿海的一个个工厂关上了大门，包括内地的一座座高炉封上了炉门，一批批农民工在离回家过年还早的时候踏上了返乡的旅程。

此时此刻，人们终于明白：金融风暴来了！

冬去春来，当一批批统计数字陆续公布，当一群群人们为找工作而四出奔波，当中国经济"硬着陆"的议论不时出现的时候，人们进一步意识到：金融风暴对我国的影响深而且重，并表现出了别样的特点，小觑不得！

1. 沿海最先着凉

中华文明是主要发源于大陆腹地的内陆文明，沿海在相当长的时期一直处于文明的边缘。明中叶以来，海禁大开，沿海开始发展起来。鸦片战争以后，在外国列强的坚船利炮之下，沿海成为对外贸易的前沿，取得了更为迅速的发展。新中国成立后的30年间，出于战略的考虑，建设重心移向了东北和内陆腹地，东南沿海又沉寂了下去。改革开放以后，东南沿海又一次成为对外交往的窗口、对外贸易的桥头堡、改革开放的试验基地，取得了长足的发展。珠江三角洲，长江三角洲，一座座工厂拔地而起，一船船货物运往海外……

广东是我国沿海经济快速发展的代表。改革开放30年来，广东一直是我国经济发展最快的省份，生产总值一直位居全国前茅。2007年，广东省的全省生产总值为30606亿元，占全国的1/8，经济总量超过了亚洲"四小龙"中的新加坡、香港特区和台湾地区。与生产总值相应的是，广东的出口额同样出色，2006年，广东外贸进口总额达5272亿美元，相当于2001年全国一年的进出口额，接近2005年世界货物贸易排行第12位的韩国的水平；其中出口总额达到3019.5亿美元，占全国出口总额的31.2%，连续21年位居全国之首。

从某种意义上来说，广东可以说是东南沿海省份的代表，广东的企业也有着同样的代表性。其中比较突出的一点是，生产总值中出口所占的比重较大，企业的外向依赖度较高，许多企业尤其是中小型民营企业从事劳动密集型的贴牌生产，处于产业链的底端和价值链的后端。

正因如此，当美国金融风暴的寒风吹来，以广东为代表的沿海首先着凉了——

2008年10月15日，广东东莞樟木头镇香港上市公司合俊集团旗下的两家大型玩具厂突然倒闭；

10月17日，深圳宝安百灵达公司突然宣布停业；

10月20日，深圳宝安宜进利工厂宣布破产，坪山创纪玩具深圳有限公司倒闭……

珠三角如此，长三角也是如此。

2008年10月7日，中国最大的印染企业——浙江江龙控股集团有限公司在欠银行贷款12亿、欠民间借贷8亿的重压下倒闭。次日，该公司在新加坡上市的"中国印染"暂停交易。

10月11日，浙江华联三鑫石化有限公司由于资金链断裂被政府接管。该公司拥有亚洲最大、世界第二的DTA（一种用于制造涤龙的化工产品）的生产能力。

2008年10月9日，上海中原地产董事长陆续披露了公司裁员450人的计划……

具体的列举也许有其意义，但专家的概括则更全面、更有说服力。四川省经济发展研究院研究员王小刚总结了金融危机对沿海地区实体经济造成严重影响的六种表现：

一是对企业资金链的影响。由于企业国外订货减少和货款不能及时到位，相当部分企业资金链出现问题。而上游企业资金链出问题，又将影响下游企业资金链出问题，甚至出现恶性循环。

二是对企业市场链的影响。由于国际市场需求减少，终端产品生产企业的市场缩小，进而导致为终端产品协作配套的企业的市场缩小。造成大量企业生产能力出现过剩，经济效益下滑。

三是对企业协作链的影响。由于相当部分企业市场或资金出现问题，被迫减少甚至停止生产，进而导致协作企业也被迫减少或停止生产。而这种协作关系一旦破坏，恢复起来难度较大。

四是对企业就业链的影响。由于部分企业停产、倒闭，部分工人面临失业。而这部分企业的停产、倒闭，还可能导致部分关联企业的停产、倒闭，以至造成更多的工人面临失业。

五是对企业价值链的影响。由于海外订单产品价格下降，前端企业利润空间出现下降甚至亏损，必然向后端配套企业转移和挤压，进而导致更多的企业利润下降甚至亏损。

六是对企业技术升级的影响。由于企业维持生计尚且步履维艰，很难有较多资金投入技术改造和升级。而不尽快推进企业技术和产品升级，又难以提高企业竞争能力和抗风险能力。

在分析根源时，王小刚指出，沿海地区首先"着凉"，是"由于沿海地区经济外向度高、对国际市场依存度高、产业社会化协作度高、企业群落关联度高"，而且"如果形势得不到有效控制，这种影响还可能造成明显的连锁反应，进一步蔓延、扩散，甚至不排除影响到沿海实体经济的主体"。

看来，来自海上的寒风真个是寒意十足！

2. 出口首当其冲

美国金融风暴袭来的时候，首先着凉的地区是沿海，最先感冒的经济领域是出口。也就是说，中国经济社会首当其冲的，是外向型的经济增长模式。

我国对外出口遭遇困难，并非始于金融风暴。近一两年来，由于原材料和劳动力成本上涨，以及人民币升值，我国部分出口产品的比较优势渐渐减弱。再加上接二连三的质量风波，以及西方国家的种种贸易保护，我国对外出口遇到了前所未有的困难。不过那时的出口困难，并非基于进口国居民的消费下降，而是因为把进口地转移到了其他国家，或者干脆使用本国产品。

进入 2008 年以来，情况发生了变化。此时出口遭遇的困难，更主要的是基于美国等我国最大的出口对象国居民消费需求的大幅下降。这样的困难对于我国东南沿海地区的劳动密集型出口企业来说，打击是十分沉重的，甚至是灾难性的。

中国企业家调查系统的一份调查表明，2008 年企业的经营状况与企业业务的外向程度密切相关。美国次贷危机引发的全球性金融动荡已经波及实体经济，造成中国外需市场明显减弱，对出口依赖程度相对较高的东部地区企业、民营企业所受影响首当其冲，尤其是中小企业面临的困难相对较多。出口形势相对较好的行业有：仪器仪表、专用设备、汽车等；出口情况相对较差的行业有：服装、纺织、非金属制品、造纸、塑料等。调查显示，认为企业所在地区、所在行业停产和倒闭的企业数量"非常多"的企业经营者占 3.1%，认为"比较多"的占 29.7%，认为"比较少"的占 45.1%，认为"非常少"的占 11.1%，认为"不清楚"的占 11%。东部地区认为"非常多"或"比较多"的企业经营者占 36.4%，高于其他地区。

诚如上述调查所述，东部地区的受调查者认为，所在地区、行业、停产、倒闭企业数量"非常多"、"比较多"两项合计达 36.4%，可以说是一个比较惊人的数字。一般推断认为，沿海地区中小型外向型企业，大约有 1/3 停产，1/3 维持，1/3 还能赢利。随着时间的推移，前者的比例可能还要扩大，尤其是其中的劳动密集加工贸易型企业。在受影响最严重的珠三角地区，已经发生多起企业经营者弃厂失踪、员工数月未拿到工资的事件。

宏观统计数字也表明，2008 年 1~10 月，我国对外出口增幅持续回落。海关总署的数据显示，2008 年前 10 个月，我国外贸出口 12023.3 亿美元，增长 21.9%，较上年同期 26.5% 的增长回落了 4.6 个百分点；扣除价格因素后，出口数量实际增长 11.6%。11 月，我国外贸出口 1149.9 亿美元，同比下降 2.2%，为 2001 年 6 月以来首次出现负增长；12 月，外贸出口降幅进一步加大，同比下降 2.8%。2009 年我国的外贸出口形势更加严峻，2009 年 2 月同比下降 25.7%，创下 1993 年有记录以来的最大跌幅。

中国物流与采购联合会 2008 年 12 月 1 日发布报告显示，11 月制造业采购经理指数（PMI）剧减至 38.8，比上月再降 5.8 点，为 2005 年 1 月该指数创立以来最低。针对 700 多家制造业厂商进行调查所得的制造业 PMI 是一个综合指标，由新订单、生产、存货和产成品库存等 11 项指数组成，以 100 为最高点。PMI 指数在 50 以上，反映经济总体扩张；低于 50，反映经济衰退。我国 10 月份的 PMI 指数为 44.6。这显示受金融风暴冲击，尤其是来自欧美等海外订单显著减少的影响，我国经济收缩迹象十分明显。

义乌小商品世界闻名，远销各国。但在 2008 年前 8 个月，义乌小商品出口美国总额 18073 万美元，同比仅增长 10.18%。而 2007 年同期，义乌仅出口美国的商品增幅就达 40% 以上。此外，由于成本大幅上涨达 30%～40%，导致企业利润下滑，普遍不到 2007 年的一半。

广交会向来被认为是我国经济尤其是对外贸易的晴雨表。而 2008 年 11 月初闭幕的第 104 届广交会（秋季）显示，此次广交会出口成交额累计为 315.5 亿美元，比 2008 年春交会下降 17.5%，比 2007 年秋交会下降 15.8%。这种情况是近五年来首次出现，订单大幅减少令出口企业忧心忡忡。

3. 有多少个合俊倒下

2008 年美国金融风暴登陆中国，必将使中国经济史为一家企业记上一笔，它就是合俊。

2008 年 10 月 15 日，广东东莞市樟木头镇人民政府贴出一纸通告，通告的对象是"合俊厂全体员工"，内容是："由于企业经营者经营不善，导致企业关闭。目前镇政府已成立专门工作小组，尽全力解决你们的工资问题。"当日，在香港股票市场上市的合俊以"待刊发有关股价敏感资料的公告"为名，宣布停牌。至此，年仅 13 岁的合俊倒下了。有人指出，合俊可以说是美国金融危机影响中国实体经济的企业关闭第一案！

合俊集团是东莞的一家知名玩具制造商，是世界五大玩具品牌中的三家——美泰、迪斯尼和孩之宝——的制造商。集团董事局主席胡锦斌是加拿大"海归"，1995 年开始创业，从事儿童玩具的贴牌生产（OEM）。在发展的第一个五年里，合俊的生产开始形成规模，形成了设计、制模、生产、装配及包装的一站式生产模式。在第二个五年里，合俊开始构思有机整合垂直和水平生产系统。2004 年，在 OEM 市场站稳脚跟的合俊开始挺进成人玩具市场，并开始开发以 USB 线连接电脑的玩具猫之类的小玩具，以寻求新的增长点。从 2005 年开始，合俊每年投入 500 万元，开展自己的设计及自有品牌业务。2006 年 9 月底，合俊集团在香港联交所上市。

但一路顺风走过来的合俊还是遇到了危机。2007 年 9 月 5 日，美国最大的玩具商美泰公司（合俊的最大客户之一）宣布，由于玩具涂料含铅成分过高，将在全球范围内召回 82.4 万件中国生产的芭比玩具，合俊受到巨大冲击。不过，在美泰召回事件之后，合俊迎来了另一位合作者迪斯尼，发展势头不减。

其实，早在 2007 年 6 月，合俊集团已经认识到过分依赖加工出口的危险。2007 年 9 月，合俊进入采矿业，但这次总额在 1.33 亿～4.1895 亿元之间的收购，合俊却根本未能收回成本，跨行业的资本运作反而令其陷入了资金崩溃的泥沼。

进入 2008 年，合俊更是雪上加霜。上半年，因业务严重依赖美洲市场的出口，加上外围经济环境不佳，合俊仅半年就亏损达 2 亿港元。6 月，合俊在樟木头的厂房遭受水灾，不仅造成 6750 万港元的直接损失，还严重影响了集团的原材料供应稳定性及现金流量规划，从而影响了营运效率。截至 6 月底，合俊集团总资产 8.36 亿元，总负债 5.32 亿元，其中流动负债便达 5.3 亿元；净负债比率为 71.8%，较 2007 年底的 41.9% 大幅升高。到 8 月，合俊的困难暴露无遗。之后，合俊虽然通过转让地皮、出售专利、模具等回笼资金近 3000 万，但杯水车薪，作用有限。10 月，合俊倒下了。

合俊是受美国金融风暴影响最先倒下的一家大企业。集团在东莞樟木头镇有两家工厂，员工 6500 人。合俊 2006 年 9 月在香港联交所上市后，股价曾在 2007 年 7 月 20 日达到历史最高价 2.38 港元，胡锦斌的个人资产（他拥有合俊 40% 的股份）也高达 4.267 亿港元。到 2008 年 10 月 15 日停牌时，合俊的股价只剩下了 0.08 港元，15 个月间缩水高达 95%。合俊关门之前，8 月份的工资还未发出。

为什么像合俊这样的大企业一夜之间就倒下了呢？有专家分析指出，玩具属传统劳动密集型产品，产品又大多依赖出口。合俊集团东莞樟木头工厂的玩具产品主要销往美国，其倒闭显然是受金融风暴和次贷冲击。数据显示，2008 年中国玩具出口额前 8 个月虽然有 51 亿美元，却只比 2007 年同期增长了 1 个百分点，大幅回落了近 22%。

在金融风暴的寒风中倒下的，又岂止一个合俊。

2008年11月，在奥运会的激情和共和国生日的喜悦淡去的时候，伴随着登陆中国的金融风暴，两股寒潮掀了起来：企业"倒闭潮"，农民工"返乡潮"。虽说沿海省地官方否认"倒闭潮"和"返乡潮"，但就以官方公布的统计数字来看，情况也是触目惊心的。

先看倒闭。

有关统计表明，2008年10月之前，珠三角已经有8000多家企业倒闭或转移。香港工业总会预计，珠三角的6万~7万家港资工厂中，2008年将有10%停产，是20年来最高的。而另一份媒体报道则称，仅2008年10月上旬，珠三角就有近50家香港企业申请破产清算。而香港工业总会会长陈镇仁则表示，珠三角7万家港资企业中，2008年年底时可能会有1/4即1.75万家倒闭。广东省中小企业局的统计数据称，广东1~9月企业关闭总数为7148家，包括关闭、停产、歇业和搬迁数。关闭企业主要集中在珠三角地区，其中关闭数量较多的地市分别是东莞市1464家、中山市956家、珠海市709家、深圳市704家、汕尾市587家、佛山市526家以及潮州市432家。从行业分布看，关闭企业主要集中在纺织服装、五金塑料、电子产品、陶瓷建材等传统型、低技术、高耗能行业。广东省中小企业局同时也出示了广东省工商局统计的全省企业新注册数目以及注吊销情况。据统计，1~9月，广东各类市场主体共注吊销企业62361家，新注册企业数100634家，全省新注册企业总数与注吊销企业总数比较，净增加38273家。

东莞是此次企业关停最为严重的地区，该市市长李毓金2008年11月14日回答记者提问时，否认了境外媒体"一天就倒闭了好几百家企业"的报道，声称"没有那么严重"，1~10月东莞累计关停、外迁企业714家，其中关停689家，外迁25家，预计全年关停在900家上下，而以往每年也要关停700~800家。由往年七八百家上升到2008年的900家上下，实在说不上不正常。但这位市长的数字却与广东省中小企业局公布的数字不符，后者的数据显示2008年1~9月东莞关闭的企业为1464家，是市长所称数字的1倍还多……

　　长三角的情况如何？浙江省工商局的数据显示，2008 年上半年，浙江全省超过 1200 家企业关门歇业。据浙江温州市经贸委 7 月对 31 个工业强镇和开发区的 15521 家中小企业的调查显示，有 1259 家企业停工或半停工甚至倒闭，占调查企业总数的 8.1%。其中，以出口为主的服装加工企业近一半处于停产或半停产。

　　国家发改委公布的一项数字显示，2008 年上半年，我国共有 6.7 万家规模以上中小企业倒闭。而就业问题专家陈光金称，2008 年至少在年中时，有近 7 万家出口导向型中小企业倒闭。官方与学者的数字基本一致。

　　再看"返乡潮"。

　　东莞樟木头镇合俊集团旗下的两家工厂共有 6500 名员工，工厂倒闭后他们基本上不可能在当地再就业。早些时候的数据显示，2008 年温州大部分中小企业精简人员约占企业总人数的 20%。专家估计，广东省 2008 年可能直接或间接造成上千万人失业。有报告称，仅是 2008 年 9 月份，就有 5000 名四川金堂县的农民工返乡，比 2007 年同期上升 25%。2009 年 3 月初，人力资源和社会保障部资料称，2009 年春节前返乡的农民工约有 7800 万之多。

二　冷雨浸大地

　　美国次贷危机爆发之初，其他国家的人们似乎都未感受到切肤之痛。那时的中国，大体恐怕也是如此，也许只有那些吹大了房地产泡泡的房地产开发商略有些紧张吧？

　　春去秋再来，在次贷危机爆发的第二个秋天，次贷危机导致信用危机，累及整个金融领域，金融风暴生成了。不久，风暴过处，不仅虚拟经济大受打击，实体经济也广受拖累。中国亦莫能外，每一个坐在车里或在外边观测的人都感受到：中国经济列车减速了。

1. 中国经济列车减速

　　近些年来，我国国内生产总值（GDP）的增长，在全球范围内一枝独秀，在主要经济体中一直是最高的，长时间保持在两位数，2007年更是达到了13年来的最高点——11.9%（2009年1月14日国家统计局网站公布的最终核实数据为13%）；其中，第二季度更是创下了罕见的12.7%的高位。中国的经济列车疾速行进。

美国次贷危机是在2007年春季爆发的，当时的中国经济正高歌猛进。2008年初的统计报告显示，2007年，我们的经济有些过热，GDP增长的同时，CPI（居民消费品价格指数）和PPI（工业品出厂价格指数）也在猛涨，全年达到了4.8和3.1%。进入2008年，CPI的增长达到了前所未有的幅度，通货膨胀的苗头已经显露。中国经济列车的行进速度有些过快了。

在这种情况下，政府年初确定的2008年经济发展总目标，是减缓增速，抑制物价过快上涨。基于这样的目标，政府采取了宏观调控，推行适度从紧的货币政策，限制物价，取消出口退税。尽管这样，CPI和PPI上涨的势头仍然不弱。GDP也稳健增长，2008年第一和第二季度分别达到了10.6%和10.1%。中国经济列车的运行仍旧强劲。

然而，调控的呼喊言犹在耳，风暴悄然从大洋彼岸刮来，由沿海到内地，由虚拟经济到实体经济，渐渐的由凉风到冷雨，再到寒风、到暴雪，中国的经济列车似乎在自己刹车也未减慢多少速度的情况下，却被巨大的包袱拖得登时减速了。

首先是反应经济总体状况的GDP增速下滑。2008年前两个季度，我国的GDP增长分别为10.6%和10.1%，尚在两位数，但二季度比上年同期回落了2.6个百分点；三季度这一数字回落到了9.0%，是五年来第一次降到10%以下。前三季度平均9.9%，比上年同期回落了近3个百分点。四季度，GDP的增长进一步下滑，一下子就滑到了6.8%，年均增长9%。

不仅是GDP，其他宏观经济数字也出现了急速的回落：

对外出口增速大幅回落。2007年，我国的对外出口增速就已经放缓。2008年1～10月，我国外贸出口13023.3亿美元，增长21.9%，较2007年同期回落了4.6个百分点，进口9863.4亿美元，增长27.6%，较 2007 年同期的 19.8% 有所增加；扣除价格因素后，出口数量实际增长 11.6%，进口数量增长 7.5%。海关总署 12 月 10 日发布的数据显示，2008 年 11 月份，我国进出口总额 1898.9 亿美元，同比下降 9%；其中出口 1149.9 亿美元，下降 2.2%；进口 749 亿美元，下降 17.9%。对比可发现，出口为 2001 年 6 月以来首次负增长，进口为 2005 年 2 月以来首次负增长。国家发改委宏观经济研究院的一位专家接受媒体采访时称："目前出现负增长，说明中国出口形势相当严峻。"国际评级机构穆迪的一位经济师认为，中国出口将继续在未来几个月下降，至少要等到欧美显现出经济衰退的底部为止。言犹在耳，2009 年 2 月，我国出口同比下降 25.7%，进口下降 24.1%，出口跌幅是自 1993 年有记录以来最大的。

工业生产增速持续减缓。2008 年 1～2 月，我国规模以上的工业企业（年主营业务收入在 500 万元以上的企业）实现工业增加值比 2007 年同期增长 15.4%，3 月增长 17.8%，4 月增长 15.7%，5 月、6 月都是 16.0%。从这组数字可以看出，2008 年 1～6 月，我国工业增加值的增幅一直是稳定在 15%～18% 之间。然而进入 2008 年下半年以后，7 月工业增加值同比增幅为 14.7%，随后呈现出逐月显著回落的态势：8 月 12.8%，9 月 11.4%，10 月则仅为 8.2%，较之 6 月几乎下滑了一半，是 2001 年以来首次降为个位数。11 月，我国工业增加值仅同比增长 5.4%，比上年同期回落高达 11.9 个百分点，创下自 2003 年 3 月起 14 年以来的最低同比增幅。与此相应的是，工业企业利润增幅回落，亏损额大幅上升，1～8 月，规模以上工业企业实现利润 18685 亿元，同比增长 19.4%；增幅比 1～5 月回落 1.5 个百分点，同比回落 17.6 个百分点；亏损企业亏损额 3485 亿元，增长 1.7 倍；国有及国有控股企业利润 6770 亿元，增长 0.7%；亏损企业亏损额 2371 亿元，增长 4.1 倍。

全社会固定资产投资增速也在下降。国家统计局 2008 年 7 月 18 日公布：2008 年上半年，全国固定资产投资价格同比上涨 10%；全社会固定资产投资同比增长 26.3%。这意味着扣除价格因素后，上半年我国全社会固定资产投资实际增长率只有 16.3%。根据中国人民大学经济研究所的统计，这是 2000 年以来我国固定资产投资实际增长率的最大缩水。

财政收入也不容乐观。2008 年 1～7 月，我国全国财政收入增幅一直呈上升趋势，7 月份财政收入同比增幅为 16.5%。进入 8 月，我国财政收入增长开始下滑，增幅为 10.1%。9 月，全国财政收入 4217.22 亿元，同比增长 3.1%，增幅比上月回落 7 个百分点；如果扣除 9 月份 4.6% 的 CPI 增长因素，当月我国的财政收入实际上已成负增长。10 月，全国财政收入 5328.95 亿元，比去年同期下降 0.3%，12 年来首次出现月度财政收入同比负增长。其中，中央财政收入 2776.38 亿元，同比下降 8.4%。11 月份，全国财政收入 3792.4 亿元，比去年同期下降 3.1%，其中中央收入 2040.94 亿元，同比下降 8.4%。如剔除非税收入中一次性增收因素，同口径比较，则当月全国和中央本级收入分别下降 7.3% 和 15.8%。财政部表示，财政收入增速下滑的主要原因是政策性减税较多和经济增长放缓、企业效益下降影响税收增长。预计财政收入增幅下降的趋势在 2009 年还将延续。2009 年 1 月份全国财政收入 6131.61 亿元，比去年同期下滑 17.1%。

上述宏观经济统计数字表明，金融风暴对我国实体经济的影响已经十分明显。

2. 来自煤钢行业的报告

宏观经济数据最能说明一国的经济状况，典型行业比较给人的印象则更为深刻。这里，就让我们来看看前几年最为红火的钢铁、煤炭两个行业的报告。

钢铁行业的这份报告发布于 2008 年 10 月初。这份《全球金融危机对中国钢市的影响分析》（中国钢材价格网，2008-10-6）的报告称，钢材行业的发展根本取决于下游需求，而此次金融风暴对我国钢材需求较大的实体经济部门都造成了巨大影响。

第一，房地产行业。众所周知，中国房地产价格的下滑，目前正在实实在在地发生。虽说其价格下滑的主因是国内楼市价格泡沫太大和宏观调控政策的双重压力，但正在发生的全球金融风暴也使中国楼市面临更大的套现和需求下滑的压力。对于钢材行业来说，房地产行业的用钢量占整体钢材需求的 25%，如果再加上百姓对新房装修和家居购置的钢材需求，其用钢量可达到 1/3。所以房地产行业的下滑，对钢材需求的影响是巨大的。2008 年以来，房地产市场陷入低迷，新开工项目同比大幅下降，直接导致钢材需求大量减少，许多中小民营钢铁企业困难重重。9 月 18 日，我国钢铁业龙头老大宝钢宣布，钢铁产品价格在 10 月份价格基础上下调。与此同时，国内大大小小的钢铁企业纷纷加入到降价的行列。报告发布时，全国钢铁产品的价格平均下跌已达 20%。

第二，造船行业。国内近年来持续繁荣的造船行业对钢材需求产生了强大的支撑，而金融危机的到来，使繁荣的造船业出现萎缩的拐点。最直接的打击来自全球贸易萎缩，导致船只订单量的大幅下降。国际贸易的兴盛取决于各个国家的经济发展情况。万吨轮在运输上的优势主要体现为可以运送数量、体积巨大的物品以及运送距离远而运费低廉。因此，它所运载的往往是石油、铁矿石、粮食、水泥等支撑一国经济基础运行的大宗商品。当各国经济进入衰退，对于大宗商品的贸易需求下降，必然通过航运业的衰退传递到造船业。

第三，汽车行业。自 2002 年以来，我国汽车市场超高速增长达 6 年之久，远远超过我国 GDP 的增长速度。而 2008 年这种超高速增长开始刹车，据中国汽车工业协会数据统计，1～8 月，全国乘用车市场总体表现低迷，产销分别为 463.24 万辆和 455.03 万辆，同比增长 13.67% 和 13.15%，与上年同期相比，增幅分别回落 8.32 个百分点和 10.94 个百分点。从 8 月份的汽车销量来看，欧洲同比锐降 16%，北美降幅达 15.5%，日本汽车销量下降 14.9%。而国内汽车销量同比下降了 5.4%，环比下降了 6.0%。

上述三个行业是对钢材需求量比较大的行业，其走向直接影响钢铁行业的发展。而在金融危机向实体经济波及加深的背景下，钢铁行业也难以独善其身。同时，由于全球经济处于悲观气氛的笼罩之中，钢材价格将会处在较长一段时间的下行通道之中。

当前，国内钢铁行业已经处于下行状态，与前几年的蓬勃发展形成了鲜明的对比。钢铁企业不再一味追求产量，在行业不景气的情况下，也出现了大面积的减产潮。在原材料大幅涨价和产品价格持续低迷的双重打击下，目前河北省不少中小钢企已陷入"无利可图"的境地，在这种压力下，越来越多的中小钢企纷纷选择停产歇业。9月初的数据显示，邯郸地区近1/3中小钢铁企业已停产或半停产；唐山地区的高炉，受环保治理和高成本限制，企业经营困难，有50%停产或闷炉，除国丰、津西少量减产外，已有40%左右的企业处于停产、半停产状态。唐山地区共有带钢生产线41条，只有12条生产；廊坊地区除河北前进钢厂正常生产外，其余带钢企业全部停产。除了中小钢厂以外，一些大型钢厂的限产措施也开始出台，但这些钢铁企业多是以生产线轮流排产检修的名义出现。宝钢、武钢、唐钢、鞍钢、沙钢等大型钢厂都宣布了类似的计划。

虽然钢厂产量的下降对稳定钢材价格是一个利好消息，但也证明了当前钢铁行业所面临的巨大压力。由于金融危机可能带来较长时间的经济困境，未来钢铁行业正面临着一个长期下滑的态势，中国钢铁企业也将面临一个兼并重组乃至破产的高峰。

其实，并非只有我国钢铁企业在叫苦，由于受全球金融危机日益恶化的影响，目前全球的钢铁生产都出现了下降。2008年9月19日，国际钢铁协会发布的统计数据显示，2008年8月全球66个主要产钢国和地区粗钢产量为1.12234亿吨，较7月环比下降3.8%，其中欧盟27国粗钢产量为1577万吨，环比下降9.4%；独联体粗钢产量为1034万吨，环比降2.7%；亚洲粗钢产量为6378万吨，环比降了3.5%；只有北美粗钢产量环比增长0.5%，为1171万吨。

全球金融危机对在美国的钢铁企业的影响已经显现。美国谢韦尔惠灵钢铁公司宣布将推迟MingoJunction厂5号高炉维修后的重启；安赛乐米塔尔美国公司伯恩港厂的D高炉从2008年9月25日开始关闭75天；美国钢铁公司在10月和11月对蒙瓦利厂、格拉尼特城厂和加里厂进行设备检修。由于出口需求低迷，俄罗斯和乌克兰几家大的螺纹钢和线材生产厂家已削减产量，安排停产进行设备检修。亚洲钢铁巨头新日铁和浦项表示，将继续执行减产计划。

煤炭行业的这份报告发布于 2008 年 11 月 26 日（中国煤炭市场网），题为《全球性金融危机将影响中国煤炭经济发展》。该文指出，亚洲金融风暴曾使我国煤炭行业陷入困境，此次我们的处境应该和当年类似。

目前，国内煤炭市场发展面临的形势是：一是火电发电量下降，电煤消耗明显减少。据有关部门统计，2008 年 8 月份，直供电网的电煤消耗总量比 7 月份减少了 397 万吨，环比下降 6%；9 月份比 8 月份下降了764 万吨，环比下降 12%，而且直供电网的电煤消耗水平还在继续呈现下降态势。二是钢铁产量走低，冶金用煤大幅减少。8～9 月份，国内钢产量连续出现 10 年来罕见的月环比负增长，9 月份钢铁产量 3915 万吨，比 8 月份下降 10%。截至 10 月 10 日，全国钢材价格已经下降 30%左右。山西焦煤、潞安、平顶山、永城和神火等企业供冶金用精煤、高炉喷吹煤需求量大幅下降，价格每吨普遍下降 300～400 元，多数钢铁企业要求暂时停止发货。三是一些高耗能产品价格大幅下降，间接影响煤炭市场需求。近期，电解铝市场开始逆转，电解铝价格大幅下降，由2008 年上半年的每吨 16000 元以上降到目前的每吨 12000～13000 元，生产企业平均每吨亏损 2000～3000 元，纷纷减产或停产检修。四是煤化工行业煤炭需求增长不大。国家限制化肥价格、控制化肥产品出口，2008 年四季度化肥出口关税增加到了 175%，全国化肥产量基本稳定，耗煤量也基本保持稳定。而煤基化工行业仍处起步阶段，大规模的煤制油项目尚未投产，煤化工产业煤炭需求基本稳定。

由于世界经济发展的不景气，我国经济发展遇到了较大影响，沿海经济发展遇到了困难，东南沿海地区由年初至三季度中期，煤炭需求大幅度增加，煤炭严重供不应求，煤炭价格大幅度上扬；自 8 月份以来，煤炭需求量相对减少，煤炭供应能力超过需求，造成近期我国部分主要港口煤炭港存量持续攀升，部分地区煤炭中转及库存出现"三高"现象，即部分北方中转港口、南方接卸港口、电厂库存煤炭量均居高不下。秦皇岛港是我国北方沿海煤炭下水的主要港口，8 月份以来煤炭港存量持续攀升，最高时库存达到 879 万吨的历史最高水平，较正常水平高出约 300 万吨，同时，南方一些主要电厂、港口的煤炭库存量也达到历史高位。

2008 年 8 月份以来，由于美国次贷及金融危机影响了我国的经济发展，造成我国煤炭市场也出现了较大范围、较大面积、较大幅度、较多煤种的煤炭价格下滑的情况。我国东南沿海是 2008 年我国煤炭市场价格剧烈变动的地区，具有价格上涨幅度最大、受国际市场影响最大的特点。年初至三季度中期，该地区是我国煤炭价格最高的地区。8 月份以后，煤炭供过于求比较严重，该地区又成为煤炭价格下滑速度最快的地区。以最有代表性的秦皇岛港的煤炭价格来看，2008 年 1～7 月份煤炭价格大幅度上扬，发热量为 6000 大卡以上/千克大同优混煤的平仓价由 1 月 2 日的 550～560 元/吨，上涨到 7 月 14 日的 1030～1060 元/吨，发热量为 5500 大卡以上/千克山西优混煤的平仓价由 1 月 2 日的 515～525 元/吨，上涨到 7 月 14 日的 950～980 元/吨。8 月份以后，由于煤炭库存大幅度增加，煤炭供过于求的情况出现，再加上受到国际煤炭市场的影响，煤炭价格急转直下，开始较快速度下挫，到 10 月 13 日，发热量为 6000 大卡以上/千克大同优混煤的平仓价下滑到 930～980 元/吨，发热量为 5500 大卡以上/千克山西优混煤的平仓价下滑到 860～890 元/吨。不过，虽然我国的煤炭价格出现了部分地区的动荡和下滑，从整体上来看还是处于高价位运行。

在全球金融危机的形势下，国际石油、煤炭价格大幅度下滑。而国内煤炭价格虽然有所下滑，但由于价格仍高于国际煤炭市场，势必造成我国煤炭市场供求格局进一步发生变化。一方面，由于国际市场煤炭价格偏低，会刺激我国南方沿海经济发达地区放弃采购国内煤炭，转向采购国际市场煤炭，减少对国内煤炭的需求。另一方面，由于国际煤炭市场下滑的幅度较大、速度较快，势必倒逼挤压国内煤炭市场，加大国内煤炭市场供过于求的压力。再一方面，由于国内外煤炭市场价格的反差，再加上煤炭出口加税的影响，势必使我国的煤炭进口增加，出口减少。由于煤炭进出口价格的倒挂，再加上国家对煤炭出口的限制，企业出口煤炭的积极性将会进一步低落，进口煤炭的积极性将会进一步提高，国内煤炭供过于求、价格下行的压力将进一步加大。

煤炭行业的这份报告更加具体，在谈本行业情况的同时，也同样涉及了相关行业的情况，包括前述钢铁行业的情况。而且特别有意味的是，2008 年上半年，我国的煤炭在东南沿海地区无论需求还是价格都大幅度上涨，这种情况一直持续到了 7 月份。其实当时的需求增长，部分是买家希望有一个比较大的库存，以免遭遇 2007 年冬季的"煤荒"。这说明，当时人们对未来经济的发展还充满着热切的期望。谁知不久……

3. 数字以外的现状

数字对普通人来说也许太过笼统，而环顾我们身边活生生的事件，每一个人都可以体会到金融风暴对我国经济的影响。

河北是我国的钢铁生产大省，在钢铁需求旺盛的时候，许多腰缠万贯的商家转行投入钢铁行业，国际铁矿石价格被抬到了天上。而 2008年四季度，看看唐山、邯郸的钢铁企业，冒烟的恐怕剩下了不到 1/3。政府的救助措施和国家的刺激计划才为部分钢铁厂提供了一线生机。

山西是我国的煤炭生产大省，矿难时有发生，间接地反映出了当地煤炭生产是多么红火。到北京、上海炒房的，除了温州的商人就是山西的矿主。就连商务部一个处长，也因为焦煤出口配额受贿而被拉下了马。如今，就怕你给他配额他也不要，一些小煤窑不用安监来查就关了门。国有大型企业开始了对小型煤窑的"收编"，小煤窑的煤老板们则忍痛贱价求售。

造纸业在原材料价格上涨和治污关停的压力下，2007 年以来价格不断上涨。奥运会之前，由于有关货运限制，买家纷纷提前备货，而生产厂家则颇有些"惜售"，因为纸价每个月都能往上窜一小节，卖不如存。进入 2008 年 10 月以后，价格却一落再落，基本上回落到了涨价以前的水平。

IT 产业一直是我国高增长的行业，但进入第四季度以来也有了回落。计算机及外设的销售不那么畅旺了，手机的增长更是从接近 50%的增长率下滑到了不足 20%。网络服务商的领袖人物早早就提出"过冬论"，恐怕是甘苦之言。

房地产业一下子从热炕上掉到了冰窖里，虽然房地产大腕嘴硬，私底下恐怕也是一片"唉"声——嘴硬毕竟不代表牙口好。虽然不少人打着寒战挺着，难道能挺过好整以暇的买家？聪明的人私底下玩开了变相降低价格或者公开直接降价，但房市依然在冬天。

环保、限行和高油价对车市是个打击，但车市的冬天却是随着油价的跳水到来的。如今，基本没有什么车型是不降价的，包括过去那些要等货的车型。更有人把自己的陆虎送到典当行，然后买辆中档的二手车来开。

许多人取消了出游计划，旅行社的生意也就清淡了许多。而往年，春节假期正是旅行社最为忙碌的时候。倒是外币贬值，有不少人到韩国等地去淘买便宜货。

旅行的人少了，住店的人当然也就少了。如今，酒店的入住率已经从奥运期间的火热变成了冷清，五星级的酒店花三星级的钱差不多就能住上。但折是打了，客却未必增加。

餐饮业的生意也清淡了一些。餐饮业的这一轮旺季，恐怕是旺不到哪里去。年终红包不是飞了就是瘪了，饭店里的全家团年饭也许就省了。就连过去出手大方的外企白领，也改在了家里用餐。

零售业有一种季节性的规律，比如过季甩卖、节前促销。2008 年，美国的圣诞节销售不怎么热，中国的春节折扣促销却提前到来。这其中不乏无良商家先提价再打折，但更多的是真金白银的打折，以至于售货员都嚷嚷是"赔着卖"。这不能不说是某些商家的机敏。早打折早出手，否则生产的产品、进的货就可能捂在自己手里。

打折的并不只是超市。家具家装市场在降价，IT 市场也在降价。热闹的中关村依然热闹，但报载 2008 年 11 月时已经有 5% 上下的店面关门，有关方面不得降低市场租金来留住商家。

往年的圣诞、新年，正是企业年会的高峰，但如今，有的企业取消了年会，有的从三亚留在了当地，有的从星级酒店改在了郊区。这当中，不乏知名的跨国企业。

就连古董、艺术品行业也景气不再。北京潘家园旧货市场在严寒未到之时就开始歇冬，艺术品拍卖会的成交率降了三四成，许多以往热门的艺术家的作品流拍。过去很红火的那些用旧工厂改造的艺术地界儿，如今冷清多了。而过去闻名世界的深圳大芬油画村，在更早的时候就暗淡了光彩。

没必要再罗列了，如果不是睁眼说瞎话，谁都得承认中国实体经济受到了深重的影响。

三　好厉害的"毛毛雨"

美国金融风暴初到中国的时候，人们感到的也许只是海上吹来的习习凉风，以及随之而来的丝丝细雨。虽然沿海中小企业的上一个冬天就不怎么好过，但问题并未凸显。也许正是因为这样的原因吧，沿海地区的官员们在媒体的质疑声中，总是声称影响有限，仿佛在轻松地告诉人们："小意思，毛毛雨啦！"

2008，夏去秋来，金融风暴对中国的影响渐渐扩大、加深，影响了企业，影响了国计，也影响到了民生。想当年，亚洲金融风暴把整个东南亚、我国香港特区以及日、韩等国闹得经济衰退、民不聊生，中国大陆却影响甚小，民众照旧安居乐业。这一次，中国也被深深地卷到了风暴之中，每一个人都深深地感受到了风暴带来的寒意。这个时候，许多人不禁感叹："好厉害的'毛毛雨'啊！"

1. 次贷撞了股民的腰

过去的两年，中国股市带给了亿万百姓太多欢欣与悲戚。作为全球资本市场的连带反应者，它体现了美国次贷市场的运行曲线，虽然慢了几拍；但作为经济状况的晴雨表，它却快了几拍，早早地预示了中国经济增长的下滑。

曾几何时，中国的股市是那样的牛气冲天。2006年以来，我国内地的沪深两市及香港股票市场就开始了新一轮牛市。2007年10月16日，上证指数登上6124点的历史高点时，沪深两市总市值约为27.5万亿元。2007 年 11 月 6 日，中国石油上市，使两市总市值达到 33.62 万亿元。中石油在香港证交所上市后，也取得了不俗的成绩，很快成为全球市值最大的公司。中石油、中国工商银行等市值猛升，燃起了中国人的自豪之情，也撑鼓了股民的荷包，成就了无数富豪，其中不乏亿万级的。

谁知，就在人们期望着 2008 年这个吉利的年份再赚个盆满钵满的时候，股市却急转直下，仅仅 200 多天就跌到了最低点。2008 年 10 月 29 日，上证指数从 2007 年 10 月 16 日的最高点一泻千里，跌到了 1664.93 点，最大跌幅将近 73%。与中石油上市当天的最高峰相比，A 股市值已经蒸发 22 万亿元。也就是说，从 2007 年 11 月 6 日起到 2008 年的 10 月 30 日，在 241 个交易日中，大盘每天蒸发 913 亿元市值。这样的大跌让股民损失惨重。来自中金公司的数据显示，截至 2008 年 10 月底，沪深两市股票账户为 1.15 亿户左右，由于绝大多数投资者都同时拥有沪深两个账户，理论上说，A 股市场的股民约为 5750 万户，每个账户平均损失 38 万元的市值，这也意味着 A 股市场的每一位投资者平均每天损失 1577 元。曾被投资者誉为"最牛散户"的黄木顺持有的 5 只股票的市值严重缩水，截至 2008 年 10 月 29 日，他的损失超过了 16 亿。

港股的情形也大体如此。2007 年 10 月 30 日，港股恒生指数最高曾见 31958 点。随后，恒指开始下跌，累计暴跌 60%。就在沪指达到 14 年来最大单月跌幅（24.63%）的 2008 年 10 月，恒指也创造了 1997 年以来的最大单月跌幅（22.47%）。港股一年前的市值曾高达 231970 亿元，现今只剩 85800 亿元，蒸发了约 146170 亿元，以 700 万港人计，相当于每人损失 208.8 万元。

股民资产大幅缩水，他们不禁问道：我们的真金白银究竟都去了哪里？业内人士称，股市蒸发的钱其中一部分是"虚拟"的，但确实有很多钱流向了五个渠道：一是税收和券商收益；二是上市公司以及公司的"大小非"们；三是内幕消息掌握者；四是游资（热钱）；五是极个别的散户。

业内人士说得不错，税该上，券商也要吃饭，散户入市为的就是赚钱，游资是合理的存在，剩下的"大小非"们和内幕消息者理该调整或谴责；但是，那部分"虚拟"的金银哪儿去了？要是股市的牛气还在，那也是可以换成真金白银的呀！股民们又不禁问道：是谁撞了我们的腰，让我们与那些真金白银失之交臂？是美国次贷危机吗？

自然，美国次贷危机对中国股市确实产生了影响。首先，投资美国次级贷款及其衍生品的国内金融机构蒙受损失，不能不反映到股价上来。其次，次贷危机导致美国以及世界各国股市大幅下挫，在经济全球化的背景下，这种下挫不可能不波及中国。比如，国际化程度很高的香港股市连续暴跌，中石油 H 股跌到了 10 元以下，那它的 A 股不可能还站在 30 元。再次，次贷危机引起信用危机和美国经济趋缓，人们普遍对金融资本市场失去信心，并开始担心世界经济的前景。

不过，也并非全是次贷惹的祸。股市原本是用来为企业融资以维持或扩大生产的，现在却成了直接的利润角斗场。在股市暴涨的那些日子里，股民又有几个不像华尔街的金融精英们那样疯狂和贪婪？股市的泡沫不正是股民吹起来的吗？股市牛皮的泄气又不正是股民的退却和逃离导致的吗？美国的次贷风波是信用危机造成的，中国股市缩水与股民的信心危机也不无关系。因此，股民在问谁撞了自己腰的时候，也不妨撑着腰静静想想自己都干了些什么。

2. 工作越来越难找

在股市、基金狂热的那些日子里，许多国人都成了全职的股民、基民，业余操作的不少人也颠倒了本职工作与业余投资的关系。在那样的日子里，狂热的股民和基民有谁还把老板放在眼里？给我白眼儿我立马走人，大把花差花差的银票到手，谁还稀罕那几个辛苦钱！然而，随着股市、基金的降温，全职的股民、基民们撑不住了，顶着秋风出去找工作，却发现工作越来越难找了。

曾几何时，我国东南沿海地区曾出现招工难的现象，从而也导致了劳动力成本的上扬。现在，仍然是那些地区，许多企业停产、倒闭，工人全部失业；而那些苦苦支撑的企业，也都大幅裁员；只有部分运营良好的企业还能提供就业机会，但经营者对此仍然是十分谨慎的。对于因出口下降导致的东南沿海地区劳动密集型企业减产、停产、倒闭带来的失业，目前并无准确的统计数字，但国内外专家一致声称数以百万计。原本一直要干到年根儿的农民工，2008 年却在秋末冬初就踏上了返乡之路。2009 年《社会蓝皮书》称，该书成文时已有 400 万农民工返回农村。

然而，企业裁员不仅在珠三角、长三角等沿海地区，也不仅在劳动密集型出口加工企业，其他的一些地区、一些行业也相继开始裁员。其中，房地产业（不管是开发商还是中介公司）、金融业（主要是非银行金融机构），早已在裁员。比如房地产中介商的网点，早已十有九关门。制造业中需求大幅下降的那些部门，自然也会减产裁员。这种状况甚至波及新技术企业，比如电子产品制造企业及网络公司，也波及了餐饮、酒店等服务行业。据统计，2008 年，温州大部分企业精简人员约占企业总人数的 20%。

企业裁员导致大量人员失业，而新增的就业人口又逐年增多。2008年，仅应届大学毕业生就有 560 多万人进入就业市场，远大于市场需求，到年底估计有 150 万人找不到工作。整个"十一五"期间，劳动力供给总量大的趋势还要继续下去。根据预测，全国每年净增就业人口800 万～1000 万人，再加上农村需要转移的富余劳动力、城乡下岗失业人员再就业，每年需要就业的人数维持在 2000 万人以上。按目前经济增长的就业弹性，大概一个百分点的 GDP 增长能创造80 万～100 万个就业岗位。所以，每年最多能安排 1200 万人，加上自然补充，年度劳动力供求缺口仍然在 800 万人以上，更高一点的话则可能在 1200 万人，这个局势至少会维持到 21 世纪中期。

人力资源与社会保障部的数据显示，2008 年的城镇登记失业率将超过 4%，新增就业出现了几年来的首次增速下降，年底登记失业率将达到 4.5%。而就业问题专家陈光金估算，大学生的失业率超过 12%，是登记失业率的 3 倍。另一项 2008 年 5～9 月的大型调查则显示，38.43% 的家庭面临无业、失业或工作不稳定的压力。城镇的经济活动人口失业率大概是 9.4%，中部和西部都超过 10%，尤其是在大中城市，失业人口比例约 10.1%。往年的新年前夕，甚至是国庆期间，各大企业的校园招聘会搞得如火如荼。2008 年的冬天，不少企业早早就宣布没有增员计划，当然也不去参加招聘会；即便参加招聘会的，也不像往年那样广纳贤才，提供的岗位比较有限。与此同时，往年年末时的跳槽风在这个冬天也消停了许多，许多员工谨慎小心地担心被裁掉，甚至有女员工为了保住工作而突击怀孕。春节之后，应届大学生就业迫在眉睫，政府虽然组织了不少招聘会，但工作岗位却僧多粥少，几十份简历投出有可能都捞不到一个面试机会。

造成目前就业困难的原因，一是大学毕业生规模扩大，而往届未能如期就业的大学者又对应届毕业者造成就业空间挤压。二是重大自然灾害导致一些企业停产停业、个体工商户歇业以及一些高能耗、高污染的企业关闭，减少了就业岗位。三是受金融危机影响，相当数量的出口导向型中小企业倒闭，造成数量不小的以农民工为主体的劳动人口失业。有关专家估计，2008 年，仅广东一省就可能因此直接或间接造成上千万人失业。四是受经济景气的影响，许多企业停止招工或减少了招聘员额。据山东省劳动厅驻深圳管理站的有关官员说，从 2008 年 10 月中旬起，该站联系的企业有八成停止招聘员工。又据深圳人才大市场统计，从 2008 年第二季度开始，人才市场进场招聘的单位数量就开始明显减少，第三季度比第二季度又下降了三成。与之相对应的是，连续四个月，进场找工作的人数增长了近四成。其实不只深圳，其他地方的情况也大同小异。

在以上四个方面的原因中，对目前就业影响最大的是后两个。而且可以预料的是，未来的就业形势将更加严峻。

3. 兜里的钱袋有点瘪

金融风暴对我国民生的另一个显著影响就是收入增长下降或实际收入的减少。

如前所述，次贷危机及其导致的金融危机已经使大多数股市投资者资产缩水，造成资产性收入减少。这种情况在房市也一样，无论是投资还是自住，在高价位购入的业主，其物业已经贬值，固定资产已经缩水。无论是股市还是房市，股价和房价的下跌，都意味着资产性收入的减少。

对大部分中国人来说，收入减少与股市、房市无关，而主要是指劳动所得，也就是薪资。由于金融风暴肆虐，我国已经有不少企业关停，由此造成的失业或短期失业都将造成收入减少。在往年就业形势比较好的时候，人们有着更多的选择余地，从而可以找到一份薪水更好的工作。2008年就业形势严峻，人们不得不降格以求，接受低于自己期望的薪水。比如，2007年大学本科毕业生的月薪预期为2000～3000元，而2008年冬季，1000多元也可以接受。那些股市热火时身家百万的大学生"股神"，在2008年冬天的广州，一份1200元的工作也只能将就干着。

往年的年末，正是人们兴冲冲地等着发放年终奖的时候，2008年的年末，人们在焦虑中等待着，但大家都知道，年终奖八成要缩水，甚至根本就泡汤了。2008年年末一项针对亚洲地区300多家企业所作的调查显示，有42%的企业正在考虑减少非管理人员的年终奖和分红，其中约20%的受访企业年终奖比2007年削减幅度超过25%。有的企业则改变了奖金的发放方式，年终奖计划改在新年、春节后分段发放。对于外资企业和部分效益好的国有、民营企业来说，往年的年终奖是一笔不小的数目，2008年这笔额外的收入大大减少或者干脆没有了。

在2008年12月中旬发布的2009年《社会蓝皮书》中，社科院社会学所所长李培林预计，2008年我国居民收入增长率为7%，城镇居民收入增幅比2007年下滑了一半。所不同的是，2008年农村居民收入增长率20多年来首次追平城镇居民收入增长率，以前城镇的收入增长要比农村快四五个百分点。同期发布的2009年《经济蓝皮书》预计，2008年城乡居民收入增长分别为8.1%和7.8%，都显著低于2007年的增幅。2009年3月温家宝总理在十一届全国人大二次会议所作《政府工作报告》指出，2008年城镇居民人均可支配收入15781元，农村居民人均纯收入4761元，实际增长8.4%和8%，都高于上述预测。

统计数字是宏观的，反映的是居民的总体情况。2008 年，你的收入是多了还是少了，你的钱袋是鼓了还是瘪了，都只有你自己才确切地知道。但有一点十分明显，人们感受到了 2008 年居民收入增长的下降，进而调低了 2009 年的收入预期，结结实实地捂紧了钱袋子。

相对于美国人的超前消费来说，中国人一向都是比较节俭的。但是，在经济景气的情况下，大家没有未来预期收入减少的担心，所以钱袋子捂得并不那么紧，该花的就花，甚至在大件耐用商品上不乏超前消费的行为。而都市白领"钱景"光明，更不在乎月月光，做个潇洒的"月光族"。

现在情形不同了，不论是平民百姓还是大款白领，都捂紧了钱袋子，能不花的就不花，能少花的就少花，非花不可的就变着法儿省钱。在寒冷的金融风暴之中，大款们退了高尔夫球俱乐部会员卡，白领们放弃了酒吧迪厅开始"猫冬"，小民百姓们则流行起沟通省钱秘诀来。

四　不仅是外感风寒

有位加拿大学者曾经说，过去，美国打喷嚏，整个拉美都要感冒；现在，美国打喷嚏，不仅拉美要感冒，就连中国也要感冒。这次美国金融风暴的世界性影响，佐证了这位加拿大学者的观点。在全球化的今天，真个是"环球同'次（贷）'凉热"，美国经济体那样的大块头打喷嚏，全球感冒几乎是必然的。

不过，在这次金融风暴中，中国并未像美国那样在金融领域出现多大的乱子，倒是实体经济受到的影响更为突出。从影响传导角度考虑，我们这次感冒，不仅是"外感风寒"，更在于有"内伤滞热"，甚至还有长期积淀下来的"沉疴"。也就是说，我国现在的问题，既是外来影响的结果，更是内生的，金融风暴只是加速了它的凸显，而问题早就存在了。

1. 危机前我们已经出了问题

如果我们考察美国次贷危机—金融风暴发生、发展的时间和对我国影响的进程及领域，很容易就可以发现某种错位和不对称性。

先看进程。美国次贷危机发生、深化的时候（2007 年春天至秋天），我国经济增长迅猛，股票市场也在 2007 年 10 月攀上了历史最高点。在次贷危机逐步诱发金融危机的时候，我国经济甚至出现了过热，同时伴随着通货膨胀，国家为此出台了"双防"的措施。2008 年 9 月雷曼兄弟公司的倒闭标志着美国金融危机的扩大和全球扩展，那时我国的经济还保持着 10% 以上的增长，情况远不那么悲观，所以九十月间，无论政府官员还是绝大多数经济界人士，都认为美国金融风暴对我国影响有限。在美国及欧洲一些国家酝酿"救市"并希望中国援手的时候，我们似乎还以为自己可以独善其身。不过，此后这种时间差很快缩小了，不到一个月，我国推出了 4 万亿的自救计划，金融风暴对我国的影响到此时才与世界各国以及风暴发源地的美国同步了。

再看领域。次贷危机出现在房地产和金融领域，最先受到影响的是投资银行、保险公司等金融机构，最先倒下或被救助的也正是这样的机构，集中在虚拟经济领域。而在我国，最先受到影响的是东南沿海的外贸加工企业，最先陷入困境甚至倒下的也是这样的企业，比如玩具厂、纺织厂、服装厂、鞋帽厂等，集中在实体经济领域。

从以上两个方面的分析可知，我国经济受到的影响和美国金融风暴的发生、发展，在时间上存在严重的错位，在经济领域上又存在很大的不对称性。就此而言，虽然不能否认金融危机与我国经济增速放缓的联动性，但同时也不能否认其某种程度上的非紧密相关性。也就是说，我们感冒，不仅仅是外感风寒的问题。

是的，应该指出的是，我国东南沿海外贸加工企业的困境，与欧美等地消费市场不振有着直接关系，而欧美消费市场的疲软又与信贷危机有着直接关系。但同样应该指出的是，我们这些企业的困境也有国内环境和自身的原因，而且问题早在美国次贷危机爆发之前就已经露出端倪。由于原材料和劳动力成本的上涨，以及接二连三的质量风波的影响，其中一些企业的日子早就不那么好过了，即便没有金融风暴，它们的倒下也只是迟早的事情。

　　微观的企业个体和产业部门如此，宏观经济也有类似的情况。就是说，我们的经济是由于积累了足够多的"滞热"，最起码是免疫力低下，所以冷风一吹就感冒了。诚如经济学家吴敬琏在"中国经济 50 人论坛"10 周年研讨会上所说，"其实在他们还没有发生危机时，我们已经出了问题"。

2. 我们出了什么问题

　　其实，我国经济存在的问题，早就是显而易见的，而且政府也曾多次下决心要解决。只是我们的经济增长一直持续高速，给人一种不必顾忌这些问题的印象；即便是心中不无隐忧，但又存着几分侥幸。这很好理解，就如同一列疾速行驶的列车，明知道可能出问题，可谁又愿意慢下来、甚至停下来检修呢？

　　那么，危机之前我们出了什么问题呢？因为在后续的章节中还要述及，这里只作一些概括的叙述。

　　从显在的经济结构来看，我们存在着诸多方面的失衡。就经济增长而言，我们主要是外需拉动而非内需拉动，主要是投资拉动而非消费拉动。就三次产业而言，我们是第二产业比重较大，第三产业比重不够，而第二产业中也存在重化工业比重较大的问题。就区域布局而言，无论是重化工业还是一般制造业，主要集中在东部地区，中部、西部则有所不足；虽然已经意识到了产地转移的必要，但步子迈得不够大也不够快。从经济社会全面发展的角度来考察，我们的经济增长某种程度上有些背离目标，即为增长而增长，牺牲了环境，也造成了资源浪费。

　　在显在的经济结构失衡的背后，又存在着十分严峻的社会问题。我国长时期内需尤其是最终消费不能成为拉动经济的主要力量，正体现了国民收入分配格局存在不合理的方面，也反映了社会保障方面存在的欠缺。收入差距越来越大与社会保障不健全，已经成为我国社会和谐与稳定的主要问题，也成为经济社会发展的制约因素。而且长期以来，我们既未建成消费型社会，也未能培养出社会主导力量的中产阶层。这造成了我国的社会结构十分脆弱，抗御风险的能力很弱，容易出现社会不安乃至动荡。金融风暴登陆我国以来的社会现实，已经证明了这一点。

总之，金融风暴促使我国经济社会长期存在的问题凸显出来。如果说西方发达国家现在遭遇的是金融危机和经济危机，我们遭遇的则是经济危机和社会危机。虽然就经济增长的恢复来说，我们可能要比西方发达国家和大多数新兴经济体都要快，但我们的问题的根本解决却需要更长的时间和更大的力度。如果这些方面不能有所好转，那我们遇到风暴，就不只是感冒头疼脑热的问题。我们必须有一个协调健壮的身体，必须要有好的"内功"，才能在风暴中屹然挺立。

3. "人间蒸发"者的辩白

在金融风暴登陆我国之后，东南沿海地区出现了一种独特的社会现象——"人间蒸发"。在此之前，企业主"人间蒸发"的事情也出现过，但无论规模还是影响，显然都无法与这次的情形相比。广东东莞合俊集团的老板是人间蒸发的，浙江江龙公司的老板也是人间蒸发的。这些企业主在工厂陷入困境甚至濒临倒闭的时候，撇下数月拿不到工资的工人，卷款消失，引起了全社会的广泛诟病。本来，多年以来，这些工厂中的一些就被人们冠以"血汗工厂"的恶名，而这次一些企业主的所作所为似乎又证明给它们的名讳准确无误。不过，换一个角度来审视这种现象背后的根由，对杜绝这类问题——包括对理解这次金融风暴对我国的影响，也许更具启发性。

那么，先让我们来看一封"人间蒸发"者远方来信中的辩白：

我现在是在遥远的异乡给你们写信。不过，信一会儿就能到你们手里，全球化和现代科技把世界变成了一个村子。

我知道你们都会骂我，我也能猜到你们骂得有多难听。现在你们给我怎样的谴责和惩罚，都是我咎由自取，罪有应得。我尤其感觉到对不起与我朝夕相处的员工，危难之时，我竟然跑掉了，还拿走了你们的工资。

不过，话又说回来，在当地，我也算个有头有脸的企业家，现在这么一跑，恐怕不止是身败名裂。想想，谁愿意走到这一步？如果有条阳关道，谁愿走这独木桥？人们都说商人是自私的，但同时商人也是精明的，"有头有脸"和"身败名裂"，孰优孰劣，商人肯定是能分辨出来的。

我不是在为自己的错误辩解，我只是想告诉你我和我们的工厂如何走上了今天的绝路。咱们不讲经济学家的大道理，讲点大家都有的感受，那就是：

什么瘾都不能上！

"瘾"在医学上叫"依赖"，生活中的烟瘾、毒瘾都是一种依赖。我们的工厂也上了瘾，那就是对出口的依赖。我们的这种"瘾"已经上了十几年了，也知道如此下去并非长久之计，但总是下不了决心戒掉。是"瘾"，就总会给人一些甜头，瘾上深了，形成依赖，即便是给你的甜头越来越少，你也不思戒除。我们为那些外国老板们做活，他们的要求越来越高，价格却只降不升，压得你只有薄得像张纸一样的利润。谁都知道，这样的利润水平，遇到什么坎子，企业是迈不过去的。但你已经上瘾很深，几乎不能自拔，只好得过且过了。

如果仅仅是我们厂或者少数厂子上了这种瘾也就罢了，要命的是好多好多企业都上了瘾，珠三角，长三角，有多少企业是这样啊！甚至是我们国家的经济都上了这种瘾，这是多可怕的事啊！现在，我们厂子出了问题，珠三角、长三角出了问题，全国经济也出了问题。眼下大家都急了，可那些高高在上的经济学家、政府官员早都干吗去了？

说到政府官员，我的气就不打一处来。现在我也不怕什么了，索性说个痛快。我们这些民营中小企业，在当官的眼里就是三孙子。你们吃着我们、喝着我们、拿着我们，就是很少帮助我们。看看那些外企，有多少优惠条件？我们呢？人家不一定要贷款，你们也送上门去；我们想贷点款，那可是比登天还难啊！嚷嚷着从融资上扶持中小企业，多少年了，有什么改变？这两年生意不好做，但要有资金支持，也不是做不下去。可是银行不贷款，我们没办法，只好去借高利贷。那么薄的利润，那么高的利息，不出问题才怪呢！

　　如果说改革开放之初为了吸引外资，给外企一些优惠条件也倒罢了，为什么30年过去了，还是这样啊？中国的民营中小企业为什么至今都享受不到与国企、外企同样的国民待遇呢？说浅了是制度问题，说深了则是观念问题，是从晚清就有的崇洋媚外和"宁赠外邦，不与家奴"啊！是根本上信不过民营企业啊！

　　还有，从某种意义上来说，现在的政府倒变成了"企业"，企业倒变成了"政府"。政府机关这些年几乎成了一个赚钱的机构，卖地皮、收过路费，如此等等，哪一个不像是做生意？哪一个是真心实意为百姓、为企业了？企业倒是承担了一大堆社会责任，差不多就剩下用不着给公务员发工资了（礼当然还是要送的，权当他们的福利吧）。放眼世界，哪个国家的企业有中国企业这么重的负担？政府机关一旦钻到了钱眼里，与民争利，不懂得还富于民、藏富于民，那这个社会迟早要出问题。

　　现在我们口口声声说美国金融风暴如何如何影响我们，其实人家只是影响了美国人的购买欲和购买力，不买你的东西了，你怎么能赖上人家？你为什么不拓展别的销售渠道？你为什么不下力气启动国内消费市场？你为什么不及时进行产地转移和结构调整？

　　这次金融风暴没什么好处，如果说有，那就是让人们醒悟过来，痛下决心，戒掉"毒瘾"，过一种理智协调的生活。

×××洒泪顿首

　　这封来自珠三角某企业主的电子信函，虽然不无偏激言词，但诚如信的结尾所说，这次金融风暴之后，我们确实应该多一些省思，少一些依赖。在后危机时代，我们要坚持开放，但不能为开放而开放；我们要融入全球化经济，同时也要坚持自力更生；尤其是，我们需要把目光更多地转向国内，转向国内的消费市场，转向国内的企业，转向国内的民众。

第三章

重拳出击：中国应对危机的对策

要把拳脚功夫和中国扯上关系，那真是容易极了。从少林到武当再到峨嵋、华山，哪一门派没有自己独门的拳脚功夫？近代享誉海内外的霍家拳，在外强恣意欺凌国人的环境下，打出了中国人的志气与威风，有关霍元甲、陈真的电影也热遍了华人圈。如今的中国，已经不是百多年前那个积贫积弱、任人宰割的中国。面对强劲的金融风暴，中国以负责任大国和国家、人民利益至上的姿态，重拳出击，对抗风暴。这套重拳不属于哪门哪派，它属于全中国，它是经济社会领域的中国功夫！

一 漂亮的组合拳

金融风暴的全球影响是在 2008 年 9～10 月间加速的。这个时候，对中国的影响也逐渐全面凸显出来。最明显的标示是，我国 GDP 增速连续五个季度下降，2008 年三季度的增幅回落到了个位数 9.9%，是五年来第一次降到 10% 以下。而 9 月份更是回落到了 9.0%，是近年来最小的增幅。面对国际国内形势，中国决策层审时度势，及时确定抗击金融风暴的对策，打出了漂亮的组合拳。

2008 年 11 月 5 日，国务院总理温家宝主持召开国务院常务会议，提出了进一步扩大内需、促进经济平稳较快增长的 10 项措施，为此到 2010 年底将投资 4 万亿元。11 月 9 日，10 项措施公布。

1. 10 项措施包括哪些

2008 年 11 月 9 日公布的国务院常务会议提出的 10 项施包括：

一、加快建设保障性安居工程。加大对廉租住房建设支持力度，加快棚户区改造，实施游牧民定居工程，扩大农村危房改造试点。

二、加快农村基础设施建设。加大农村沼气、饮水安全工程和农村公路建设力度，完善农村电网，加快南水北调等重大水利工程建设和病险水库除险加固，加强大型灌区节水改造。加大扶贫开发力度。

三、加快铁路、公路和机场等重大基础设施建设。重点建设一批客运专线、煤运通道项目和西部干线铁路，完善高速公路网，安排中西部干线机场和支线机场建设，加快城市电网改造。

四、加快医疗卫生、文化教育事业发展。加强基层医疗卫生服务体系建设，加快中西部农村初中校舍改造，推进中西部地区特殊教育学校和乡镇综合文化站建设。

五、加强生态环境建设。加快城镇污水、垃圾处理设施建设和重点流域水污染防治，加强重点防护林和天然林资源保护工程建设，支持重点节能减排工程建设。

六、加快自主创新和结构调整。支持高技术产业化建设和产业技术进步，支持服务业发展。

七、加快地震灾区灾后重建各项工作。

八、提高城乡居民收入。提高 2009 年粮食最低收购价格，提高农资综合直补、良种补贴、农机具补贴等标准，增加农民收入。提高低收入群体等社保对象待遇水平，增加城市和农村低保补助，继续提高企业退休人员基本养老金水平和优抚对象生活补助标准。

九、在全国所有地区、所有行业全面实施增值税转型改革，鼓励企业技术改造，减轻企业负担 1200 亿元。

十、加大金融对经济增长的支持力度。取消对商业银行的信贷规模限制，合理扩大信贷规模，加大对重点工程、"三农"、中小企业和技术改造、兼并重组的信贷支持，有针对性地培育和巩固消费信贷增长点。

初步匡算，实施上述工程建设，到 2010 年底约需投资 4 万亿元。

为加快建设进度，会议决定，2008 年四季度先增加安排中央投资1000 亿元，2009 年灾后重建基金提前安排 200 亿元，带动地方和社会投资，总规模达到 4000 亿元。

国务院提出的 10 项措施目标十分明确，就是进一步扩大内需，促进经济平稳较快增长。关于具体实施，温家宝总理指出，出手要快，出拳要重，措施要准，工作要实。

10 项措施出台后，获得了海内外的广泛好评。有关专家指出，10 项措施是一个遏制经济下滑的综合政策，是非常时期采用的非常之策。美国次贷危机发生后，鉴于我国有经济过热及通货膨胀势头，我国政府在 2007 年采取的宏观调控的政策目标是"双防"，就是防过热、防通胀。2008 年 6 月，又及时调整成"一保一控"——保增长、控通胀。提出十大措施，就是说现在宏观调控的主要精力要放到保增长上。10 项措施出台的时机选得也比较好，是对金融危机的危险性看准摸清了，火候到了的时候才出手的。其实，美国金融危机在 2008 年上半年已经愈演愈烈。但当时我国通货膨胀率较高，如果那时出手，就有可能推高通货膨胀，影响经济稳定。而现在，通货膨胀率降下来了，危机的危害性也看得越来越清楚了，所以此刻出手恰逢其时。

与美国及欧洲各国的救市措施相比，我国采取的措施要更有针对性和效用。专家指出，金融危机爆发以来，各国采取的措施不同。我国率先采取了以积极财政政策为主导的一揽子措施，而其他大部分国家应对金融危机采取的是货币政策，比如降息等。就目前情况而言，在银行惜贷、企业信心不足的情况下，只靠货币政策是解决不了问题的，必须以积极财政政策为主导。从这次推出的财政措施来看，我国刺激经济政策的受惠面比美国更广。我国政府的支出，不应该像美国那样直接拿去救金融企业。加大对"三农"的投入，加大基础设施建设，加强教育卫生文化事业投入，这些都能帮助农民与低收入者增收减支。值得指出的是，这些投资不但可以刺激经济增长，同时还能促进我国经济结构的调整优化，推动科学发展观的落实。

10 项措施出台之后，首先付诸实施的就是启动了一批基础设施建设项目，其中包括已经规划的项目和新增的建设项目。见诸传媒的，就是各地上马了一批铁路、公路、机场、能源等基础建设项目，大有轰轰烈烈之势。诸如：

2008 年年底，开始在福建福清、浙江万家山、广东阳江建设三座总装机为 10 台百万千瓦级的核电站，三座核电站总投资 1300 多亿元。

继西气东输二线西段 2008 年 2 月开工后，西气东输二线东段从宁夏中卫至广东深圳直至香港的天然气管道工程也在年内开工，管道长 2517 公里。这项 1400 亿的管道投资（其中东段投资 930 亿）建设能够带动我们目前国内冶金、建材业 3000 亿投资的规模。

2008 年 11 月，国家投资 40 亿元支持农村电网和城市电网改造。

库容达 2680 万立方米的石油储备二期工程已规划完毕，将于 2009 年开工建设。

位于河南郑州的黄河公、铁两用大桥开工建设，建成后将成为连接我国多条南北大动脉的咽喉工程。

郑州铁路局在建的重点工程投资已达到 170 亿元。郑州铁路局有关负责人指出，170 亿里面将近 120 亿都是建筑材料，所以对拉动整个国民经济增长也有很大的促进作用。

钦州至崇左高速公路开工建设，这是广西 2008 年下半年以来开工建设的第四条高速公路。随着这四条高速公路的开工和千亿资金的注入，广西高速公路建设正成为广西经济快速发展的强劲引擎。

正在建设的紧邻沈阳铁路局山海关铁路编组站的山海关港，港口的工程量已完成 50%。此港具有非常明显的"水陆联动"的交通优势。码头尚未建成，就已经吸引了重型装备、粮油食品加工等 40 多家企业在这里快速集聚。

江西省樟树市污水处理厂正加紧施工。江西省计划用两年时间，投资 65 个亿，新建 85 个污水处理厂，以达到县县有污水处理厂，保护鄱阳湖"一湖清水"的目标。与这些污水处理厂配套的管网建设也已经同步展开。到 2010 年 7 月，江西省所有生活污水和工业废水都将进入污水厂处理，4300 万群众将因此受益。

总投资为 400 亿的"宁夏宁东煤电化项目群"2008 年 12 月 15 日启动。项目包括目前国内规模最大的聚甲醛项目、拥有世界首台百万千瓦空冷机组的灵武二期电厂和神华羊场湾煤矿等。建成后，每年的煤炭生产能力将达到 2200 万吨，发电装机容量达到 440 万千瓦。

截至 2008 年 12 月中旬，新增的 200 亿元中央水利投资全部到位，一批重大水利工程建设加快。中央拨付陕西的 2 亿多元农村饮水安全专项资金已经发放到 56 个重点县区。为保证足额供水，政府对进村入户的供水管道进行了替换。

2. 4 万亿从哪里来、用哪里去

国务院关于扩大内需、促进经济增长的 10 项措施，预计到 2010 年底将需投资 4 万亿元。这一新的政策措施出台后，引起了国内外的广泛注意。人们注重"10 项"，但谈论更多的是"4 万亿"。

4 万亿（约 5860 万亿美元），这绝对是一个庞大的数字！这个数字一出来，马上刺激了人们的神经，全世界的人们似乎都为之兴奋了：4 万亿，将拉动 GDP 增幅约 2 个百分点（有人更认为可以拉动 2.8 个百分点）；4 万亿，将增加 160～240（甚至 200～400）万个就业岗位；4 万亿，将带来至少 1.65 亿吨的钢材需求……

数字是简单的，把数字落实却要困难多了。在人们兴奋地计算积极效应的同时，另外一个问题出现了：4 万亿相当于我国年财政收入（以 2007 年的 51321.78 亿元为基准）的近 80%，即便是分摊也将达到每年财政收入的 30% 多。而财政部的统计数字显示，2008 年前三季度，全国财政收入的增幅比上年同期回落了 5.6 个百分点，10 月份同比下降了 0.3%，11 月更是同比下降了 3.1%。2009 年 1 月份下滑 17.1%。由于经济增幅的持续放缓和减免税赋等措施，预计未来的财政收入还有可能下降。

这样，有一个问题就不能不提出来：4 万亿从哪里来？

很快，政府部门和专家学者给出了解释：首先，4 万亿并不全部来自中央；其次，4 万亿也不全部来自政府。国家发改委新闻发言人说，4 万亿的来源，有中央、地方、民间、银行等几个渠道。在财政部财政科学研究所所长贾康看来，这 4 万亿投资是中央和地方政府以及金融系统贷款和其他来源资金包括可用的国外资金的总和。

那么，中央财政到底要拿出多少呢？有学者指出，大概是1万亿。这个数字并不难推算出来，10项措施出台时，国务院决定，2008年第四季度先增加安排中央投资1000亿元，2009年灾后重建基金提前安排200亿元，带动地方和社会投资，总规模达到4000亿元。就是说，中央财政和其他渠道的比例基本上是1.2：2.8。2008年11月14日国家发改委公布的数据证实了这一点：4万亿中，中央将投资1.18万亿。

关于4万亿来源的议论中，一个经济学词汇凸显出来：乘数效应。北京大学外国经济学说研究中心副主任夏业良表示，在政府投资过程中，将吸引其他资金进入，从而产生乘数效应，因此4万亿并非政府独力投资的额度。有学者指出，由于乘数效应，最终在这一时期的投资要远远超出4万。国家发改委的一位负责人也指出，4万亿仅仅是全社会投资的一部分，不等于全部的投资。更有媒体统计称，至2008年11月底，各部门与各地区宣布的投资计划总额早已突破4万亿，超过10万亿。

接下来的一个问题是：4万亿都要投到哪里去？

对此，10项措施其实已有侧重，国家发改委也给出了具体的安排。2008年11月27日，国务院新闻办公室举行发布会，国家发改委主任张平宣布，4万亿投资的分配方向是：

保障性安居工程：	2800亿
农村民生工程和农村基础设施大体：	3700亿
铁路、公路、机场、城乡电网：	18000亿
医疗卫生、文化教育事业：	400亿
生态环境方面：	3500亿
自主创新、结构调整：	1600亿
灾后的恢复重建，重灾区：	1万亿

3. 1000亿按时落实

4万亿元的投资要到2010年底才能全部完成，而形势紧迫，不能不快速应对。正是基于这一点，中央在作出4万亿投资计划的同时，也对2008年内的投资作出了安排：新增1000亿投资，提前安排200亿2009

年的灾后重建基金，带动地方和社会投资，总规模达到 4000 亿。

那么，中央新增的这 1000 亿投资情况如何呢？

新增 1000 亿中央投资的具体安排是国家发改委在 2008 年 10 月 10 日的紧急会议上作出的。新增中央投资的安排方向和重点，包括加快建设保障性安居工程，加快建设农村民生工程和农村基础设施，加快铁路、公路和机场等重大基础设施建设，加快医疗卫生、教育文化等社会事业发展，加快节能减排和生态建设工程，加快自主创新和结构调整，同时要加快地震灾区的恢复重建工作。新增中央投资优先安排符合投向并可以迅速形成实物工作量的在建项目，加大投资力度，加快建设进度，并及时启动符合条件的新开工项目，以形成有效需求、有效拉动。统筹兼顾促进经济增长、推动结构调整、积极拉动消费、增加发展后劲的要求。严格防止用于"两高"行业和低水平重复建设。

新增 1000 亿中央投资的具体安排如下：

廉租住房建设、棚户区改造等保障性住房建设项目：100 亿元

农村沼气、饮水、通路、通电、通邮工程、重大水利工程

等农村民生工程和农村基础设施建设项目：　　340 亿元

铁路、公路和机场等重大基础设施建设项目：　　250 亿元

基层卫生、计划生育服务体系、中西部农村初中校舍

改造等医疗卫生、教育文化等社会事业建设项目：130 亿元

城镇污水、垃圾处理设施建设、重点流域水污染防治等

节能减排和生态建设工程项目：　　　　　　　　120 亿元

自主创新和结构调整项目：　　　　　　　　　　60 亿元

这六方面大概还可以分解为 40 个左右的分项。

由于中央新增 1000 亿投资的计划在 2008 年 10 月作出，因此这 1000 亿元资金的具体落实就集中在了 2008 年第四季度，尤其是 11、12 两个月。12 月 18 日，国家发改委称，新增 1000 亿元的中央投资计划已经全部下达，财政部门已迅速拨付有关资金。

2008 年 12 月 20 日，央行副行长易纲在一次演讲中表示，刺激经济的 4 万亿投资可能在 2009 年落实一半，即 2 万亿。

4. 4万亿巨额投资的喜与忧

对于我国4万亿投资的经济刺激计划，海内外给予了高度评价，但随着最初的亢奋过后，忧虑也接踵而来。问题集中在这些资金投向哪里、如何监管、是否有效等诸多方面。

关于投资方向的问题。此次投资计划的目标是扩内需、保增长，强调民生工程列在第一位。国务院的10项措施相应地分解了4万亿投资，概括来看，民生工程确实占了很大的投资比重；但细一推敲，用于增加居民收入或其他促进居民消费的比例并不大。其中最大的1.8亿的一项，基本上与民生没有什么直接的关系，其他投资也大多集中于基础建设、生态环境保护和灾后重建，与民生关系最直接的是保障性安居工程，投资不足总额的1/10，而民众最关心的医疗、教育投资仅有400亿，仅为总额的1/100。这样的投资分配，对于保增长、进而解决就业有一定的作用，而对于改善民生、扩大内需的作用不会太大。扩大内需，根本上在于增加居民收入，而增加居民收入的根本又在于调整国民收入分配格局。目前，靠劳动报酬来增加居民收入有相当的困难，关键是要靠社会保障包括社会福利来提高居民的实际收入水平，这样才能从根本上扩大内需，解决我国经济社会发展的痼疾。

历史上，我国盲目投资的情况十分严重，而且总是一放就滥。这次4万亿的巨额投资，人们对盲目投资的问题也不无担心。有些地方官员见有钱可用，不管要做的事情适当与否，总要想方设法从中央要来钱干干，使地方GDP有一个好看的数字。国务院公布4万亿刺激经济计划后，各地官员纷纷进京，"跑部钱进"，把财政部附近的旅馆都住满了。而历史上的这种情况，催生过不少劳民伤财的政绩工程、脸面工程。地方要上的项目，有许多是原本已有规划而中央未予批准的，其中不乏重复建设、贪大求洋、污染严重的工程，此次借机"起死回生"，显然是有违我国长远发展战略的。此外的一些新项目，也可能未经审慎论证就仓促上马，结果可能于国计民生无补，却浪费了国家宝贵的资金。

对于4万亿投资，人们关心的另一个问题是腐败。纵观近年的腐败大案要案，大多与大规模投资建设有关。基本上每个大项目都要有一些、甚至一批官员落马，以至于"平均每修一公里高速公路，就要倒下一个贪官"。钱越多，用得越急促，就越容易给腐败分子造成可乘之机。因此，民众担心这次本来以扩大内需为根本途径的经济刺激计划没有惠及百姓，倒是装满了贪官的腰包。我国这些年贫富差距越拉越大、社会矛盾日渐突出的问题，正与公权横暴、官商勾结滥用或侵吞国家和人民的财产有相当大的关系。

令人欣慰的是，党中央、国务院敏锐地注意到了这些问题，中央专门成立了相应的领导机构，审查、监督有关项目和中央投资的使用。相信在有关部门和广大群众的监督下，这次的 4 万亿投资能够全都用在刀刃上，真正起到应有的效用。

二　好拳在内功

长期以来，我国经济内外需发展极不平衡，内需不振已经成为一个痼疾，虽然作了不少努力，但效果不算显著。2008 年的这场金融风暴，正好暴露了我们的软肋。金融风暴对我国经济的影响最直接地反映在出口方面。虽说近期我国 GDP 减速是宏观调控等因素综合作用的结果，但出口下滑的影响是突出的，而且超出了纯粹经济的范围。在这种情况下，稳定出口虽说应该是最直接的应对措施，但效果不会有多大，而且无助于解决经济长远发展的问题。因此在我国近期推出的诸多政策之中，它只是一个选项，重中之重则是扩大内需，扩大内需成为保增长的根本途径。

1. 经济政策首重扩大内需

扩大内需，很久以前就被党中央、国务院当作工作重点，胡锦涛总书记在 2002 年 12 月 11 日参观国债建设成果图片展览时指出，扩大内需是我国经济发展的基本立足点和长期战略方针。温家宝总理在一次全国计划工作会议上指出，坚持扩大内需是中国经济发展的一项长期方针。以国内需求为主促进经济发展，是由中国的基本国情决定的。

可以说，2008 年的这场金融风暴，使"以国内需求促进经济发展"

的国情凸显了出来。为了应对金融风暴对我国的不利影响，促进经济平稳较快增长，2008年11月以来，国家出台了一系列刺激经济的政策和措施，在诸多工作中首重扩大内需。

2008年11月9日，国务院公布10项刺激经济的措施，宗旨就是扩大内需、促进经济平稳较快增长。显然，从逻辑关系上来看，前者是后者的基础和前提。11月10日，在国务院召开的省区市人民政府和国务院部门主要负责人会议上，温家宝总理提出了落实中央10条措施的七项工作，其中第一项"加大投资力度和优化投资结构"、第二项"着力扩大消费需求"，都指向了扩大内需。

在2008年12月召开的中央经济工作会议上，中央决定2009年的工作"要着力在保增长上下工夫，把扩大内需作为保增长的根本途径"；"在具体工作部署上，要积极扩大国内需求"。2009年《政府工作报告》也指出，要积极扩大内需特别是消费需求，增强内需对经济增长的拉动作用。

诚如前述，扩大内需是我国经济发展的基本立足点和长期战略方针，绝非权宜之策。此次金融风暴的影响，给我们提供了外部压力。我们应该把这种压力变成动力，积极推动内需的扩大。中国的内需扩大了，不仅可以解决国内经济发展的当前和长远问题，也能改善外部经济环境，对全球经济的良性发展作出积极贡献。2008年10月14日，温家宝总理在应约与英国首相布朗通电话时就指出："中国政府已经并将继续出台进一步扩大内需的一系列措施，维护经济、金融和资本市场稳定，促进经济平稳较快发展。这是中国应对这场危机最重要、最有效的手段，也是对世界最大的贡献。"

2. 扩大内需有何措施

在2008年11月10日省区市及国务院部门主要负责人会议后，11月12日，国务院又召开了常务会议，推出了扩大内需的四项措施。这四项措施是：

第一，核准审批2059亿元固定资产投资项目。会议核准自宁夏中卫经11个省（区、市）至广州、香港的西气东输二线项目东段工程，总投资930亿元。该项目的建设，对于提高清洁能源比重、缓解天然气供应紧张局面、造福沿线地区人民群众，具有重要意义。核准总投资955亿元的广东阳江核电工程和浙江秦山核电厂扩建工程。还审批了总投资174亿元的新疆生产建设兵团玛纳斯河肯斯瓦特、贵州省黔中、江西省峡江等水利枢纽工程和内蒙古巴彦淖尔、安徽省池州九华山等一批民用机场项目。

第二，提高3770项产品出口退税率，调整部分产品出口关税。为扶持劳动密集型中小企业，支持产业优化升级。会议决定，在2008年下半年两次调高出口退税率的基础上，自2008年12月1日起，进一步提高部分劳动密集型产品、机电产品和其他受影响较大产品的出口退税率。这次调整总共涉及3770项产品，约占全部出口产品的27.9%。根据国内生产消费及国际市场变化，会议同时决定，取消部分钢材、化工品和粮食的出口关税，降低部分化肥出口关税并调整征税方式，对个别产品开征或提高出口关税。

第三，确定中央财政地震灾后恢复重建基金的具体安排方案。一是以中央财政地震灾后恢复重建基金3000亿元为主导，统筹安排受灾地区财政投入、社会捐赠、对口支援、银行贷款等各类恢复重建资金。二是基金重点支持恢复重建总体规划确定的51个县（市、区）；对规划范围以外的其他灾区，中央加大财政转移支付和扶贫开发等支持力度。三是对恢复重建总体规划确定的城乡住房、城镇建设、农村建设、公共服务、基础设施、产业重建、防灾减灾、生态环境、精神家园等，分别确定补助原则、标准和恢复重建基金安排规模。会议强调，要加强部门指导，落实地方政府主体责任，统筹协调各类恢复重建资金，发挥组合优势，加快恢复重建工作。要严格财经纪律，加强监督检查，增加透明度，确保资金使用安全、合规、有效。

第四，提出进一步加强支持林业生态恢复重建的政策措施。会议指出，2008年年初在我国南方发生的特大雨雪冰冻灾害和"5·12"汶川特大地震灾害，使林业遭受严重损失。会议确定，到2010年，基本恢复林区生活条件和基本生产能力，受灾林农和林区职工得到妥善安置，灾区恢复重建取得显著进展。为此，必须进一步加强有关政策措施。一是中央财政安排专项资金支持灾后林业生态恢复重建。对林业基层单位职工因灾损毁的住房重建给予适当补助，对林木良种繁育给予适当支持。二是制定受灾木竹最低收购保护价，中央和地方财政对受灾木竹收购加工企业因冰冻和地震灾害形成的难以偿还的造林债务，根据灾情给予优惠或适当豁免。四是将林业灾害救助纳入中央和地方政府相关救灾资金渠道统筹安排。

2009年《政府工作报告》也把扩内需当作七项工作之一，包括四个方面：一是扩大消费尤其是居民消费；二是保持投资较快增长和优化投资结构；三是促进房地产市场稳定健康发展；四是加快推进地震灾区恢复重建。《报告》把扩大消费尤其是居民消费作为扩内需的重中之重，指出：

> 继续调整收入分配格局，提高劳动报酬占国民收入的比重，增加政府支出用于改善民生、扩大消费的比重，增加对城镇低收入群众和农民的补贴。
>
> 要培育消费热点，拓展消费空间。完善汽车消费政策，加快发展二手车市场和汽车租赁市场，引导和促进汽车合理消费。大力发展社区商业、物业、家政等便民消费，加快发展旅游休闲消费，扩大文化娱乐、体育健身等服务消费，积极发展网络动漫等新型消费。
>
> 完善消费政策，优化消费环境。加快建设"万村千乡"市场工程，推进连锁经营向农村延伸。要加强城乡消费设施和服务体系建设，规范市场秩序，维护消费者合法权益。抓紧研究出台鼓励消费的政策措施，积极发展消费信贷。
>
> 做好"家电下乡"、"农机下乡"、"汽车、摩托车下乡"等工作，把中央财政的400亿元补贴资金用好用活，使企业增加销售、农民得到实惠。

3. 扩大内需要有思路创新

把扩大内需作为当前经济工作的重中之重，对此，政府官员、专家学者和社会大众的认识高度统一。问题其实很简单。我们的经济长期以来是外向依赖型的，经济增长中出口贡献了一个相当大的比率。现在，金融危机来了，老外的荷包都捂紧了，不再大手大脚地超前消费，我们就只能依靠扩大内需。这是一方面。另一方面是，长期外向依赖，说明我们的经济结构有问题，存在一定的风险，即便没有外力作用，我们也应该注重扩大国内消费需求。

问题是，症结我们早已清楚，拉动内需多年来也一直是我们一再强调的，但一次次的政策措施却都走偏了，内需长期不振。造成这种局面的关键是，我们的投资大都投到了各种基础设施和大型工业项目上，对老百姓收入的提高和消费水平的提升作用不大。再加上社会保障较弱，房价高企，教育费用持续增长，老百姓还是不敢放手消费。因此，历次扩大内需的举措，最终都是投资拉动而非消费拉动。

中央确定以扩大内需为保增长的根本途径，战略选择是正确的。关键是在新形势下，扩大内需要有思路创新，再不能走过去的老路，否则就有可能是南辕北辙。启动内需、扩大内需，最重要的是着力于最终消费即居民消费，为此，必须处理好以下几组关系。一是重投资、更重消费。目前，由于形势紧迫，为防止经济过快下滑，政府主导的投资短期内可以取得明显效果。但从长期来说，则必须更主要地靠居民消费来扩大内需，这样才能从根本上改变我国经济的发展方式，经济社会协调发展。二是靠企业、更靠居民。如果继续依靠企业来拉动内需，我国将仍是一个生产型社会，而非消费型社会。如果我国还只是一个"世界工厂"，那经济必然仍旧是外向依赖，存在一定的风险。三是升级制造业、着力服务业。目前，无论从就业、扩大内需还是结构调整来说，都应该给服务业以更多的关注和激励。而对制造业来说，则要加大产业升级的力度，逐步淘汰或区域转移低技术含量、低附加值产业的劳动密集型制造部门。总之，新的扩大内需举措，必须实实在在地给百姓实惠，增加城乡居民的收入，改善消费预期，这样才能切实、持久地扩大内需。

因此，中央的 10 项措施和 4 万亿投资政策出台以后，各方面最看重的是投资的方向。如果仍旧像以往那样投入大型工程和工业项目，则难以拉动最终消费，对扩大内需也只是短期作用。好在新的积极财政政策把民生工程放在了第一位，国务院落实中央政策的具体工作也提出了一些新的思路——千方百计增加居民收入，提高消费能力；加大力度调整居民收入分配格局，提高中低收入居民收入比重；努力消除制约消费的制度和政策障碍，改善居民消费预期，国内消费需求的扩大或可期待。

三　快拳制胜

由于金融风暴的不利影响，我国经济的增长速度已经放缓，下滑的速度正在加剧。显然，在这种情势下，再实行 2007 年三季度以前的"稳健"的财政政策和 2007 年四季度开始的"从紧"的货币政策已经不合时宜。必须快拳出击，才能克敌制胜。因此，从 2008 年 11 月开始，中央调整了财政和货币政策，即：

财政政策：稳健→积极

货币政策：从紧→适度宽松

1. 适时调整财政货币政策

在社会主义市场经济逐步建立和完善的背景下，我国放弃了旧的计划模式，更多地利用财政政策和货币政策进行宏观调控。近两年来，由于我国经济发展的不确定因素增加，财政政策、货币政策的在宏观调控中的作用进一步加大。

我国上一次实行积极的财政政策是 1998 年，旨在应对亚洲金融风暴和国内遭遇特大洪水冲击等。2005 年，鉴于国内社会投资明显加快，经济活力充沛，积极的财政政策在实施 7 年后正式退出，转为稳健的财政政策。此后，我国的财政、货币政策一直以稳健为主。

2006 年，在经济高速增长的背景下，由于投资增长过快、信贷投放过多等问题持续加剧，央行三次上调存款准备金率 1.5 个百分点，加息 0.5 个百分点。

2007 年，我国经济运行中出现了由偏快转向过热的风险，并且主要在食品涨价的推动下，通货膨胀压力明显上升。三季度，货币政策由"稳健"调整为"适度从紧"，四季度又调整为"从紧"，10 次上调存款准备金率共 5.5 个百分点，6 次上调金融机构人民币存贷款基准利率，同时加强了对商业银行信贷规划的指导。

　　一系列措施的出台，有效地控制了经济过热和物价上涨过快，GDP 增速开始回落，CPI 的涨幅也在 2008 年 2 月达到高点后开始下行。此时，经济过热和通货膨胀的危险已经缓减。这说明，稳健的财政政策和从紧的货币政策已经起到了积极的调控作用。

　　然而，就在 GDP 和 CPI 增幅双双放缓的情况下，由于金融风暴的影响，经济增速出现了明显放缓的趋势，通货紧缩的压力开始显现。为此，2008 年 11 月 5 日举行的国务院常务会议，提出实施积极的财政政策和适度宽松的货币政策。

　　联系我国上次实施积极财政政策的背景来看，这次席卷全球的金融风暴，对我国经济的不利影响大于 1998 年的亚洲金融风暴。当前外需减弱，一些企业出现经营困难，投资下滑，内需不振，如果不及时采取有力措施，我国经济存在增速大幅下滑的风险。此时重新启用积极的财政政策，配合实施适度宽松的货币政策，扩大投资规模启动国内需求，是应时之需、必要之策。

2. 积极财政政策九字特点

　　财政政策是国家进行宏观调控的重要手段，即通过财政支出和税收来调节总需求，以实现一定的经济社会发展目标。所谓"积极"的财政政策，从经济学角度来说，就是扩张的财政政策，即政府通过扩大财政支出和减免税收等手段，影响整个经济运行。就历史经验来看，1998～2004 年我国实行积极的财政政策，每年对 GDP 的贡献率大约在 1.5～2 个百分点左右，效果显著。此次再次实行积极的财政政策，也应当能够取得积极有力的效果。而且在财政、货币两方面来说，着力点应该在财政政策上。

　　实行积极的财政政策，当然需要强大的财力支持，而我国现在完全具备这样的条件。专家指出：近年来，我国财政收入持续快速增长，国家财力大大增强，社会保障支出加大和扩大投资不会给财政带来过大压力。这些年我国实行稳健的财政政策，财政赤字逐年下降，保持在一个很低的水平。因此，适当扩大国债发行规模仍在安全可控范围之内，不会导致财政赤字风险。

我国这次的积极财政政策与 1998 年的有所不同，其特点，财政部副部长王军概括为九个字：思路新、工具多、导向明。

"思路新"，是指较好地贯彻了科学发展观，有利于应对危机、化解危机，在立足于这一点的同时，又着眼于抓住机遇、创造机遇。

"工具多"，是指预算、税收、贴息、减费、增支、投资等若干工具组合起来一起使用。

"导向明"包括六个方面：一是重民生。民生工程排在第一位，可以让老百姓得到更多的直接和间接的好处。二是保增长。积极财政政策发出了保增长的强烈信号。三是促消费。四是活市场。五是统内外。扩大内需是目前工作的主要着力点，同时也兼顾促进出口，缓解出口企业的困难。六是利长远。也就是实行有利于长远的发展战略。这次推进改革的一系列制度建设，可以从社会保障制度的建设和完善等方面体现出来。

2009 年《政府工作报告》指出，实施积极的财政政策，一是大幅度增加政府支出，这是扩大内需最主动、最直接、最有效的措施。2009 年财政收支紧张的矛盾十分突出。一方面，经济增速放缓、减轻企业和居民税负必然会使财政收入增速下降；另一方面，为刺激经济增长、改善民生和深化改革，又需要大幅度增加投资和政府支出。为弥补财政减收增支形成的缺口，拟安排中央财政赤字 7500 亿元，比上年增加 5700 亿元，同时国务院同意地方发行 2000 亿元债券，由财政部代理发行，列入省级预算管理。全国财政赤字合计 9500 亿元，占国内生产总值比重在 3% 以内，虽然当年赤字增加较多，但由于前几年连续减少赤字，发债空间较大，累计国债余额占国内生产总值比重 20% 左右，这是我国综合国力可以承受的，总体上也是安全的。二是实行结构性减税和推进税费改革。采取减税、退税或抵免税等多种方式减轻企业和居民税负，促进企业投资和居民消费，增强微观经济活力。初步测算，今年全面实施增值税转型，落实已出台的中小企业、房地产和证券交易相关税收优惠以及出口退税等方面政策，加上取消和停征 100 项行政事业性收费，可减轻企业和居民负担约 5000 亿元。三是优化财政支出结构。继续加大对重点领域投入，严格控制一般性开支，努力降低行政成本。

3. 央行五大举措宽松货币政策

货币政策是国家实现宏观经济目标所采取的控制、调节和稳定货币措施的总和，主要手段是指中央银行运用各种工具调节货币供给和利率。长期以来，我国大多实行"稳健"的财政政策，即使是 1998 年应对亚洲金融风暴时，与积极财政政策配套的也是"稳健"的货币政策。2007 年下半年，针对经济运行中呈现的物价上涨过快、投资信贷高增等现象，货币政策由"稳健"转为"适度从紧"，并在 2008 年初又进一步调整为"从紧"。

2008 年上半年的财政、货币政策起到了应有的效果，经济过热的现象有所遏制，物价增长也回落到了一个比较合理的水平，通货膨胀的压力基本解除。此时，我国遇上了金融风暴的侵袭，经济出现下滑的迹象，因此国务院推出适度宽松的货币政策，以配合积极的财政政策。"适当宽松"的货币政策意味着增加货币供给，在继续稳定价格总水平的同时，要在促进经济增长方面发挥更加积极的作用。其实，2008 年年中以来我国货币政策已进行了一些灵活调整，9 月份后央行连续三次降低利率，两次降低存款准备金率，其意正在适度放松信贷供给。

为贯彻国务院提出的适度宽松的货币政策，中国人民银行提出，按照温家宝总理提出的"快、重、准、实"的要求，采取五大措施，把工作落到实处。这些措施包括：

一是确保金融体系流动性充足，及时向金融机构提供流动性支持。

二是保持货币信贷的合理增长，加大银行信贷对经济增长的支持力度。取消对商业银行信贷规模限制，合理扩大信贷规模。

三是加强窗口指导和政策引导，着力优化信贷结构。坚持区别对待、有保有压，配合积极的财政政策，鼓励和引导金融机构改进金融服务，加大创新力度，加大对重点工程建设、中小企业、三农、灾后重建、助学、就业等的信贷支持，加大对技术改造、兼并重组、过剩产能向外转移、节能减排、发展循环经济的信贷支持，同时继续限制对"两高"行业和产能过剩行业劣质企业的贷款，促进经济结构调整和发展方式转变；鼓励和引导金融机构扩大出口信贷的规模，探索在出口信贷中提供人民币中长期融资。

四是进一步发挥债券市场的融资功能。大力发展企业债、公司债、短期融资券和中期票据等非金融企业债务融资工具，拓宽企业融资渠道。加快发展以机构投资者为主体的银行间债券市场，为积极的财政政策和适度宽松的货币政策的实施提供平台。

五是进一步改进中央银行金融服务。进一步提高现金预测分析的科学性和准确性，增强现金供应的前瞻性；畅通国库资金支付清算渠道，提高国库资金收支效率；扩大国库直接支付涉农、救灾补贴等政府性补助资金范围，实现民生工程、基础设施、生态环境建设和灾后重建所需资金由国库直达最终收款人；积极推动国库直接办理各项社保资金收支业务，提高社保基金收缴和社会化发放效率，切实维护广大人民群众的根本利益，促进社会和谐与稳定。

2009 年《政府工作报告》进一步指出，货币政策要在促进经济增长方面发挥更加积极的作用，具体包括四个方面：一是改善金融调控。保证货币信贷总量满足经济发展需求，广义货币增长 17% 左右，新增贷款 5 万亿元以上。二是优化信贷结构。加强对信贷投向的监测和指导，加大对"三农"、中小企业等薄弱环节的金融支持，切实解决一些企业融资难问题。严格控制对高耗能、高污染和产能过剩行业企业的贷款。三是进一步理顺货币政策传导机制，保证资金渠道畅通。充分发挥各类金融机构的优势和特点，创新和改进金融服务，满足合理资金需求，形成金融促进经济发展的合力。四是加强和改进金融监管。各类金融企业都要加强风险管理，增强抵御风险能力。处理好金融创新、金融开放与金融监管的关系。加强跨境资本流动监测和管理，维护金融稳定和安全。

四、温柔的一拳

毫无疑问,企业是推动一国经济发展的主体。而 2008 年的这场金融风暴,感到寒意的首先就是企业,尤其是中小企业。而且企业能否生存,不仅关系到经济增长,也通过就业等制约着消费需求和社会稳定。就这个意义上来说,企业的生存与发展如何,关系着国家扩大内需、促进经济增长的计划能否实现。由此,国家出台财税政策扶植企业发展,就成了抗击金融风暴的题中应有之义。

1. 改革增值税为企业减负

中央刺激经济增长的 10 项措施,有多项关系到企业,而最突出的就是增值税改革这一亮点。

增值税目前是我国的第一大税种,2007 年仅国内增值税收入就超过 1.5 万亿元,约占全年税收收入的 31%。作为流通税的一种,增值税按其本意是对企业新增加的价值征收,而不对购进的价值征税。我国是 1994 年 1 月 1 日起实行增值税的,但由于实行的是生产型增值税,与国际上广泛使用的消费型增值税相比,不允许企业在购进固定资产时抵扣增值税金,导致重复征税,所以无形中加重了企业的税负,有伤于企业设备更新换代的积极性。鉴于这种税负模式不利于企业的发展,与国际通行税制也不接轨,所以自 2004 年 7 月 1 日起,我国已在东北、中部等部分地区先后进行增值税转型试点改革。

一场突如其来的金融风暴,客观上加快了我国税制改革的步伐。2008 年 11 月,国务院决定:从 2009 年 1 月 1 日起,在全国范围内实施增值税改革。改革的目标是:扩大国内需求,降低企业设备投资的税收负担,促进企业技术进步、产业结构调整和转变经济增长方式。改革的主要内容包括:允许企业抵扣新购入设备所含的增值税,同时,取消进口设备免征增值税和外商投资企业采购国产设备增值税退税政策,将小规模纳税人的增值税征收率统一调低至 3%,将矿产品增值税税率恢复到 17%。经测算,2009 年实施该项改革将减少当年增值税收入约 1200

亿元、城市维护建设税收入约 60 亿元、教育费附加收入约 36 亿元，增加企业所得税约 63 亿元，增减相抵后将减轻企业税负共约 1233 亿元。

这一轮的增值税改革，可以直接降低企业生产、流通环节的成本，对减轻企业负担将起到明显的作用，2009 年一年就可以为企业减负 1233 亿元。除了这些显在的数字之外，税制改革的波及面和影响要深广得多。

首先，统一调低中小规模纳税人的增值税征收率，是政府扶持中小企发展的强烈信号。相对于发达国家来说，我国对中小企业的支持是有所欠缺的。而一般来说，一国的企业更多的是中小企业，中小企业在增加就业、改善经济结构（比如扩大服务业）等方面有着重要的作用。同时，中小企业抗风险能力差，这次受金融风暴冲击的，首先就是中小企业。因此，无论从短期的应对危机来说，还是从长期的经济良性运行来说，都有必要对中小企业给予扶持。

其次，这次增值税改革有助于鼓励企业进行设备更新和技术升级，推动企业成为市场的长期投资主体。过去企业新增设备得负担一笔不小的税金，新税制允许企业抵扣这部分税金，无形中就增加了企业对设备进行更新换代的积极性，尤其是引进高新技术设备，从而必然提高企业的生产效率和产品质量，加强企业的研发能力。这对我国企业的发展有着长期的积极作用，必将提升我国企业的国际竞争力。

再次，增值税改革也可以惠及民生。企业良性发展，就可能会扩大生产规模、提高员工工资，这样就可以更多地吸纳失业人员，促进居民收入的增加。而从另外一个方向来看，企业成本降低，产品价格也可能随之下降，由此可能对居民消费品价格产生一定的影响。一方面是就业和收入的增加，一方面是物价的下降，两个方面的合力，都有助于促进消费、扩大内需。

2. 增加信贷为企业输血

长期以来，我国信贷政策有一定的倾向性，贷款更多地发放给国有企业和其他大型企业，中小企业融资难的问题一直未能很好解决。尤其是民营中小企业，它们生存、发展的资金基本上都要靠自己来解决，为数众多的民营小企业更是对贷款基本不抱希望。虽然说中小企业融资难是世界性难题，但我国在这方面的问题尤其突出。因为中小企业的天然特性有些先天不足、后天管理不良，如果加上金融体系发展的滞后，更让中小企业成为融资方面的弱者。由于我国金融体系落后，国内中小企业只能在正式金融体系获得30%左右的信贷。如果碰上货币政策紧缩，更会让中小企业融资雪上加霜，资金严重不足、融资渠道不畅成了困扰中小企业发展的瓶颈。

2007年以来，我国中小企业因为融资难而显现的问题十分突出。由于近两年来原材料及劳动力成本上涨，中小企业在资金流动上出现了较大的困难。尤其是对加工贸易企业来说，由于原材料成本等需要企业垫付，遇到订单数量巨大而外商没有预付款或到货后不能及时付款，资金链很容易出现问题。在对中小企业资金短缺的调查中发现，在整个市场资金趋紧和原材料价格不断上涨的情况下，企业存货占款增加，而原材料付款期限缩短，导致一些中小企业流动资金的减少，不利于日常的运营。在2007年的一系列玩具质量事件中，大部分企业具有较好的生产运营能力，原本是可以继续存活下去的，但由于缺乏资金，接了新订单而无法购备所需原材料，所以只好下马。企业生产设备的更新换代和产地转移，也都需要资金支持。但一般来说，民营中小企业很少能够得到这样的支持。融资难的问题长久以来既困扰着企业的日常运营，又严重制约着我国中小企业做大做强。

为解决中小企业融资难的问题，党和政府作了不少努力，但收效不大。2008年以来，中央加大了这方面工作的力度。面对全球金融危机的蔓延和深化，中国人民银行、银监会认真贯彻党中央、国务院关于促进中小企业发展的各项方针政策，及时采取应对措施。人民银行通过加强货币信贷政策指导，建立中小企业信贷管理制度，加大金融产品和组织创新力度，推动中小企业信用体系建设等措施，不断提升对中小企业的金融服务水平。银监会明确提出两个"不低于"目标，即小企业信贷投放增速不低于全部贷款增速，增量不低于上年，要求各银行业金融机构从制度建设、组织创新、总量倾斜、产品与服务创新等方面推动各行中小企业金融服务的专业化经营，有效加大对中小企业的信贷投放，为中小企业在非常时期发挥吸纳就业和刺激内需作用提供强有力的资金保障。从金融机构的实践来看，这些举措已经取得了明显成效。

针对突出问题，人民银行灵活运用货币信贷政策工具，加大对中小企业的信贷支持。2008 年 8 月初，针对四川汶川特大地震的实际情况，明确全国性银行业金融机构和灾区地方法人金融机构支持灾区中小企业发展的贷款总量可适当放宽。9 月初，根据经济形势发展的需要，明确各银行业金融机构信贷规模在年初规模的基础上增加 10%，新增贷款必须主要用于中小企业、"三农"和灾后重建等领域。11 月，全面放开贷款规划限制，大力支持银行业金融机构加大对中小企业的信贷支持。

在人民银行、银监会和各金融机构的共同努力下，金融机构中小企业贷款保持了平稳较快增长，尤其是自 2008 年 8 月人民银行增加中小企业贷款总量以来，各地中小企业贷款增速明显加快。据人民银行调查统计司统计，截至 2008 年 8 月末，全部银行业金融机构对中小企业贷款余额 11.4 万亿元，同比增长 12.5%，占全部企业贷款余额的 53.4%。

最新统计数字表明，2008 年以来小企业授信户数明显增加，户均授信余额下降，表明各项政策开始惠及更多的中小企业。2008 年三季度末，小企业授信户数 398.8 万户，较年初增加 40.8 万户，增长 11.4%，较上年同期增长 16.7%；户均授信余额 48.3 万元，较上年同期下降了 1.5 万元，小额零售化特征更趋明显。同时，小企业授信总量增加，年中调增小企业信贷规模、应对金融危机的一系列政策效应明显。2008 年三季度末，各银行业金融机构小企业表内外授信总额 19258 亿元，较年初增加 1440 亿元，增长 8%，尤其是三季度，授信总额较二季度增长了 518 亿元，比前两个季度平均多增 57 亿元；小企业贷款余额 17980 亿元，较年初增加 1550 亿元，增长 9.4%。这表明，虽然受国际金融危机影响，但小企业授信不仅没有减少，力度反而有所加大，年中一系列政策组合发挥了积极作用。

针对中小企业财务管理基础薄弱、缺乏有效抵质押资产等情况，人民银行、银监会积极引导金融机构开发出了一大批富有区域特色的信贷创新产品，满足中小企业的融资需求。据不完全统计，全国金融机构推出的支持"三农"和中小企业发展的信贷创新产品超过 300 项，累计信贷规模超过 1000 亿元。

中小企业信用体系不完善，是造成中小企业融资难的主要原因。为解决这一问题，人民银行积极探索推进中小企业信用体系建设工作。截至 2008 年 9 月底，全国累计已组织对中小企业培训及宣传近 10.6 万次，补充完善中小企业信息近 157 万多户，系统提供查询 104.7 万多次。

为了提升对中小企业的金融服务水平，人民银行、银监会等部门加大金融产品创新，探索发展中小企业多元化融资方式。人民银行支持金融机构开展中小企业贷款证券化试点，鼓励金融机构加大对中小企业的贷款支持。2008 年 10 月，人民银行、银监会联合批准浙商银行发行 6.9 亿元以中小企业贷款为基础资产池的资产支持证券，所募资金专门用于新发放中小企业贷款。此举有力地支持了金融机构发放中小企业贷款的积极性，扩大了金融机构支持中小企业的贷款空间。同时，探索推动中小企业通过银行间债券市场发行短期融资券募集资金。2008 年 10 月 9 日，在前期大力研究的基础上，人民银行指导银行间市场交易商协会创新融资产品，同意接收福建海源自动化机械股份有限公司、横店集团联谊电机有限公司等 6 家中小企业试点发行短期融资券注册，注册总额度 2.52 亿元，已发行 5 只中小企业短期融资券，募集资金 1.6 亿元。此次 6 家中小企业试点发行短期融资券将有利于缓解中小企业融资难问题，促进金融机构提高对中小企业的金融服务水平。

人民银行有关负责人表示，将密切分析形势变化，继续灵活运用货币信贷工具，做好中小企业信贷支持工作。这些措施包括：进一步改进和加强对中小企业的金融服务工作，积极研究出台有针对性的支持措施；加快培育和发展完善中小企业金融服务体系，大力发展村镇银行、小额贷款公司和农村资金互助社等新型金融机构；大力推动金融创新，鼓励商业银行发展并创新中小企业融资手段和中小企业信贷产品；加快建立适合中小企业特点的信用征集体系、评级发布制度和信息通报制度。同时，积极配合财政部门，认真落实在中小企业信用担保、贷款贴息等方面的扶持政策，进一步改善中小企业信贷投入环境，加大对中小企业的金融支持力度。

　　此次国务院推出的 10 项措施，明确提出要加大金融对经济增长的力度，合理扩大信贷规模，扩大对中小企业和技术改造、兼并重组的信贷支持。这些措施对中小企业尤其是中小型企业来说，无疑是一个福音。在这些政策以及更多后续措施的推动下，中小企业融资难的问题必将有所改善，从而因中小企业尤其是服务行业中小企业的长足发展而为我国产业结构优化、吸纳就业等方面作出贡献。

第四章

绝处逢生：危机下中国的挑战与机遇

一场剧烈的金融风暴，撕去华尔街绚丽的面纱，也把世界经济的软肋暴露了出来，把各国经济置于了一个尴尬的境地。在这场金融风暴中，中国的金融业并未受到多大的影响，而实体经济却遭到不轻的打击，GDP增幅连续下滑说明了这一点。GDP增幅的下行，给中国经济造成沉重的压力，未来的挑战十分严峻。

困难和灾难往往成为一个国家和民族雄起或衰落的分水岭，也成为一国政府、国民信念与力量的试金石。当前的这场金融经济危机，对我们的国家、民族、政府和人民也正是这样的。面对危机、压力、挑战，我们只能直面迎上，化危机为转机，变压力为动力，在挑战中发现、把握机遇。

实际上，历史总是辩证地把问题摆在人们的面前。回顾改革开放30年的历史，我们曾经一次次地遇到困难和挑战，又一次次地从中发现了机遇、汲取了动力，进一步推动了改革开放。有学者把这种情势称为"倒逼"机制，认为中国改革开放的许多成就都是这种外部危机"倒逼"出来的。这次全球金融危机又把我们逼到了一个困难的境地，也正好为我们经济社会的进一步改革提供了新的机遇。就此而言，我们面临的挑战同样是我们的机遇。我们必须敏捷而牢靠地把握住这次机遇，攻克历史积淀的顽疾，弥补历史留下的欠账，推进经济社会的良好发展。

一　正是改革好时机

近代以来，我们中华民族一直在寻求变革，只是其间诸多坎坷、诸多挫折，我们直到20世纪70年代末才找到了一条正确的变革之路，那就是改革开放。30 年过去了，中华民族的百年梦想终于部分地实现了，我们的祖国不再任人欺凌，我们的人民过上了初步小康。而今，我们也只有坚持改革开放，才能实现全面小康，实现中华民族的伟大复兴。

1. 改革是唯一正确的选择

在人类数千年的发展历史尤其是近代以来的发展历史上，变革一直都是推动社会发展的主要动力。早期人类社会的变革，大多是非自觉的，是一种自然的变革，比如狩猎采集向农耕的发展、奴隶制向封建制的转化等。正因为它们大多是非自觉的变革，所以后人更多地称之为"发展"。而在欧洲中世纪以及东方近代社会以来，社会变革变得越来越自觉，甚至是越来越系统。比如文艺复兴、工业革命、法国大革命、美国废奴运动、日本明治维新、苏联十月革命，都是自觉甚至系统的社会变革。无论是自觉的还是非自觉的，这些变革大都推动了人类社会的发展，有着积极的意义。

我国历史上也有过许多次自觉的社会变革，变法、维新、改良、革命、改革是其不同的称谓或表现。这些变革也同样或多或少地推动了我国社会的发展，除了那场所谓的"文化大革命"。特别是近一个世纪以来的三次革命——辛亥革命、新民主主义革命和社会主义革命、新时期的改革开放，极大地推动了我国社会的发展。胡锦涛总书记在纪念改革开放 30 周年大会上的讲话，对此作了中肯的概括：

> 近一个世纪以来，我国先后发生三次伟大革命。第一次革命是孙中山先生领导的辛亥革命，推翻了统治中国几千年的君主专制制度，为中国的进步打开了闸门。第二次革命是中国共产党领导的新民主主义革命和社会主义革命，推翻了帝国主义、封建主义、官僚资本主义在中国的统治，建立了新中国，确立了社会主义制度，为当代中国一切发展进步奠定了根本政治前提和制度基础。第三次革命是我们党领导的改革开放这场新的伟大革命，引领中国人民走上了中国特色社会主义广阔道路，迎来中华民族伟大复兴光明前景。

　　不能否认，历史上的社会变革在推动社会发展的同时，客观上也或多或少出现了一些偏差，造成了一些负面的影响。我国新时期以来的改革开放也是如此，比如增长的粗放、环境的恶化、腐败的滋生、贫富差距的拉大，等等。但是，绝对不能把这些弊端与改革开放画等号，它们不是改革开放的结果，相反，却是改革在某些方面、某些领域还缺乏力度、还不到位的缘故。比如，增长粗放、环境恶化，意味着我们的经济结构、发展方式还需要调整、转变，也意味着我们的市场化程度还不够；腐败的滋生，意味着我们还有许多制度缺陷，意味着我们的民主监督还很不够；贫富差距拉大，意味着我们的国民收入分配格局必须大力调整，我们的城乡必须统筹发展，我们的全民社会保障体系必须尽快建立和完善。

　　金融风暴的冲击暴露了我们经济社会存在的诸多问题，其中的一些问题相当严峻。这些问题的解决，根本出路还在于改革开放。任何的倒退和停滞都是错误的，而且任何的犹疑和延宕都可能错失良机。走回头路是行不通的，进一步改革开放是唯一正确的选择。此时此刻，我们在抗御金融危机的同时，必须同时吹响新一轮改革开放的嘹亮号角。

2. 推动新一轮全面改革

　　如前所述，环顾改革开放 30 年后今天的中国经济社会，许多问题相当严峻，而且这些问题正是因为改革的力度不够或者缺失所造成的。可以说，此次金融风暴的冲击，给这些现象来了一个特写，并使之定格，让我们经济社会存在的问题全面暴露了出来。金融风暴给了我们一个认识问题的时机，那就让我们作一些概览吧。

　　首先看增长与民生的问题。改革开放 30 年来，我国国内生产总值强劲增长，由 1978 年的 3645 亿元增长到了 2007 年的 24.95 万亿元，增长 68.45 倍，年均实际增长 9.8%。同期，城镇居民人均可支配收入从 1978 年的 343 元增加到 2007 年的 13786 元，实际增长 6.5 倍；农村人均纯收入从 134 元增加到 4140 元，实际增长 6.3 倍。概略性地来判断，GDP 的增长超过城乡居民收入的增长高达 10 倍！如果说改革开放之初我国百业待兴，国民收入理应更多投入国家建设的话，那么，在我们的基本建设已经有了一定基础的时候，同样理应及时调整国民收入分配格局，更多地向民生投资。然而，30 年过去了，在这段时间里，GDP 的增长几乎年年都超过居民收入的增长，贫富之间的差距几乎年年都在拉大，这问题就十分突出了。在过去的 30 年里，我们本该建立较为完善的全民社会保障体系，使全体国民充分享受到改革开放的成果。但是，我们更多地关注了经济增长，未能更多地顾及民生。因此，遭遇此次金融风暴，就暴露出了我国经济社会抗风险、抗危机能力的欠缺，暴露出我们经济社会的脆弱性。

其次看生产、建设与消费的问题，在新中国的早期历史上，我们曾有过一段先生产后生活的特殊年代。就是说，举国上下，生产、建设被置于生活之前，生活放在次要的位置。这与当时的国情有关，我们那时是一穷二白；也与革命传统有关，革命年代的革命者都是革命第一甚至唯一，生活是算不了什么的。在新时期，不管是革命传统的延续还是新国情的需要，我们仍然把生产、建设放在了前边，把生活放在了后边。用经济学的话语来说，就是重投资而轻消费。如果说新时期初期我们对市场经济规律还有些懵懂，不了解消费对经济的拉动作用，那么，在我们业已建设市场经济并运用市场规律的时候，不注重消费就只能说是我们的失误了。其实，这些年，我们对消费促进经济的作用是有所认识的，注重扩大内需表明了这一点。然而，在重内需方面，我们又偏重了投资而非消费，或者说更多着眼于中间消费而非最终消费。在过去的30 年里，我们本该培育出一个较大的中产者阶层，建成或初步建成一个消费型的社会。但是，我们更多地关注了出口和投资，消费一直未能成为经济发展三驾马车中的辕马。在金融风暴之下，我们的金融领域受影响较小，经济社会受外迫、内生双重问题的挤压十分突出。扩大消费尤其是最终消费，将成为我国经济发展最大的问题，不仅关系到我们的可持续发展，甚至关系到了我们的经济安全。

再来看政府和市场的关系。在计划经济的年代，经济运行的指挥棒操诸政府之手，市场没什么作用。新时期我们开始建设社会主义市场经济，赋予了市场机制越来越大的权重。相对于新中国的前 30 年，改革开放的 30 年，市场在经济发展中发挥了长足的作用。但同样不能否认的是，我们的市场体系还很不完善，我们的市场机制还很不健全。更为突出的是，政府与市场的关系还存在着严重的错位乃至倒错。政府尤其是某些地方政府，在经济生活中常常越位，干预本该由市场调节的问题。与此同时，政府又存在严重的缺位，比如社会保障制度的建立、文教卫生事业的建设。而且近些年来，这种情况大有愈演愈烈之势，政府对市场的粗暴干涉时有所闻。这一点，看看当今的房地产市场就会一目了然。我们不能不痛心地承认，重复建设、地方保护、短命工程、房价高企乃至资源浪费、环境污染等，无不与某些地方的政府有着或多或少的关系。政府和市场的严重错位，不利于我国社会主义市场经济的完善，不利于经济社会的全面可持续发展。绝不能因为此次美国信贷危机有失之于监管不力的原因、西方国家政府采取干预措施救市，来为我们政府的手伸得过长、过滥开脱。

体制改革可以概括为经济、政治、文化和社会四个方面体制的改革。回顾 30 年的改革开放历程，显而易见的是，我们在经济体制改革上着力最多，其他方面则改革的步伐要慢一些，这一点在政治体制改革领域表现得尤为突出。这些年公权越来越横暴、腐败越来越猖獗，不能不说与政治体制改革的缓慢有关。更为关键的是，如果不能加强社会主义民主的建设，公权不能受到制约和监督，决策和政绩评价不能实现民主化，发展方式的转变、经济社会的协调发展就又可能出现偏差。

认识问题是为了解决问题。金融风暴给我们提供了认识问题的时机，也带给了我们解决问题的机遇。在纪念改革开放 30 周年的时候，我们固然应该把这一天当作改革开放的阶段性终点，却更应该把它当作新一轮改革开放的起点。它只是我们前行的加油站，而不是终点站。如果说我们的个体人生有终点站的话，那我们中华民族的现在和未来应该不断变革，历久弥新！

3. 战略机遇期仍在我们手中

是的，中华民族的现在和未来应该不断变革，因为我们闭关锁国、固步自封的教训太深刻、太惨痛了。

　　中华民族曾经有过极度辉煌。在世界历史上，我们国家曾有相当长的时间国家强盛、人民富庶，国内生产总值曾一度占全球的1/3。但在中期的历史尤其是近代以来的历史上，我们又错失了几次发展良机。明代中叶，我国开始出现资本主义萌芽，海外贸易也已出现，但资本主义经济未能长足发展，开启的国门也很快关闭了。这之后，政治昏乱，国力疲弱，应付国内现实问题尚且力不从心，何谈改革开放。清代中期的康雍乾嘉时代，国力强盛，政治也堪称清明，推动社会变革具有良好的客观条件，但清廷统治者主观上则毫无变革之心。一方面是"祖宗之法不可变"，一方面是外夷不可纳。就这样，我们又失去了一次主动改革开放的机遇。1840年鸦片战争之后，社会变革的呼声日渐高涨。但此时开放的国门，完全是东西方列强的坚船利炮撬开的，变革也有几分无奈而不得不为的意味。但被动的开放虽然存在，主动的开放却并未到来，变革也就几经波折而终于未能彻底进行。这一次，我们又错失了一次改革开放的机遇，尽管其作用力来自强大的外力。之后的辛亥革命虽然完成了推翻帝制的社会变革，但随后就陷入军阀混战之中，经济发展缓慢，变革并未能够带来国强民富。在军阀混战以及其他变乱不停上演的历史尚未完结的时候，日本军国主义的铁蹄又开始践踏我们的国家。在接连不断的变乱、战乱之中，近40年的时光荏苒而去，20世纪上下半叶之交，我们完成了又一次变革，取得了不菲的成就。不幸的是，不久我们又陷入了较长时间的变乱乃至动乱之中，接近30年的时间有大部分又荒废了过去。历次变革机遇的错失，使我国与世界发达国家的距离越拉越大，使中华民族曾经的光彩越来越暗淡。

　　1978年12月18日，十一届三中全会召开，开启了我国改革开放历史的新时期，从此，中华民族在新的历史条件下开始了新的伟大革命。这次以改革开放为主题的社会变革之所以取得前无古人的成就。是我们主观努力的结果，也与国际形势有相当大的关系。冷战结束，世界进入和平与发展新时代，以及经济全球化，为我们提供了可贵的战略机遇。正是因为有这样的战略机遇，再加上全国人民同心戮力，才使我国经济社会长足发展，取得了举世瞩目的成就。

　　经过 30 年的不懈奋斗，我们胜利实现了现代化建设"三步走"的前两步战略目标，正在向第三步战略目标前进。当前，世界性的主题还是和平与发展，尽管经历此次金融危机，但经济全球化的趋势不可逆转，国际形势对于我国的和平发展有利。危机对我国的经济发展会有一些影响，但有 30 年快速发展打下的基础，有全国各族人民的不懈努力，我国经济社会发展的趋势同样不会逆转。也就是说，实现现代化第三步战略目标和中华民族伟大复兴的战略机遇期，仍然在我们手中。

　　同时我们要清醒认识到的是，我们面对的挑战越来越严峻。国际上，风云变幻，形势复杂，地区冲突不断，恐怖主义、分裂势力日益猖獗。虽然西方势力已经明确没有能力阻止我国的崛起，但他们的杯葛和挑衅不会停止，新形势下，他们会更多选择要我们遵循既有国际秩序、尊重西方价值观和更多承担国际责任的方式来影响我们。因此，即便是不存在别有用心者与我们作对，我们也必须承担大国成长的困惑与烦恼。在国内，虽然我国的改革取得了伟大成就，经济社会长足发展，但我们过去 30 年的改革是在相对容易的领域进行的，经济发展也是相对粗放和不那么协调的。因此，我们接下来的改革将更加艰难，我们经济社会协调发展的任务也将更为艰巨。

　　我们还要清醒认识到的是，尽管战略机遇期还在我们手中，但我们的时间越来越紧迫。应该说，在过去 30 年的改革开放中，我们抓住了一些机会，也错失了一些机会，那就是推进基本社会体制改革的机会。此次金融危机，使我们这方面的缺陷十分突出地暴露了出来，而且影响社会稳定的因素在不断聚集，逼迫我们正视问题、解决问题。在这样的形势下，全国上下很容易形成进一步改革的共识。同时，我们的国力也提供了进行诸多方面尤其是社会体制改革的支撑。共识、国力以及相对稳定的内外部环境，给我们提供了新一轮全面改革的绝好机遇。但机遇稍纵即逝，不抓住这一次的机遇，我们以后的机会就越来越少。

　　新一轮的改革，应该是全方位的。经济体制改革是过去 30 年改革的主要领域，应该首先着力推动。同时，社会体制的改革，诸如建立健全社会保障制度以及医疗改革、教育改革，也都刻不容缓。而且在诸方面的改革中，社会体制的改革处于枢纽地位，只有社会体制成功改革，从而建立起消费型的社会，我们的发展方式才可能获得根本转变；只有缩小收入差距、培育出较大的中产者阶层，社会稳定和谐，政治体制的改革才能顺利推进。

机不可失，时不我待。我们必须把握机遇，只争朝夕。

二　转变增长方式

诚如前面指出的那样，这次美国金融风暴对我国经济的冲击，首当其冲的是外贸出口，而这也是影响 GDP 增幅下行的一个重要因素。这也就是说，我国经济马车的三驾马中较有力的一匹出了毛病，短时间内指望不上了。在这种形势下，必须启动三驾马中原本相对疲软的消费这匹马，使其成为三驾马车中最有力的辕马，保持经济马车的平稳较快前进。用经济学的术语来说，就是要改变增长方式，变出口导向（拉动）型为消费导向（拉动）型。

1. 增长方式到了非变不可的时候

经济增长方式亦称经济增长模式。经济学家吴敬琏是这样定义它的："所谓经济增长方式，就是指推动经济增长的各种生产要素投入及其组合的方式，其实质是依赖什么要素，借助什么手段，通过什么途径，怎样实现经济增长。"也有学者指出，短期的经济活动可称为"经济增长"，中长期的经济活动则应该称为"经济发展"。党的十七大及 2008 年 12 月初召开的中央经济工作会议，都提出要转变经济发展方式，说明决策者对这一概念的认同。但由于过去我们更多地使用"增长方式"概念，而 2009 年经济工作的目标也是着眼于"保增长"，因此我们这里仍然暂时使用"经济增长方式"这一概念。有人依据要素依赖把经济增长分为出口、投资、消费导向（或拉动）三种类型，对抓住问题的要害来说，这也不失为一种简洁明了的界定。

我国首次提出转变经济增长方式，是 1996 年的"九五"规划。"九五"规划提出，要"实现经济增长方式从粗放型向集约型转变"。改革开放 30 年来，我国经济之所以保持着高速发展的势头，主要得益于我们选择并长期沿袭了出口导向型的经济增长方式。但随着国内和国际经济环境的变化，这种经济增长方式的弊端日益凸显。正因如此，"九五"规划提出了转变经济增长方式的目标。"十五"规划进一步把经济结构的调整和升级作为发展的主线。十六大提出科学发展观，并在此基础上制定"十一五"规划，转变经济增长方式当然是题中应有之义。

然而，十几年来，我国经济增长方式的转变一直未能取得实质性的突破，甚至出现了一些逆转。主要表现在投资、出口与消费严重失衡。近年来，我国的投资率一直居于世界最高水平，尤其是 2003 年以来，均保持在 40% 以上。出口也同样保持高速增长，净出口率不断攀升，从 2000 年的 2.5% 提高到 2005 年的 5.5%。与此同时，消费对经济增长的贡献则有所局限。经济增长对投资和出口的过度依赖，造成了大量重要行业产能过剩，降低了生产率，增加了能耗和污染，抑制了消费，减缓了就业增长，并经常引发贸易摩擦。

长期以来，我国经济增长最为人忧虑的是对出口的过分依赖。许多年来，我国经济增长的对外依存度高达 60%。而高度的外向依赖不仅影响我国经济的长远发展，甚至影响到了我国的经济安全和国民福祉。有学者指出，出口导向型的经济增长模式有以下五大弊端：一是进口和出口严重失调，国际贸易顺差越来越大；二是长期的贸易顺差导致外汇储备越来越多，在外汇市场动荡的情况下面临的风险日益增大；三是长期压低劳动力价格以保持比较优势，直接影响了国内消费需求的增长；四是资源价格的行政管制使政府在油、电等方面的巨额价格补贴通过产品出口而部分流向国外，最终导致我国国民福利的净损失；五是大量低技术含量和低附加值的产品因为外需的旺盛而给相关企业留出生存空间，在一定程度上阻碍了我国的产业升级和技术创新，影响了我国企业整体素质的提升。

因此，无论从经济社会的哪一个方面考虑，旧有的经济增长方式尤其是对出口的依赖，都到了非变不可的时候。

2. 保增长根本在于扩内需

从广义来说，转变经济增长或者经济发展方式，包括协调投资与消费、内需与外需的关系，推动产业结构优化升级，减少物质能源消耗，促进自主创新等一系列内容。就直接的增长导向或依赖来说，则主要是指前者，即协调投资与消费、内需和外需的关系。

如前所述，改革开放 30 年来，我国经济发展主要是出口导向型的，就是说，外需是拉动中国经济发展的重要动力。我们借着经济全球化的大好时机，以外需拉动了经济的起飞。然而，由于金融风暴的影响，外需已经极大地减弱，而且随着全球经济的恶化，美欧日等国民消费下降，甚至包括新一轮贸易保护主义的抬头，外需将进一步疲软。因此，扩大内需就成为保持经济增长的根本途径。

对于转变经济增长三驾马车畸轻畸重的现象，2008 年春季温家宝总理的《政府工作报告》，在谈到转变发展方式的一个方面工作时就指出，"第一，坚持扩大内需的方针，调整投资和消费关系，促进经济增长主要依靠投资、出口拉动向依靠消费、投资、出口协调拉动转变"。2008 年 12 月初的中央经济工作会议确定，保持经济平稳较快增长是 2009 年经济工作的首要任务。中央认为，要"坚持扩大内需为主和稳定外需相结合"，并"把扩大内需作为保增长的根本途径"。年初、年末的基本思路是一致的，但着重强调之处已然不同：年初强调内外需协调，年末强调以扩大内需为主；年末虽然坚持内外需结合，但根本的希望（愿望）寄托在了扩大内需上——扩内需成为保增长的根本途径。2009 年的《政府工作报告》，使中央经济工作会议的思路得以进一步具体化。

国家新的战略决策，可以说既是外迫性挑战的迎接，也是内生性需求的适应，外迫、内生的挑战和需求共同构成了转变经济增长方式的机遇。牢牢抓住这一机遇，坚持下去，我国的经济增长就会转向可持续性发展。

3. 扩内需重点在于促消费

内需的扩大，既靠投资，也靠消费，因此也就有一个投资、消费协调乃至轻重的问题。长期以来，我国经济增长除内外需不协调外，投资与消费的比重也极不协调。30 年来，在"高储蓄、高投资"的增长格局下，我国居民消费率不断走低。1978～2007 年，在世界平均消费率提升趋势中，我国居民消费率却从 48.81% 下降到了 35.3%。而目前，世界平均居民消费率水平超过了 55%，美国近年大体稳定在 67% 左右。这意味着我国居民消费水平偏低，消费增长的空间是巨大的。

拉动经济增长，增加投资是必要的，而且相对可以较短时间内见效。我国政府作出的 4 万亿经济刺激计划，正是基于这样的考虑。但从长远来说，仅仅增加投资是远远不够的。如果仅仅把扩大内需的动力定位于投资，不仅经济方式难以实质上转变，内需的扩大也不能持久。因此，扩大内需要靠投资，更要靠消费。只有消费上去了，内需的扩大才可以持久，经济增长方式也才能实现根本的转变。

对于协调投资与消费的关系，金融危机又给我们提供了一个良好的机会。我国党和政府已经清醒地认识到了这一点。2008 年 12 月初的中央工作会议提出，要"通过扩大最终消费需求，带动中间需求，有效吸收和消化国内生产能力，形成发展新优势"。2009 年《政府工作报告》也提出要"积极扩大国内需求特别是消费需求，增强内需对经济增长的拉动作用"。这里，中央着重强调"通过扩大最终消费需求"，说明在把扩大内需作为保增长的根本途径的同时，又把扩大最终消费需求当成了扩大内需的根本途径。中央刻意区别中间需求和最终消费需求，就是要告诉人们，最终消费需求——居民消费需求——是扩大内需的龙头，中间需求——产业需求——要靠最终消费来"带动"，而不是相反。这从根本上厘清了消费与投资在扩大内需上的关系，因为投资拉动的更多的是中间需求。最终需求←中间需求←投资，确立了这样的关系，投资就有了方向性，就会避免盲目的滥投资，经济发展方式的转变也就能走上轨道。

4. 调整国民收入分配格局

在 2008 年年末中央工作会议的决议中，关于加快经济发展方式转变涉及四个方面的结构（格局）问题，即国民收入分配格局、产业结构、城乡结构和地区结构。国民收入分配格局排在首位，与目前因应全球金融危机造成外需疲软、亟欲扩大内需的形势不无关系，也可以说是党和政府对未来经济发展方式转变的新的体认和决策。毫无疑问，不论是从长远还是目前来说，这样的安排都是科学的。

国民收入分配格局指国民总收入（即国民生产总值）的分配情况。国民收入分配包括初次分配和再分配两个环节，初次分配是在生产过程中劳动、资本等生产要素之间的收入分配，再分配是在初次分配基础上政府、企业、居民各经济主体之间的再次分配。在国民收入初次分配和再分配两个环节中，主要是政府、企业、居民三者的分配关系和居民内部的分配关系。在居民初次分配中，最主要的是劳动报酬，它是劳动者直接从生产过程中得到的劳动收入，主要包括各种形式的工资、奖金和津贴，以及单位支付的社会保险费等。而在再分配中，影响居民收入最主要的是国家预算，即国家向关系居民的社会保障、文教、医疗卫生、经济适用房等方面的投入如何。

改革开放以来，我国国民收入分配格局总体上适应了经济发展、社会进步和人民生活水平提高的需要。但是，20 世纪 90 年代以来，国民收入分配出现了过多向政府和企业倾斜的现象：政府、企业的可支配收入占国民可支配收入的比重持续上升；居民可支配收入占国民可支配收入的比重持续下降，特别是劳动报酬在初次分配中的比重偏低。国家统计局一份资金流量表显示，2005 年，在国民收入初次分配中，企业、政府、居民三者的分配比例为 26.95%、14.8% 和 58.25%，与 1995 年相比，企业、政府所占比重分别上升 6.35 个、0.46 个百分点，居民所占比重下降 6.85 个百分点；在国民收入再分配中，企业、政府、居民三者分配比例为 24.43%、18.69% 和 56.88%，与 1995 年相比，企业、政府所占比重分别上升 7.18 个、3.02 个百分点，居民所占比重下降 10.21 个百分点；劳动报酬占初次分配、居民可支配收入的比重分别为 51.47%、52.12%，与 1995 年相比仅提高 0.49 个、2.75 个百分点，远远低于 GDP 的增幅。

居民可支配收入是居民购买力的基础，劳动报酬是居民可支配收入的主要来源。由于居民收入占国民收入比重的下降，劳动报酬占初次分配和居民可支配收入比重的下降，带来了一系列内部结构失衡。一是最终消费率持续偏低、投资率偏高。1996～2006 年，我国最终消费率从59.2% 下降到 49.9%，十年间下降了 9.3 个百分点；投资率从 38.8% 上升到 42.5%，上升了 3.7 个百分点。二是居民储蓄率偏高、消费率下降。1996 年以来，我国居民储蓄率一直在 25% 以上，有的年份超过30%，不仅高于同期中低收入国家水平，也高于世界平均水平，这是导致居民消费率偏低的直接原因。1996～2006 年，居民消费率由 45.8% 下降到 36.2%，下降了 9.6 个百分点。三是投资增长过快、消费增长相对缓慢。2003～2007 年，全社会固定资产投资分别增长 27.7%、26.6%、26%、23.9%、24.8%，社会消费品零售总额分别增长 9.1%、13.3%、12.9%、13.7%、16.8%，投资增长远远快于消费增长。值得注意的是，近年来，由于企业储蓄即国民收入账户中企业未分配利润增长过快，导致企业收入占国民收入比重快速上升，挤占居民收入比重。这些情况表明，调整国民收入分配格局十分必要、势在必行。

目前，调整国民收入分配格局，既要从初次分配着手，更需要在再分配上加大力度。十七大特别强调了初次分配要体现公平，政府也采取了多种途径增加劳动报酬在初次分配中的比重，比如规定最低工资标准、建立工资收入正常增长机制、提高个税起征点、退休人员养老金连续上调等，相应的法规也正在制定之中。应该指出的是，对于居民劳动报酬收入来说，政策主导部分的增长受影响较小，市场主导部分的则不免受到金融危机和经济下滑的影响。更重要的是，如果社会保障中的社会福利方面未能大幅推进，居民初次分配收入不足以保障居住、医疗及子女教育无虞，人们还是会尽量储蓄，大量增加消费的可能性有限。而社会福利的推进，根本上在于国民收入再分配中的公共投入。另外，我国居民现有收入主要是劳动报酬，资产收入（包括货币收入和不动产收入）比例很小。而西方发达国家"橄榄型"社会结构中的拥有资产收入的中产阶级，占人口的比例远远超出我国，成为社会消费主体。因此，如何改革相关制度、助推居民拥有、增加资产收入，也十分重要。

三　调整产业结构

调整产业结构，是我国经济社会发展战略长期以来的明确诉求，近十几年来的每一次五年规划都要强调产业结构的调整。但是，由于长期出口导向和投资拉动的经济增长方式，产业结构的调整没有取得根本性的进展，甚至不合理、低级化的程度反倒有愈演愈烈之势。受这一次全球金融风暴冲击，我们的劳动密集型低端制造业比较优势不再，重化工业产能过剩，给我国经济带来了很大的影响。形势无情地逼迫着，产业结构调整又一次摆在了我们面前。因此，在 2009 年以及今后的工作中，"调结构"就成为与"保增长"、"扩内需"同等重要的任务。

1. 协调三次产业结构

产业结构调整所追求的目标，是合理化和高度化以及二者的统一。合理化，就是产业之间的合理协调，其中主要是三次产业之间比例的协调。

关于第一（农业）、第二（工业和制造业）、第三（服务业）这三次产业的比例，由于各国所处发展阶段不同，因此并无统一的比例标准。但就一般情况来看，西方发达国家的三次产业，均是服务业所占比重最大，工业和制造业次之，农业最小。目前，在西方发达国家，服务业在GDP 中所占的比重均超过了 60%，有的甚至高达 70%。服务业是否发达、所占比重如何，已经成为衡量一个国家经济发展水平的重要指标。

我国三次产业的结构与世界趋势相比，存在明显的不足，突出表现是第二产业在国民经济中所占比重过大，第三产业所占比率虽有增长，但比重仍然过小。据国家统计局《中国统计年鉴 2008》数据，改革开放之初的 1978 年，我国三次产业产值的比例为 28.2∶47.9∶23.9，2007年则是 11.3∶48.6∶40.1。这说明，我国第二产业产值占比虽然增幅不大，但却没有回落；而服务业占比虽然已经达到了历年最高值，但与西方发达国家相比还有相当大的距离，三次产业的结构还不尽合理。而且即使在服务业内部，也存在着餐饮等传统服务业比重高、金融等新兴服务业比重低的不合理现象。

我国服务业长期滞后，已经成为制约我国经济增长和发展方式转变的"瓶颈"。要推进我国产业结构的合理化，首先就要大力推进服务业的发展。在当前保增长、扩内需的形势下，发展服务业尤其具有积极意义。首先，发展服务业可以增加就业、缓解就业压力。就历年统计数字来看，服务业已经成为我国吸纳就业的重要渠道。从长远来看，农业、制造业由于科技兴农、技术升级等，吸纳就业的容量不会太大，甚至有可能下降，就业的增量主要要靠服务业来解决。近年来，我国服务业的就业比率虽然有了大幅提升，但与发达国家 60%～80% 的水平相比还有很大差距，空间广阔。其次，发展服务业可以提高居民收入。发展服务业吸纳更多的人就业，对居民总体收入的提高显而易见的。而劳动者在发达的服务业体系提供的智力服务中提高了自己的素养和技能，进而从事新兴的、智力型的服务业，又必然会增加个体的收入。在居民收入增加的前提下，消费上去了，内需的扩大也就水到渠成。

我国现阶段发展服务业，必须转变观念，解放思想，改革体制，大力推进。首先是改变那种认为服务业为非生产性活动的观念，构建适合服务业发展的宽松体制，给服务业的发展留出一块广阔的天地。其次是在推动传统服务业（如交通运输、邮电通讯、仓储物流和批发零售、贸易、餐饮等）的同时，大力推进新兴服务业（如金融保险、中介服务、咨询顾问、设计会展等）。再次是完善生活性服务（如餐饮、洗理、零售等），大力发展生产性服务（如国际贸易、产品设计、信息服务等）。

2. 推动产业结构优化升级

产业结构在合理化的同时，还必须追求高度化。产业结构高度化，指产业结构根据经济发展的历史和逻辑序列从低级水平向高级水平发展。其主要内容，除了三次产业结构中由第一产业占优势比重逐级向第二、第三产业占优势比重演进外，就当前而言，更主要的是由劳动密集型产业占优势比重向资金密集型、技术智力密集型产业占优势比重演进，由制造初级产品的产业占优势比重向制造中间产品、最终产品的产业占优势比重演进。

　　我国产业结构在高度化上存在明显不足，此次金融风暴之所以对我国东南沿海企业造成巨大冲击，根本就在于那些企业多集中在劳动密集型产业领域，从事的大多是加工贸易，制造的大多是初级产品，产业高度化不够。同时受牵累的钢铁、有色金属、建材、化工等行业，从事的大多是资金密集型的产业，生产的是中间产品，也存在产业高度化不够的问题。

　　总的来看，在现阶段全球产业分工体系中，我国产业处在低端位置。美、日、欧等国家和地区已经进入知识经济或服务经济时期，他们依靠原创型的技术及高水平的管理确立了其产业结构的全球领先地位。而我国尚处于工业化阶段，技术、资金、劳动力素质、管理水平等方面均与发达国家有较大差距。尤其是我们缺乏自主创新能力，在许多工业领域对国外核心技术和关键部件高度依赖，通过零部件进口组装生产，产品附加价值低，相应的物耗、能耗却比发达国家高得多。而且在经济全球化和国际产业结构调整过程中，发达国家将劳动密集、资本密集型高消耗、高污染的产业转移到我国，我国在成为"世界制造业基地"的同时，也直接或间接地出口了大量能源资源，并付出了巨大的环境代价。因此，推进产业结构优化升级势在必行。

　　推进产业结构优化升级是我国经济社会发展进程中的一项长期任务。十六大根据世界经济科技发展新趋势和走新型工业化道路的要求，作出了推进产业结构优化升级的部署，即形成以高新技术产业为先导、基础产业和制造业为支撑、服务业全面发展的产业格局，为我国推进产业结构优化升级指明了方向。十六届五中全会通过的《中共中央关于制定国民经济和社会发展第十一个五年规划的建议》明确提出了我国在"十一五"期间推进产业结构优化升级的重要任务和关键，指出："发展先进制造业、提高服务业比重和加强基础产业、基础设施建设，是产业结构调整的重要任务，关键是全面增强自主创新能力，努力掌握核心技术和关键技术，增强科技成果转化能力，提升产业整体技术水平。"

　　目前，针对金融危机影响我国所暴露出来的问题，我国产业结构优化升级应该着眼于以下几点。第一，支持内部治理结构完善、就业容量大的劳动密集型企业。这是 2008 年末中央经济工作会议所作出的宏观调控要求之一。着眼于增加就业的当前需要以及产业结构优化升级的长期性，这样的选择是十分正确的。同时，要调整劳动密集型产业的区域布局，加快其向中西部地区的转移，从而形成新的比较优势，一旦全球经济复苏，就又可以大有所为。第二，提高产业集中度，使一部分企业做大做强。前几年，在一些热门的行业，由于经济效益的驱动，许多规模小、效益低的企业纷纷上马，比如钢铁、煤炭、建材热销等，小钢厂、小煤窑、小水泥厂上了不少。相较于发达国家来说，我国汽车前 3 家大企业的市场集中度不到 40%，而美国是 90%，韩国是 93%，新兴经济体中的巴西和印度也分别达到了 78% 和 72%。引导加强产业集中度，可以减少重复建设，提高我国企业的国际竞争力。第三，加快技术改造升级。要加快传统产业的技术改造，淘汰资源消耗大、环境污染严重的落后产能；同时，要发展高新技术制造业和高智力的服务业。第四，以信息化带动工业化。

3. 提高自主创新能力

对优化产业结构、转变经济发展方式，提高自主创新能力都是必不可少的。2008 年年末的中央经济工作会议也指出，"要以提高自主创新能力和增强三次产业协调为重点，优化产业结构"。2009 年《政府工作报告》指出，要大力推进科技创新，"科技创新要与扩内需、促增长、上水平紧密结合起来"。实际上，现在全世界所有的国家几乎没有不重视自主创新能力的。西方发达国家之所以在世界经济中占有不可动摇的地位，正是由于它们有超强的自主创新能力；新兴经济体的起飞和持续发展也离不开自主创新能力。

自主创新是指通过研究和开发掌握拥有自主知识产权的核心技术，将技术成果转化为产品并实现价值的过程。自主创新包括原始创新、集成创新和引进技术再创新。自主创新的成果，一般体现为新的科学发现以及拥有自主知识产权的技术、产品、品牌等。以核心技术为中心的创新是自主创新的主体，但广义的自主创新还包括观念创新、制度创新、管理创新等。是否具备自主创新能力、具备怎样的自主创新能力，是衡量一个国家核心竞争力的关键因素，也是关系到综合国力、国家安全的重要因素。

应当承认，我国的自主创新能力长期以来十分薄弱。此次东南沿海的一些企业之所以遇风即倒，缺乏自主创新能力是根本性因素。那里许多工厂都从事劳动密集型的贴牌生产，自己基本上没有多少自主创新能力。目前，我国的自主创新能力虽然有了显著提高，但制约因素还显著存在，包括观念、体制、人才、资金等诸多方面。在观念上，人们对自主创新的认识还不到位，尤其是应当成为自主创新主体的企业对提高自主创新能力的认识尚有距离；在体制上，自主创新的主体不明确，政府不由自主地充当了自主创新主体的角色，高等院校、国有科研机构成了科研重镇，而发达国家则多是以企业为自主创新的主体；在人才上，我国的自主创新人才还比较缺乏，政府主导的自主创新也缺乏有效的管理体制和激励机制；在资金上，财政对自主创新的总体投入不够，而且投向也有问题，未能给予企业自主创新以更大的支持。

为了提高我国的自主创新能力，促进企业自主创新，应该从以下几个方面着力：首先，树立创新意识，强化观念创新。这一点，政府部门和企业的观念转变同样重要。企业经营者要把自主创新提高到关系企业生死存亡的高度来认识，并在这一点上与员工达成共识。其次，政府要转变角色，把自主创新主体的角色交给企业，自己做好引导、服务性工作；企业也要在体制上创新制度，变革产权，建立有利于自主创新的现代企业制度。第三，积极吸引人才、用好人才、留住人才。第四，政府和企业都要加大对自主创新的投资力度，政府要加大全民创新和科技发展的投入，企业也要提高研发投入的比重。自主创新的核心是技术创新，要从观念、体制、资源等多个角度全方位地为技术创新提供支持。在管理创新方面，不仅要做好各个门类的管理创新和综合管理，尤其要做好自主创新的管理，从而形成一个以企业为主体、政府和社会共同参与的高效运行的自主创新体系。

金融风暴已经让我们的许多企业和经济体系尝到了自主创新能力不足的苦头。在未来，作为世界新兴经济体的一员，我国经济能否由新兴而长兴，关键就看自主创新能力能否提高了。从现在起，我们奋起直追，赶上西方发达国家虽非一蹴可就，也不会为期太远。

四　统筹城乡发展

我国经济社会现有格局的一个突出方面，就是城乡分割的二元结构。这种二元结构导致了我国城乡之间的巨大差距，不仅严重影响了社会公平，而且对我国经济社会的持续健康发展也产生了不利影响。虽然我们早已认识到并且开始着手打破城乡二元结构，但由于历史的积淀太沉重，现有结构又有其较强的稳定性，因此并无根本性的突破。这次全球金融风暴并不会对我国农业造成多少直接冲击，但间接影响和"倒逼"却十分突出。东南沿海劳动密集型企业的减产、停产，城市房地产等建筑建设行业的疲软，必将使大量农民工退出城市就业，从而减少农民收入、压缩农村消费。这对于扩大内需来说是一个严峻的挑战。为了实现近期的经济目标，更为了建设全面小康与和谐社会，我们应该抓住挑战所带来的机遇，统筹城乡发展，积极推进城乡一体化。

1. 城乡二元结构矛盾突出

新中国成立初期，我国采取了重工业优先发展和城市优先发展的战略，并采取一系列抑农促工、强城弱乡的财税手段来保障这一战略的实施，造成城乡差距的迅速扩大。一是在财税收入上，加大农业和农村剩余向工业和城市转移。1952～1989年，通过工农业产品价格"剪刀差"，国家从农业中获取了 9716.75 亿元。加上农业税 1215.86 亿元，共达10932.61 亿元。二是在财政支出上，重点向工业和城市倾斜。在城市，一切公共设施的建设经费和开支均由国家、政府和全民单位负担。但在农村，农民必须自己出钱办中小学、办医疗、办文化事业，修建道路、水电等几乎农村中的一切公共设施。

为了实现重工业和城市优先发展的战略，区割城市和乡村，我国推行了城乡有别的户籍管理制度。在这种制度下，改革开放以前，我国城乡人口流动基本上是静态的。改革开放以后，由于城市建设的需要，大批农民进城务工，但身份未变，相应的基本公共服务还是享受不到。留在农村的农民，当然也是如此。这造成了城乡之间严重的国民待遇不平等，影响了农村社会乃至整个社会的和谐。

劳动就业也是农村一个极其突出的问题。我国农业单产并不低，种粮不赚钱的根本原因是人多地少、达不到规模经营。单纯园艺式务农很难让农民富裕起来，现代化农业又必然大量减少直接从事农业的人口。农村有大量剩余劳动力，但向非农产业转移比较困难，农民工进城务工缺乏制度保障，不能融入城市，始终还是农村人，农村就业问题日趋尖锐。

收入也是城乡差距的一个突出问题。城乡收入差距与农业产品价格偏低、农民工多从事低技术型职业有关，也与农村土地制度有关。我国有关法律制度严格限制农民对自己的房屋和房屋下面的土地的处置，土地无法自由交易，农民土地包括宅基地的使用收益和附着物的所有权收益很难流动，这必然影响农民的收益。此外，征地补偿标准偏低，征地权攥在政府手中，征地后土地的增值收益又大都流向了城市，已经引起农村社会的不满。

总之，"三农"问题的困扰，归根结底就在于城乡二元结构的制约。解决"三农"问题，根本出路就在于突破城乡二元结构，统筹城乡发展，推进城乡一体化。

应该指出，形成我国城乡割裂二元结构的制度经过了长期的积淀，很多已经被法律法规固化，具有很强的稳定性，相关政府部门对于推进城乡一体化也不无惰性。因此，统筹城市发展、推进城乡一体化还有许多困难。

2. 推进城乡一体化

党的十七届三中全会指出，目前我国总体上已进入以工促农、以城带乡的发展阶段，进入加快改造传统农业、走中国特色农业现代化道路的关键时刻，进入着力破除城乡二元结构、形成城乡经济社会发展一体化新格局的重要时期。并且提出，到2020年，农村改革发展基本目标任务之一是：农村经济体制更加健全，城乡经济社会发展一体化体制机制基本建立。

但是，我国城乡分割时间跨度长，城乡差异巨大，涉及人口政策、财税政策、土地政策等方方面面，很难一时全部解决。尽管为了推进城乡之间的协调发展，国家已经努力了几十年，但是直到目前为止，城乡之间的差距仍然呈现不断扩大的趋势，城乡之间分割的局面仍然没有得到根本扭转。推进城乡协调发展，对于我国来说将是一个长期的艰巨任务，需要统筹考虑，逐步推进，重点突破。

首先是建立城乡统一的基本公共服务体系，这是推进城乡协调发展的根本保障。具体要从三个方面着力，即建立城乡统一的义务教育、医疗卫生、养老保险体系。在这些方面，一定要改变传统观念，不应该在标准、投入等方面差别对待、厚此薄彼。

其次是建立城乡统一的包括金融市场、劳动力市场、土地市场等在内的要素市场体系。关于金融市场，要积极发展农村金融机构，深化农村信用社改革，培育农村民间金融机构。关于劳动力市场，要建立城乡统一的失业登记制度、就业保障制度，加快农村劳动力转移，实现农民的充分就业。关于土地市场，要实现城乡土地、房屋产权的统一或衔接，保障农民实现与土地相关的收益。

再次是建立城乡统一的户籍管理制度。要打破城乡身份区割，保障公民的迁徙和居住自由，实现城乡居民就业、居住、教育、社会保障和医疗卫生的机会均等，最终达成全民"国民待遇"的统一。

3. 加快城镇化步伐

城市化是世界所有国家和地区走向现代化的必由之路，城市化水平的高低是衡量一个国家和地区社会经济发展程度的重要尺度。我国要实现建代化、建设全面小康社会，城市化也是必由之路。只是鉴于我国国情，我国城市化选择的是大中小城市和小城镇协调发展的道路，所以更准确地表述为"城镇化"。

我国的城镇化明显低于世界平均水平，严重滞后于经济发展。据世界银行统计，1980年世界城镇化率平均为40%，而我国只有19.39%，不到世界水平的一半；2001年，我国城镇化水平达到了37.66%，但仍比世界平均水平低 12～14 个百分点；即使按"十一五"规划到 2010 年达到 48%，也还与世界平均水平有一定距离，与发达国家的距离还不小。

城镇化进程缓慢、发展滞后，带来了一系列矛盾和问题，已经成为严重影响和阻碍我国经济发展和现代化建设的因素。城镇化滞后的负面效应主要表现在：第一，直接限制了农业的现代化进程；第二，影响产业结构调整和乡镇企业的发展；第三，造成人口结构、资源占用和收入分配结构的不合理。要解决这些问题，推进城镇化是一条必由之路。

我国城镇化的目标是，2010 年城镇化率达到 48%，2020 年达到 56%。为了实现这一目标，要按照市场规律和规模经济的要求，适应产业升级和国民经济发展的进程，积极、有序、全面、协调地发展各类城市。要合理发展大城市，大力对中等城市扩容，积极稳妥地发展小城镇，使城镇化、工业化、信息化等有机联系起来。

五　夯实社保基础

改革开放以来，我国经济社会取得了长足发展，适应社会主市场机制的各种体制制度也相应建立起来。与此形成强烈对照的是，我国的社会保障制度却长期严重缺失，尤其是在广大农村地区，社会保障甚至与改革开放前相比都有一定距离。近些年来，我国开始逐步建立社会保障体系，但覆盖面有限、力度也不够大。我国社会保障不健全的负面影响，正在越来越突出地显现出来。这次全球金融危机，不仅是对金融、经济的冲击，更是对人们心理、信心的冲击。如果有强有力的社会保障，人们的心理就会安稳一些，对经济恢复的信心就会充分一些；同时，也会减少就业困难、收入预期所引起的压力，保持社会稳定。由此可知，社会保障不仅是个人抗御风险的最终机制，也是全社会抗御风险的有效机制。因此，城乡社会保障制度的完善就成为必须加快的工作。

1. 社会保障缺口巨大

社会保障是国家对年老、疾病、伤残、失业、遭受灾害、生活困难等情况时给予物质帮助的制度，一般由社会保障、社会救济、社会福利、优抚安置等组成。其中，社会保险是核心内容，它又包括养老保险、失业保险、医疗保险、工伤保险和生育保险。社会保障实际上是一种国民收入再分配方式，用来保障一部分低收入者的最低生活必需品和其他群体的基本生活，同时缩小收入差距，提升低收入人群的生活水平。

社会保障是现代国家的一项基本制度，社会保障是否完善已经成为社会文明进步的重要标志之一。社会保障制度具有维持社会稳定、调节经济发展等功能。在经济衰退时期，社会保障通过对失业者、老弱病残者的扶助，增强这部分人的购买力，抑制居民收入减少的趋势，消费需求随之增加，社会总需求也相应扩大，一定程度上促进了经济的复苏；在消费需求不足的特殊时期，加快社会保障体系建设，也有利于改善居民的心理预期，扩大消费，促进经济持续快速增长；当经济高涨而失业率下降时，社会保障支出相应缩减，社会保障基金因此增大，减少社会需求的急剧膨胀，最终又会使社会的总需求和总供给达到平衡。因此，社会保障又普遍被认为是社会的"安全网"和"减震器"。

新中国的社会保障制度始于 20 世纪 50 年代，陆续形成了与计划经济相适应的社会保障制度。这一制度在相当长的时期，对发展国民经济、巩固国家政权、保障人民生活起到了重要作用。即使是在广大的农村，医疗卫生也有一定的保障。改革开放后，城镇逐渐出现了下岗失业，农村的医疗卫生网点也大幅萎缩，社会保障相当长一段时间内出现了一定程度的真空。1984 年、1986 年，我国开始在国营企业分别实行退休费统筹和待业保险，重启了社会保障。但时间过去了 20 多年，我国社会保障的缺口依然巨大，远远跟不上社会经济发展的步伐。

我国现行社会保障制度的主要问题表现在：一是覆盖面不够宽。就城市而言，大量的城市集体、私营和外商投资企业的职工、自由职业者、个体工商户和进城农民工仍未纳入社会保障范围，城市社会保障的覆盖面还远远不够宽。而在小城镇和广大的农村地区，社会保障制度还处于探索阶段，大部分地区还是空白。二是社保基金筹措困难，逃缴拖欠保费的现象比较严重。三是政出多门、多头管理，重视不够，力量不强。四是失业保险面临前所未有的压力，因为每年新增就业岗位远远满足不了失业人员再就业和新增就业者的就业需求。五是随着社会老龄化，对养老保险和医疗保险提出了更高的要求。六是社会保障立法还不够完善，失业、工伤、城市居民最低生活保障已经有了相应法规，但医疗、生育、农村居民最低生活保障等社会保障和社会救济、社会福利等方面还缺少相应的法规。

必须特别指出的是，我国社会保障的覆盖面不仅狭窄，而且很不合理，就是说，社保覆盖的主要是国家行政、事业部门、国有企业，而其他那些更需要保障的人群、尤其是广大的农民，却很少覆盖。现在，因缺少最低生活保障、看不起病等引发的问题比较突出，社会保障已经到了不能不加快全面建立、逐步完善的地步。

2. 加快完善城乡社会保障

进入 21 世纪以来，我国确立以人为本的科学发展观，加快了建立健全社会保障制度的步伐。"十一五"规划加大了社会保障的力度，基本思路是：坚持低水平、广覆盖的方针，在完善现有基本框架的基础上，加快制度创新，初步建立与经济发展水平相适应、覆盖全国的多层次的社会保障体系。建立健全社会保障体系，充分发挥社会保障体系支撑市场经济运行的"安全网"和"减震器"作用。具体工作包括八个方面：

一是建立相对统一的社会保障管理机构，避免政出多门，同时积极发展不同层次的各类非政府的社会保障组织，逐步形成富有活力的社会保障运行机制。

二是增加财政对社会保障的投入，多渠道筹措社会保障基金，完善社会保障监管机制。

三是加快城镇养老保险制度改革。要逐步扩大覆盖面，实行城镇统一的养老保险制度，建立多层次的养老保险制度。国家实行基本养老保险，保障劳动者的基本生活；企业（单位）根据自身经济状况设立补充养老保险，劳动者个人根据经济能力和要求自愿参加个人储蓄养老保险。

　　四是加快失业保险制度的改革。逐渐扩大实施范围，提高基金的社会化统筹程度，合理确定基金使用的目标。同时，将失业与促进再就业结合起来，将部分失业保险基金转变为就业保险基金，积极促进就业。

　　五是探索医疗保险制度改革，实行医与药分开、医院与医生分开，建立逐级转诊制度。

　　六是发展社会救助、社会福利和社会慈善事业。继续实施"分类施保"，完善医疗、教育、住房等单项救助政策，并加强对困难群体的综合帮扶。完善最低工资、最低生活保障和养老金年度增长的调整机制。加强社会福利事业建设，鼓励和扶持社会力量举办公益性福利设施。进一步做好拥军优抚安置工作。继续发挥慈善基金会、红十字会等组织的示范作用，通过税收等政策引导和鼓励社会各方面积极参与慈善和公益事业。

　　七是加快农村社会保障体系建设。按照城乡分头推进、逐步实现城乡并轨的原则，把增强土地的保障能力与发展土地外保障结合起来。积极推进最低生活保障向农村延伸，向进入城市的农民延伸，逐步实现最低生活保障城乡一体化。

　　八是改善困难家庭和中低收入家庭的居住条件。完善住房保障体系，通过扩大廉租住房、实行公有住房低租金和旧公房改造等措施，逐步解决生活和居住困难家庭的安居问题；通过适当放宽购房贴息条件、建立租售并举新机制等途径，逐步改善中低收入家庭的住房条件。

3. 社保攸关民生和内需

　　社会保障攸关民生，我们在前边已经一再强调；但还必须指出的是，社会保障与居民消费、扩大内需的关系也极为密切。对此稍作一下历史回顾就清楚了。改革开放以来，我国城镇居民来源于福利方面的收入经历了由强劲扩张到持续回落的过程，这种变化对居民消费需求产生了明显不同的影响。从我国保险福利费用增长的变化情况可以发现，城镇居民消费倾向所发生的阶段性变化与社会保险福利费用支出的变化有着极为密切的关系，二者变化趋势基本吻合：1978～1988年，全国保险福利费用总额强劲扩张；1989～1998年，持续回落；1998～2006年，增长缓慢、徘徊不前。

在传统的福利体制被打破，新的社会保障制度还有待完善的情况下，社会保障制度不完善对居民消费预期产生了较大影响，限制了边际消费倾向的提高。我国长期以来实行的是一种"低工资，高福利"的分配制度，社会福利由政府统筹统包，城镇居民除住房、医疗、养老、教育等长期消费由政府提供保障以外，其他如食堂、托儿所、浴室、交通补贴等短期消费也基本上由单位负担。此外还有更多的来自实物发放等非货币方面的收入，都构成了城镇居民的当期收入，使居民在工资水平较低的情况下能够感受到社会福利方面的收入带来的安全感，生活上没有后顾之忧，城镇居民的边际消费倾向较高。

但是，20世纪90年代以来，特别是最近几年来，我国对旧的社会保障制度所进行的较大幅度改革，对居民的消费心理形成了极大的冲击，这些改革提示人们公费福利支出将大幅度减少，个人支出将大幅度增加。这在很大程度上改变了人们的支出预期，迫使居民储蓄意愿增强，消费倾向下降，于是形成了紧缩消费效应。

上述情况说明了居民消费需求与社会保障的关系，也显示了社会福利在整个社会保障中的重要位置。目前我国居民最为关切的问题，主要是就业、养老、医疗、住房、教育。现有的社会保险只能解决其中前三个问题，而投入更大、更显在的住房、子女教育问题则不在社会保险的范围之内。不解决后两个问题，居民就不敢敞开消费，内需的扩大也就必然受到局限。我国现在实行义务教育，义务教育阶段的学费、课本费基本都免掉了。但由于国家对教育的投入不多且更多向高等教育倾斜，义务教育阶段学校资金的捉襟见肘乃至教师工资都拖欠发放，导致乱收费屡禁不止。而非义务教育阶段的高中尤其是大学阶段的教育开支更大，一个大学生甚至需要全家人省吃俭用才能供养。购买住房对一般老百姓来说，更可能背上一生的债务。而现在的经济适用房、廉租房房源有限，满足不了居民的要求。要解决这两个大众关心的问题，在完成社会保险对城乡居民覆盖的同时，还必须加大国家对社会福利和社会救济的财政投入，在更广阔的基础上使广大城乡居民后顾无忧，积极消费。

六　平衡区域发展

我国经济社会存在的另外一个结构性问题，是区域发展的不平衡。我国幅员辽阔，各地区资源禀赋不同，历史上的发展状况不同，所以区域发展不平衡有其客观因素。不过，应该注意的是，改革开放的这30年来，是我国区域发展差距拉大较快、较多的时期，这种差距已经成为国民经济和社会发展的制约因素；尤其是我国要实现全面小康、建设和谐社会，区域发展的不平衡就成为必须突破的问题。此次金融风暴也暴露了我国区域发展尤其是区域经济结构方面的一些问题。从某种角度上来说，金融风暴也给我们平衡区域发展提供了一个契机。

1. 非均衡发展拉大区域差距

在长期的封建社会历史上，我国经济是广阔的中部地区较为发达，东南沿海、西北西南边疆比较落后。明中叶以来，东部经济逐渐走上繁荣之路，到近代，东部经济之发达已经不让于中部。新中国成立以来，基本上仍然是这样的格局。1952年，我国东、中、西部GDP分别占全国的50.2%，33.7%和16.1%。此后，一直到"文革"结束，这种格局基本上没有改变，1978年，东、中、西部GDP分别占全国的52.6%、31%和16.4%。改革开放以来，虽然这种局面仍然如旧，但差距却进一步拉大了，到2000年，东、中、西部GDP分别占全国的59.4%、27.0%和13.6%，东部上升了6.8个百分点，中部下降了4个百分点，西部下降了2.8个百分点。从人均GDP来看，1978年，东、中、西部分别为457元、310元和251元，东部与中、西部相对差分别为50.6%和82.1%。到2000年，人均GDP东、中、西部分别为10768元、5978元和4606元，东部与中、西部的相对差分别为81.1%和133.8%。从两项数据来看，三大地带经济发展差距在逐步扩大。

再看另一项关系民生的数据。改革开放以来，东部与中部城镇居民收入差距由1978年的60元，扩大到2000年的3133元，扩大了55倍；东部与西部的差距也由38元扩大到2152元，扩大了56倍。农村居民的收入差距，东、中部由 1978 年的 37 元扩大到 2000 年的 971 元，扩大了 26 倍；东、西部的差距更由 53 元扩大到 1443 元，扩大了 31 倍。这说明，中部、西部居民的收入与东部的差距在逐渐扩大，也反映了三大地带居民生活水平的较大差距。

造成上述状况的原因，除了区域要素禀赋和历史发展基础的差异外，更主要的是国家政策和体制的倾斜。就是说，改革开放以来，我国在"允许一部分人先富起来"的同时，也给"一部分地区先富起来"提供了体制、政策上的便利条件。从经济学的角度来看，就是采取了一种区域非均衡发展战略。这种战略的基本思路是：优先发展东部，以东部的发展带动中部和西部的发展，使生产力及区域经济布局逐步由东向西作梯度推移。

改革开放后我国区域经济非均衡发展有其客观必然性，并在实践中取得了巨大成就，但同时也带来了一些不容忽视的问题。首先，非均衡发展造成了区域经济发展差距的拉大，特别是东部沿海地区和西部地区发展差距的拉大；其次，政策倾斜范围过窄、力度过大、时限过长，实现效率的同时忽视了公平；再次，政策措施不完善，出现区域利益摩擦和冲突、区域经济封锁、区域产业结构趋同等问题；此外，强调经济增长的同时，忽视了对资源、环境的保护，导致东部沿海地区的发展走了一条"先发展（污染）、后治理"的非可持续发展道路。

区域经济发展不平衡是许多国家在经济发展过程中共同存在的现象，但区域经济发展差距过大会给经济社会带来许多负面的影响。首先，区域经济发展差距过大，不利于国民经济持续稳定协调发展，诸如区域间出现断层，削弱国民经济持续增长的支撑力量；区域产业结构严重趋同，加剧产业结构的封闭性、低层性和低度性，造成市场封锁，阻碍市场经济体制的建立和完善。其次，不利于区域自身的经济发展和建设，不同区域都会损失从区域分工中应该得到的比较利益，发展程度低的区域则可能陷入不良循环之中。再次，影响社会的安定团结。我国区域发展不平衡的负面影响，在上述这些方面均有显现。

2. 促进区域均衡发展

我国前些年的区域非均衡发展战略取得了重大成就，也带来了严峻的问题。有鉴于此，2001 年制定的"十一五"规划，明确提出将过去偏重于发展东部沿海地区的区域非均衡发展战略调整为注重区域经济平衡协调发展的区域均衡发展战略。在这一发展战略的指导下，国家先后制定了西部大开发、振兴东北老工业基地和中部崛起发展战略。

实施区域均衡发展战略是我国现代化与和谐社会建设的必然选择。区域发展不平衡，东部发达，而中西部相对落后，必然无法实现现代化。而区域间差距拉大到超过警戒线，必然会导致两极分化，影响社会稳定，也就无法建成和谐社会。就此而言，区域均衡发展对我国来说，不仅是重大的经济问题，也关系到经济社会的全面发展和国家的长治久安。

此次金融风暴的冲击，也暴露出了我国区域经济发展不平衡的一些负面影响。比如，大量中西部农村劳动力源源不断地流入东部地区，使东部地区外向型经济的低成本优势得以长期保持，延缓了出口加工业向内陆地区的梯度转移速度，致使中西部地区产业升级缓慢。同时，东部地区的高收入也吸引着更多的人到沿海大中城市去就业、定居、购房，推高了这些地方的房价。如果这种状况能够及早予以调整，这方面的问题将不会累积到像现在这样严重。

我国未来区域均衡发展的目标，是逐步缩小地区差距，实现协调发展和共同富裕，形成全国统一市场，改善生态环境，提高国土承载能力，实现可持续发展。为了实现这些目标，应该兼顾以下原则：充分发挥市场机制对资源配置的基础性作用，地区分工与地区比较优势紧密结合，地区经济关系格局要有利于缩小地区发展差距。与此同时，国家要加大对不发达地区的扶持力度，制定和实施对不发达地区的优惠政策和资金扶助，通过政策引导和资金投入，尽快增强不发达地区的自我发展能力。

可喜的是，在近年来诸多均衡区域发展的战略的引导下，我国区域间的经济结构已经有了一些积极的变化。2008 年上半年，我国中西部部分地区工业增长较快，而东部地区工业增加值则首次低于全国工业增加值增长速度。据统计，2008 年 1～5 月，西部、东北、中部和东部四个地区规模以上工业生产增加值分别增长 19.25%、18.77%、20.84% 和 15.71%。东部除山东增长 18.5%、天津增长 21% 外，广东、浙江、上海、江苏和北京等传统的工业大省和工业强市，其工业增加值均比中西部的安徽、江西、河南、湖北、内蒙古、重庆、陕西和青海等省区市落后许多。在 2008 年上半年我国经济遭遇高通胀、GDP 增速下滑、出口企业利润下降等多重困难下，中国四大板块的工业增速却呈现出一个相对均衡的变化，东、中、西部的发展差距开始缩小，这的确是一个积极的变化。

3. 正是推动好时机

历史就是这样喜欢捉弄人，在近 30 年来的区域非均衡发展之后，今天的金融危机对我国又来了一次非均衡影响。众所周知，此次金融风暴对我国影响最大的是东部沿海地区，对中西部的影响却比较小。就经济增速的放缓幅度来说，中西部要低于东部；对企业、民生的影响，中西部也低于东部，除了农民工问题。进入 2009 年以来，总体经济形势，中西部也要好于东部，以至于有媒体称我国中西部经济增长依然坚挺。东部地区此前尝足了区域非均衡发展的甜头，此次却尝到了苦头，而这苦头与区域非均衡发展不无关系。我们同样也不能说中西部受此次金融风暴影响较小，就应该维持区域非均衡发展。这种吊诡的现象恰恰说明，必须大力推进区域均衡发展，而此次金融风暴在某种意义上给我们提供了一个机会。这里只谈两个简单而明了的问题。

一是产业转移。这是一个两年前就已经迫在眉睫的问题，因为用地、用工等种种原因的局限，当时东部沿海地区的一些企业已经出现相当的困难，而产成品价格的上涨也影响到了我国的出口。与此同时，外资的进入也在减缓，因为东部沿海的比较优势已经丧失。适当的产地转移，无论对国内企业还是对外资来说，都成为必要。当然，产地转移也必然有利于区域均衡发展。

二是农民工问题。我国农民工的走向，基本上是从中西部到东部打工，住地与工作地分离，每年一春一冬要有数亿人进行这样的大迁移。之所以如此，一是本地未能提供足够的工作机会，二是东部地区工资普遍较高。如果中西部地区能够提供足够的工作机会，而且地区间工资差别缩小，这种大迁移就会最大程度地减少。这就要求区域均衡发展，甚至是反向的区域非均衡发展：国家政策向中西部倾斜。在今天这个危机日深、工作越来越难找的时刻，这种政策调整的积极意义显而易见。

总之，这次金融经济危机让我们不能不面对一些过去忽视或未能解决的问题，并有所作为。如果一如既往，危机只会雪上加霜；如果积极行动，危机必将转化成机遇——也许是历史留给我们的仅有的机遇。

第五章

英雄本色：全球危机下中国的角色与视野

如果把历史相册翻回到 1971 年的话，有一幅照片恐怕会让每一个中国人都怦然心动：照片的背景是联合国大会会场，时任外交部长乔冠华把外交人员的矜重抛诸脑后，开怀大笑……就在刚才，联合国大会投票表决，恢复了中华人民共和国在联合国的合法席位。那一天，是一个令中国人扬眉吐气的日子。

改革开放以来，我国的变化日新月异，经济发展了，人民富裕了，国力强大了，中国的国际地位也有了真正的提高。近些年来，作为一个发展中的大国，我们向世界贡献了主要经济体中最高的经济增长速度，成为全球经济的火车头之一；我们积极参与了国际政治新秩序的建设，维护了广大发展中国家的利益；我们紧紧抓住和平与发展的主线，致力于和谐世界的建设……

不能否认，1971 年时中国的国际地位还很低；21 世纪初中国的国际地位有了显著提升，吸引了世界的目光。2008 年秋冬之季，在汶川大地震和北京奥运会之后，世界再一次把目光投向了中国——在蔓延全球的金融危机中，中国将担当怎样的角色？又将有怎样的视野？

一　中国是负责任的大国

当席卷全球的金融风暴再一次让全世界把目光投向中国的时候，世人注目的不再是能否在与大地震的抗争中赢得胜利，不再是能否因一届有特色的奥运会而赢得喝彩，而是经济增长强劲、拥有庞大外汇储备的中国是否和世界各国同进退，抗击这场"百年一遇"的金融风暴。四川抗震、北京奥运，中国没有让世界失望；抗击金融风暴，中国同样不会让世界失望。

1. 我们从来都是负责任的

新中国成立后，西方势力封锁、孤立年轻的共和国，年轻的共和国走的是独立自主、自力更生之路。那时的中国处在国际体系的边缘，但在不结盟运动和第三世界中有着广泛的影响。1971年恢复在联合国的合法席位后，十年动乱还没有结束。改革开放以来，我们打开了国门。国门初开，最先引起的是世界的好奇：这个曾经有过数千年辉煌历史的"中华帝国"如今是个什么样子？在逐渐对我国有了一些了解之后，西方国家发出了它们的评判：威胁者（"中国威胁论"）；落后者（"中国衰落论"）；另类者（"妖魔化"中国）。

不过，由于积贫积弱的中国有太多国内的事情要处理，我们更多地把精力放在了发展经济、解决亿万人民温饱的问题上。在埋头搞经济建设的那些年，邓小平确立了"韬光养晦"、"不当头，不称霸"的国际交往战略。这引起了西方国家的误解，以为中国回避在国际社会承担相应的责任。实际上，那时的中国有数以亿计的贫困人口，解决中国人自己的温饱问题才是对世界最负责任的态度。

随着经济的发展、国力的强盛，我们的国际交往日益增多，国际地位获得了极大的提升。与此同时，世界各国越来越关注中国在国际社会扮演什么样的角色的问题，而我们也越来越迫切地需要明确我们的国家定位。

中国与美国的关系一直是最重要的双边关系，也关系到中国的国家地位与国际认同。到克林顿政府的第二个任期，中美之间建立"战略合作伙伴关系"，中国成了美国的"战略合作伙伴"。到了小布什上台，中国又变成了"战略竞争对手"。但"伙伴"也好，"对手"也罢，都有些务虚，对讲求实用的美国人来说，定位还不够明确。于是，中国又变成了"利益攸关方"。这话真可谓一语道破天机。是的，中国发展了，中国是世界重大经济体中经济增幅最大的国家，中国的国际地位得到了显著的提升，朝核、伊朗、气候变暖等等的问题，都需要中国，因此"利益攸关"。其实，地球村里的每一个邻居，大家都是休戚相关的，守望相助、同舟共济是大家共同的责任。刻意强调"利益攸关"，难免有些实用主义的小家子气。

接着，另外一顶大帽子戴到了中国人的头上——"负责任的大国"。这顶帽子有点奇怪。其一，怪在它是西方国家对中国提出的要求，有点像紧箍咒，要求你做所有他们希望你做的事情，否则就算不负责任。其二，这帽子有屋上架屋之嫌。中国什么时候不是大国了？中国在闭关锁国的年代每每声称自己"地大物博，人口众多"，只是后来才认识到我们的绝对资源和人均资源都算不上"博"，但地大和人多却是不言而喻的。中国又什么时候不负责任了？中国自从融入世界大家庭的那一天起就是负责任的，既对世界人民负责，也对中国人民负责。

进入 21 世纪以来，中国的国家定位越来越明确，那就是负责任的发展中大国。中国是大国，但仍然处在发展之中，是发展中的大国；中国是国际大家庭中的一员，负有相应的责任，但这应该是与自己发展中大国地位和国力相称的责任。

我们是这样昭示世界的。2008 年 9 月 25 日，在联合国大会一般性辩论上，国务院总理温家宝表示，中国作为一个负责的发展中大国，愿与国际社会一道，加强合作，共同分享机遇，迎接挑战，为推动实现世界的和谐与可持续发展贡献力量。

我们也是这样做的。这些年来，中国一直以负责任的发展中大国的角色活跃在国际舞台上，在朝核、气候变暖、国际援助、维和等许多国际重大问题上，我们都作出了积极的贡献，受到了国际社会的肯定。我们坚决与发展中国家站在一起，维护和争取广大发展中国家的权益，并给以可贵的援助。我们在各种国际场合呼吁和平与发展，倡导建立和谐世界。

中国的努力得到了国际社会的广泛肯定，也树立了自己负责任的发展中大国的形象。但是，西方世界也不只一次地把一些"莫须有"的责任加到了我们身上，诸如苏丹达尔富尔、缅甸问题，诸如气候变暖、能源价格问题，如此等等，不一而足。这一次，在美国次贷危机惹出全球金融风暴的时候，国际社会尤其是西方发达国家，又一次记起了中国的责任，希望中国抓住这个"展示中国作为负责任国家的机会"，"为解决这次金融危机作出重要贡献"（欧盟委员会主席巴罗佐语）。其他西方国家的领导人、经济界人士和学者也纷纷明言、暗示，要中国负起责任来。

我们首先要说的是，中国从来都是负责任的。倒是有些大国只顾自己的利益，不那么负责任。

比如在全球变暖的气候问题上。近几年来，西方媒体一再渲染中国的污染问题，一次次地推测中国的碳排放将在某一年超过美国，成为全球第一。殊不知在发展中国家的工业发展起来之前，西方大国已经大量排放了几十年；而且与美国比起来，中国的人均排放量不足美国的1/4。发达国家掠夺全球资源，把大气污染了个够，现在有了先进的技术和工艺而不肯帮助发展中国家，却反过来要求发展中国家限制排放。尽管如此，作为正处在工业化阶段的发展中大国，中国还是积极参加了国际社会遏止全球变暖的各种活动，签署了相应的规约。《京都议定书》是联合国重要的气候变化框架公约，中国已经在 1998 年 5 月 30 日签署了该公约，而美国则推三阻四，迄今没有签署，使这项公约至今搁浅。奥巴马新政府或许会在此方面有所作为。

比如在援助非洲问题上。近几年来，并不富裕的中国给予了非洲国家尽可能多的援助，也赢得了一些合作项目，包括能源项目。这时候，西方国家又开始说三道四了，说中国的援助意在控制被援助国的能源，也造成了环境破坏。而这些西方大国，尤其是英法两国，它们在殖民统治非洲的时候大肆掠夺非洲国家资源，可曾给过非洲人民什么样的补偿，可曾丝毫考虑过非洲大陆的环境？现在，它们减少或停止了对非洲的援助，却又对中国的援助妄加测度、横加指责。2009 年农历正月，国家主席胡锦涛出访非洲，所到之处大多是资源贫乏的国家，这给西方那些片面认识一个明确的昭示。诚如 3 月初两会记者会上外交部长杨洁篪所言：中国并非"嫌贫爱油"之辈。

我们还要说的是，那些不该中国负、中国负不了的责任，就不要扣到我们头上来。

中国在处理国际关系时遵循和平共处五项原则，尊重别国的主权，不干涉别国的内政。这是国际社会普遍遵行的国与国之间的原则，也是国际法的基本精神。西方国家频频要求中国对缅甸、苏丹施加影响，显然违背了上述原则。但它们出于自己的偏见和价值观，屡屡向中国施压，要中国负起违背原则的"责任"。我们要说，那不是我们的责任，我们也不应该为此负责。

这几年来，国际能源、资源价格猛涨，石油价格一路飙升，一路涨到了147美元，铁矿石价格几乎每年都涨50%以上。这时，又有人把涨价赖到了中国头上，说中国的需求抬高了价格。而实际上，就石油而言，最大的消耗国是美国，中国只是需求增长快一些而已；就铁矿石而言，中国几乎购买了世界上一半以上的铁矿石，在定价上却几乎没有发言权。更何况中国的石化产品、钢铁材料及制品又有多少是西方大国消费的！因此，石油、铁矿石涨价也不该我们负责。

有意思的是，这次美国次贷危机的责任又赖在了中国的头上，真有些匪夷所思！

2. 为什么西方总是放冷箭

作为一个中国人，这些年来，只要稍微留心一下时事，就会发现，西方国家总是不断对中国横挑鼻子竖挑眼，没有一刻消停。几乎无论中国做了什么，它们都能找出"毛病"来；也无论中国作出了什么样的抉择，它们都能寻找出"恶意"来。在它们看来，只要是中国的事情，就没有不存在负面意义的；而西方媒体的那些"老记"则总是寻觅中国的负面消息，仿佛这才是西方新闻工作者神圣的职责。这情形，用文雅点的话说，就是"吹毛求疵，洗垢索斑"；用俚俗点的话说，就是"门缝里瞧人"、"鸡蛋里挑骨头"。

有人抛出过"中国威胁论"。人口多，中国成了威胁，威胁到了世界安全；可是，中国人有足够的粮食养活自己，以全球7%的耕地养活20%的人口。兵员多，中国成了威胁，减掉了一半儿还是威胁；可是，我们的子弟兵是兵，更是建设者，是经济社会发展的攻坚克难者，是一所提高人口素质的大学校，从来没有像美英大兵一样，把军营扎在别国的领土上。经济发展快了，是威胁，因为要消耗掉不少的能源、资源；可是，他们可曾想过所用的廉价消费品消耗的正是这些能源、资源。借给他们钱多了，是威胁，因为抛售美国债券可能击垮美元；可是，他们可曾想过自己享受生活所用的正是中国的钱⋯⋯

有人唱衰过中国。还是粮食、石油的问题，有人说中国人养不活自己，有人说油荒要拖垮中国。只要中国经济一出现什么波动，或是出现了一些什么别的事情，总有人出来说些风凉话，说中国要出问题。想当年，不是有人说香港回归以后就要衰落吗？而现在的香港依然是世界上最具活力的经济体。有必要问的倒是，如果还在大英帝国治下的话，碰上亚洲金融风暴和今次金融风暴，英国会不会像大陆支援特区一样支援香港？

也就是在这次金融风暴中，西方在呼喊让中国"救美"、救世界而中国政府作出自己的决策后，杂音又泛了起来，诸如中国是脆弱的，自救尚且不暇，根本无力救世界，甚至"展望"2009年的中国"四处骚乱，经济崩溃"；中国还没有成长为一个负责的大国，更关注国内的事情而不是国际的；甚至有人把这次美国次贷危机又赖在了中国头上，抛出了所谓"中国责任论"，起先叫嚷着可以"救美"的外汇储备此时却成了"元凶"——

南非发行量最大的《星报》在其报道中列举了当前全球危机的20条原因，中国被排在第一位。文章称，中国是"全球失衡"的源头，并仍在困扰世界经济。文章称，中国政府控制人民币低汇率以有利出口，并扩充外汇储备，这些因素导致西方压低利率，助长了房地产泡沫。

英国广播公司（BBC）网站文章说："拥有两万亿美元外汇储备的中国被一些人说成是西方银行系统的潜在救星。⋯⋯实际上中国做类似事情已经有几年了。中国一直在购买美国的政府债券，这使美国能够做到长期过度消费。"

美联储主席伯南克说："来自中国的资本（easy money）推高了美国的资产价格，形成了资产泡沫，从而导致了美国的次贷危机。"

末代港督彭定康在和澳洲 ABC 记者 Tony Jones 对谈此次金融危机

时指出，这场危机的总根源是中国的财富被人为地转移到美国，形成美国这场大危机的主要推动能量。

2009年1月2日《金融时报》刊登的一篇专访中，美国财政部长保尔森称，中国等发展迅速而储蓄又太多的国家与大量消费的国家之间的不平衡是（全球金融危机）的根源。

分析这些言论后，可以用上那句中国老话："欲加之罪，何患无辞。"这里，什么"助长"、"推动"、"推高"，次贷的房子难道是中国人买的？那些花花绕的金融衍生品难道是中国制造？"零首付"、"零文件"难道不是美国次贷机构的滥招？美联储等美国政府机构都不去管的事情，难道要中国人去管？美国人拿着从中国借来的钱，再加上购买中国廉价商品省出的钱（蓝德公司认为，低收入美国人的生活水平可能因此提高10%，即省出10%的钱用于其他开支），过着美滋滋的生活，现在反过来埋怨中国借钱给他们，提供廉价商品给他们，真是岂有此理！

其实，上述观点基本上集中于经济领域，虽然不无偏见，但也说明了全球化背景下世界金融、经济的密切关系。但金融危机爆发、西方正在竭力游说中国出手救援的时候，另一方面却冷箭齐发，掀起了一股密集的反中暗流。先是美国国会"美中经济与安全评估委员会"发表2008年涉华年度报告，批评中国利用外汇储备操控货币兑换以及外交关系，警告中国在日益渗透美国电脑网络以获取敏感的政府以及私人信息。并称中国网络战和太空战能力不断提高，可以利用网络战能力打乱美军的全球部署计划，使中国在任何一场局部战争中取得优势。紧接着"禁止酷刑委员会"发布审议中国履行《禁止酷刑公约》情况的报告，无视中国政府提供的翔实充分材料，引用甚至编造一些未经证实的信息，蓄意将审议活动政治化，在审议结论中塞入大量诬蔑、不实之词，指责中国存在"大规模"酷刑现象等，以达到丑化中国形象的目的。

为什么西方在这样最需要同舟共济的时候还暗发冷箭呢？其实不难理解。就是那位末代港督彭定康，2008年11月23日在香港接受BBC采访时说："中国的潜在威胁不在于其廉价的出口货物，而是对西方民主的威胁。"为什么？因为中国在传扬着不要民主也可以致富的观念。"我认为中国是在这样的国际体系下表现好得叫人惊讶的一个例子，但它也同时在挑战着体系的根基。"这话的弦外之音已经十分明白，我们不妨再看看新加坡《联合早报》网站宋鲁郑文章对彭氏之言的解读：

> 我想彭定康的点睛之笔已经把西方的意图和实质讲得再明白不过了。再联想到前不久法国总统"莫名其妙"、"荒唐突兀"主动要见达赖等举动，显然也绝非法兰西民族的浪漫所致和即兴之笔。这一切都是为了挽救受到严重冲击的西方制度和话语权。如果这场危机仍然继续恶化和深化，西方对中国将会掀起新的更猛烈的攻击以转移国内民众视线，以捍卫自己的正当性与话语权。

二　救中国就是救世界

2008 年春夏以来，中国已经有了两次救灾的经历，一次是冬春之际救凝冬之灾，一次是"5·12"以后救地震之灾。秋天到来的时候，中国又面临着一次救灾，只不过这次既非天灾也不在自己土地上，而是美国次贷危机引起的人为之灾。救还是不救，怎样救，既关系到危机下中国的负责任发展中大国的角色，也关系到中国面向未来和平发展的视野。

1. 中国成了"香饽饽"

在美国次贷危机引起美国投资银行和其他金融机构多米诺骨牌般地倒下、美国政府不得不出面救市的时候，世人自然地把目光投向了中国：中国有高速增长的经济，有近 2 万亿美元的外汇储备。于是或明言或暗示，有人向中国发出了一致的信息。

首先是西方媒体步调一致地热捧中国，给中国戴上一顶顶的高帽子，或者干脆建议中国借钱给美国财政部：

2008 年 10 月初，英国媒体预测，美国失去了世界经济的控制权，金融权力将向中国转移。

　　10月7日，法新社在其报道中写道，在因金融危机造成的全球恐慌中，中国表现出了一种帝国般的镇定，她在提供援助的同时确信能够应付自如。

　　同日，路透社报道说，中国拥有全世界最高的外汇储备，也许会在平息全球金融风暴的过程中发挥重要的作用。

　　10月10日，《澳大利亚人报》网站称，金融危机很可能加强"21世纪属于中国"的看法。另外一种澳大利亚媒体《悉尼先驱晨报》网站10月13日刊发题为《美国时代的结束——现在由中国来定调子》的文章，称"世界秩序正在发生变化，因为中国在支撑着美国"。

　　10月20日，加拿大《环球邮报》网站刊文称，如今的金融危机以准确无误的方式凸显了中国对全球经济的新作用。中国不仅受到危机的影响，而且还对结束危机肩负着重要责任。美国打喷嚏的时候，中国与加拿大一样要感冒，区别仅在于中国目前处于要开出药方并且帮助建设医院、接收患者的境地。

　　10月21日，《华尔街日报》网站报道称，美国的7000亿金融救助计划可能需要中国等美国国债主要持有人购买更多美国国债。

　　接着是西方国家领导人和权威人士开始轮番向中国喊话，虽然保持着国家元首、政府首脑、政府高官等身份的矜重，话说得比较含蓄，但弦外之音不难听出来：

　　10月5日，澳大利亚总理陆克文在接受媒体专访时说，中国经济将继续强劲发展，并将在信贷危机减缓时刻，帮助全球经济恢复。他强调，中国经济的突出表现将帮助全球摆脱目前的困境，中国在重建全球经济中的地位至关重要，正如其在10年前亚洲金融危机中发挥的作用一样。

　　10月6日，世界银行行长佐利克发表演讲表示，七国集团（G7）已经失去了往日的作用，它应该被一个更具有指导作用的新集团所代替。包括中国、印度和巴西等国家在内的新兴经济体则应该被吸收在内。成立一个更加灵活、更加有效、更加有影响力的新集团，这个集团也有可能是G14甚至是G20。但佐利克也表示："这个集团最终能否取得影响力还要取决他们最终所能承担起的责任。"

10月7日，美国前财政部长拉里·萨默斯称：中国以及中东国家将"决定着"美国历史上最大金融拯救计划的成败。他说，美国政府现在最应该做的和"不得不做的"是，向中国保证"美国的证券是安全的"。

10月9日，美国财政部负责国际事务的副部长麦考密克在华盛顿就金融危机及其全球影响，与北京及广州的部分中国记者举行了跨洋电话讨论会。麦考密克对中国与美国及世界经济的关系用了"彼此非常依赖"这样的字眼。中国是美国和欧洲（产业化经济）增长的重要来源，而后者对中国也同样重要。因此，中国应该是全球救市的重要参与者。

10月20日，麦考密克奉命开始三天的中国之行，约见一系列中国经济领域的领导人，研讨金融危机席卷全球的经济局势。在接受媒体访问时，麦考密克坦言此行的目的："我此行的目的不仅要告诉中国的政策制定者，也要告诉更广阔的公众，美国正在发生什么，在全世界的资本市场正在发生什么。人们正在采取一些行动来处理危机。目前越来越清晰的事实是，中美两国的利益非常相互交融，非常相互依存。中国发生的事情影响着美国，美国发生的事情也影响着中国。我对中国官员一遍又一遍不断强调的是，美国发生的一切将影响中国，一步步地实施救援计划，可以使美国和世界信贷市场的危机对中国的影响小一点。"

10月21日，法国总统萨科齐在法国斯特拉斯的欧洲议会总部发表讲话时说，中国拥有强大的金融实力，在重塑国际经济体系的过程中不可或缺。

10月23日，在北京召开的亚欧峰会上，欧盟委员会主席巴罗佐说："目前金融危机的解决，缺不了包括中国在内的亚洲国家的参与。""我非常希望中国能为解决这次金融危机作出重要贡献。我认为，这是展示中国作为负责任国家的重要机会。"

10月28日，英国首相布朗公开发表谈话说，中国和中东产油富国应该向国际货币基金组织提供更多资金，以援助那些可能需要援助的东欧国家。

11 月 15 日，日本首相麻生太郎在出席 20 国集团（G20）峰会时宣布，日本政府准备从其外汇储备中拿出 1000 亿美元向国际货币基金组织注资，以便为受金融危机冲击的新兴国家提供资金援助。麻生"欢迎像中国这样拥有充足外汇储备的国家加入进来"。

同样的声音也来自西方经济界人士和学者，包括生活在中国的学者，他们向中国政府提出种种"救美"的建议，并用自己的经济学知识给出了理由，振振有词，言之凿凿。加拿大 BMO 资本市场公司副总经济师、中国经济问题专家道格拉斯·波特的观点颇具代表性，他认为：中国现在是世界第四大经济体，但是按照许多经济指标来衡量，中国经济的规模应当在世界上排名第二。因此，世界经济的好坏对中国来说关系很大。美欧目前经历的严重的金融危机正在波及全球的经济增长，中国如果坐视不管，势必会受到影响。中国积极回应美欧国家的要求，参与这次救市行动，这无论对中国自身的经济利益，还是对改善中国的国际形象以及对于全球经济，都是有益之举。

甚至有媒体记者注意到，在 2008 年 11 月 15 日华盛顿举行的 20 国集团金融市场和世界经济峰会上，美国总统布什在分别与各国领导人照相时，其他国家领导人均是站在布什总统的左面，唯独与中国国家主席胡锦涛照相时把胡主席让到了右面。记者们从这种微妙的细节安排中，读出了美国在抗击金融风暴方面对中国的重视。

另一个吁请来自俄罗斯，但他们发出的是与 G7 们不同的声音。2008 年 10 月下旬，俄罗斯副总理茹科夫斯基在正式国际场合向中国提议，在中俄贸易增长的同时，两国应考虑新的金融机制，包括金融业间相互参股，以及弃用美元进行贸易结算，目前的时机是恰当之际。

一时间，中国真的成了"香饽饽"，甚至是"救星"、"救世主"。中国从未像今天这样被西方重视和需要。

其实，面对全球金融危机，西方国家把中国当成"香饽饽"，希望中国做"救星"，说白了，就是希望中国拿钱去救美国的金融机构和其他陷入困境国家的金融机构。当然，他们还希望人民币升值，希望中国的经济列车高速行驶，希望……

2. "英雄"能否"救美"

中国成为"香饽饽",甚至被捧为"救世主"的同时,也陷入了艰难抉择的境地。西方国家的话已经挑明:拿出自己的外汇储备借给美国以及其他欧洲受困国家。在一番热捧、喊话乃至鼓噪之下,事情已经不再是救不救的问题,而是要拿出多少外汇储备来"救美"、怎样"救美"。如果"英雄"不去"救美",似乎存在着经济和道义的双重风险——经济上,美国金融市场崩溃后,中国的外汇储备会有相当大的损失;道义上,国际社会会觉得中国见死不救、不负责任,中国的国际形象会受到影响。一位西方经济学家正是这样说的,华盛顿彼得森国际经济研究所高级研究员 Arvind Subramanian 在《金融时报》上发表文章,在对中国在这场全球金融危机中发挥更大作用高唱赞歌之后,建议中国不只是要购买美国的债券,还应该向美国政府提供数千亿美元的直接贷款,以帮助美国政府稳定房地产市场和挽救面临崩溃的金融体系。中国如果这么做了,全世界将会认为中国是一个负责任的超级大国,愿意使用自己的资源来保护世界经济。

在中国政府作出明确决策之前,经济界、学术界首先是热烈地争论着中国应不应该"救美",继而进一步讨论着中国有没有能力"救美",甚至有人谈论起了出手"救美"的条件。

主张"救美"的学者认为,对于中国来说,美国市场的重要性不言而喻,现在的金融危机必然造成美国消费需求的衰退,从这个意义上可以说,中国参与美国救市也是救自己。这种观点主要是从实体经济领域考虑的。而更多主张"救美"的观点则是出于金融资产的考虑,由于中国持有大量的美国政府债券和机构债(如"两房"债券),而现在美国单凭自身力量显然难以恢复金融市场的流动性,要是美国联邦储备系统通过增发货币向金融体系中注入更多的流动性,很可能造成通胀的加剧,从而造成美元以及美元资产贬值。因此,从维护中国持有的巨额美元资产的角度来看,中国似乎也理应参与美国救市。

认为应该出手"救美"的学者,有的主张收购美国金融机构的资产,有的主张购买美国的国债。他们几乎都有一个冠冕堂皇的理由,就是救美国就是救自己。社科院金融研究所一位研究员在接受媒体采访时称："中国政府现在出手并不是在救美国，而是在救自己。"

反对"救美"的学者认为，目前中国国内的经济形势已经比较严峻，大量出口型的中小企业面临破产威胁，大中型工业企业利润增长大幅下滑，再加上目前外部环境急剧恶化，中国不得不投入大量的资金实施对国内企业的救市计划，帮助困境中的企业实现生产转型。所以中国理应先关心国内企业渡过难关。其次，由于中国经济的对外依存度高达60%，目前外部需求出现的衰退无疑将造成外贸顺差锐减，在这种情况下，中国的外汇储备虽然存量巨大，但是其中 1.2 万亿美元左右已经投入美国市场，再除去 6000 亿美元左右的储备以备可能出现的国际收支的暂时性失衡，那么剩余可使用的资金也就 2000 亿美元左右。从这一角度来看，中国不可能对美国实施大规模的资金援助。

一些西方经济界人士也不主张中国直接借钱给美国救市。加拿大BMO 资本市场公司副总经济师、中国经济问题专家道格拉斯·波特认为，中国可以有更好的办法，既帮助了世界，也帮助了自己，即：一是直接刺激国内需求，扩大政府开支，扩大基础设施，推动经济增长；二是为将近两万亿美元的外汇储备寻找投资机会。比如现在就是一个好时机，从那些在金融危机中受困的资产中寻找出一些好的资产进行投资，这可能是一个很明智的投资行为，既给世界金融体系增添了流动性，又缓解了危机的危害程度。

还有一些学者的主张介乎救与不救之间，他们主张出手"救美"要提出自己的条件，可以称作"有条件'救美'说"。有的学者认为，在购入新债时，按高风险高回报原则，要索求高利率，而且最好还要有适当的资产抵押。有的学者说，借给美国钱的同时，要回购美国在华投资企业的股权，比如美国通用在上海通用的股权。更有的学者认为，如果出手"救美"，最好的要价是解决台湾问题，"如果用 1 万亿美元买回台湾和平回归，中国在这场金融风暴中的损失就是值得的"。对于这些专家学者，我们钦佩他们高涨的爱国热忱，但也对他们低估美国当局智商的想法感到惊讶：美国人在国际交往中从来都是国家利益至上的，他们寻求中国救市，不过是想利用别人的水救自的火，干的是无本万利的买卖，怎么可能在涉及其国家利益的问题上让步呢？优尼科的事情不还记忆犹新吗？何况它只是首先选择破别人的财、免自己的灾，如果没人出钱，它也满可以自救，到目前，美国政府救援计划的总金额不是早已超过1万亿美元了吗？

其实，问题的关键并非应不应该"救美"，而是怎样"救美"。中国是发展中国家，能力有限，金融风暴冲击下更显现出了中国经济某种程度上的脆弱性。犟出头去"英雄救美"，可能是"救美"不成更累己。这样的结果不仅中国人不愿看到，也是世界各国的人们（除了别有用心的那些）不愿看到的，一个羸弱不堪的中国对谁都没有好处。而且时至今日，此次金融风暴所引发的已经不仅仅是金融危机，而是全球经济危机。那种单纯在金融领域救市的举措，现在看来正所谓"头痛医头，脚痛医脚"，实在不是什么高明的主意。美国人其实对此认识得十分清醒，美国政府不就放弃了雷曼兄弟吗？而对美国汽车业的三大巨头不又伸出援手了吗？

在金融风暴给全球实体经济造成伤害而且正在进一步伤害的时候，江湖郎中的招数实在起不了什么作用。现在是该从经济的基本面考虑问题并着手的时候了。这个时候，我们只有保持世界经济列车火车头之一的中国经济的平稳较快增长，这才是对世界的最大贡献。

3. 救中国就是救世界

在以西方国家为主流的国际舆论几乎一致呼吁中国出手"救美"的背景下，是否"救美"、"救世界"成为中国政府决策智慧和施政理念的重大考验。

2008年10月4日，中国人民银行对美国国会通过7000亿美元的救市计划作出回应，并表示："我们完全有信心、有条件、有能力维护中国经济发展和金融稳定，为世界经济稳定发展作出贡献。"央行在声明中表示，中方愿与美方加强协调与配合，也希望世界各国齐心协力，共同维护国际金融市场的稳定。不过，央行对有关中国购买2000亿美元美国国债帮助美国救市的报道予以了否认。

10月8日，世界主要中央银行协调行动，同时宣布降息。就在同一天，中国央行也宣布降息。央行此举被普遍解读为中国进一步融入世界的一个重要标志，同时世界也在期望中国发挥更大的作用。

10月14日，温家宝总理在与英国首相布朗通电话时指出："当前，对中国而言，最重要的是把自己的事情办好。我们将采取灵活、审慎的宏观经济政策，进一步增强宏观调控的预见性、针对性、灵活性，保持经济稳定、金融稳定、资本市场稳定，促进经济平稳、较快发展，这就是对世界的最大贡献。"温总理的这番话，可以说定下了如何救援全球金融危机的基调。

2008年11月初，中国决策高层作出了应对此次全球金融危机的战略：救中国就是救世界。在11月5日召开的国务院常务会议上，中央确定了进一步扩大内需、促进经济增长的10项措施，到2010年将为此投资4万亿元。

中国应对危机的战略，得到了世界各国有识之的高度认同，受到了海外媒体的肯定评价。欧洲央行行长特里谢对中国政府宣布的进一步扩大内需促进经济平稳较快增长的措施表示赞赏，认为此举可以降低世界经济下行风险，"中国政府的决定无疑是朝着正确的方向前进"。秘鲁总统加西亚在APEC工商领导人峰会上说，中国政府采取的扩大投资和内需的经济政策不仅能确保中国经济稳定增长，而且对稳定人们对世界经济的信心具有重要意义。世行行长佐利克在年末访问中国时也说，中国政府积极采取扩大内需的措施值得赞赏。中国经济保持增长就是对世界金融稳定和经济发展的最大贡献。新加坡《联合早报》载文引述了中国专家的观点，救中国就是救世界，中国好了，世界就有指望。并指出，中国"向内看"就是"向外看"和"向前看"，这才是爱国主义和国际主义的结合。俄罗斯一家媒体不无兴奋地说："这太好了！"

一场是否"救美"及如何"救美"的议论和博弈，就此告了一个段落。回首这段并不算长的时光，也许会让人有些惊心动魄的感觉，其间的选择可谓"一招不慎，满盘皆输"。读读《21世纪经济报道》2008年11月12日刊发的评论员张翔的文章，我们会受到一些启迪。

救中国就是救世界

在世纪性金融危机的挑战之前，中国决策层正式确立了"救中国就是救世界"的战略，显示出杰出的政治方向感和独立设置议程的政治能力。国务院总理温家宝 11 月 5 日主持召开国务院常务会议，推出进一步扩大内需、促进经济增长的十项措施，主要致力于改善民生和基础设施建设领域。初步匡算，实施上述工程建设，到 2010 年底约需投资 4 万亿元。

此次由美国扩散至全球的金融危机爆发后，国际舆论围绕中国在此次危机中的角色问题的讨论，一直纠缠于中国要拿出多少外汇储备来"救美"，怎样"救美"，中国似乎已经陷入左支右绌却别无选择的困境，不"救美"而放任美国的金融市场崩溃，中国的外汇储备会有更大损失；如果"救美"，外汇储备又会大幅贬值。总而言之，似乎除了"救美"，中国就没有更重要的事情或者没有其他选择。

可是，中国政府推出的 4 万亿投资国内的方案，显然意味着中国决策层并没有为这些议论的狭隘视野所局限，而是认为投资国内事务是更为紧迫、更为重要也更有效益的事情。决策层试图化危机为转机，借助此次全球金融危机的时机扩大内需，既遏制衰退，又"倒逼"发展方式转型，培育消费型经济发展方式。

而从投资收益来看，相对于投资风险仍然非常大的美国金融市场，目前中国自身的资产无疑更具投资价值。有学者指出，中国人不能再"捧着金碗要饭吃"，自己有资金不投向本国有潜力的企业以获取更高的收益，却过于迷信美国债券和股票的投资价值；而投资海外的美国企业在国难当头之时，应该卖出更多所持有的外国资产包括在外国的企业所有权和股权，用所换得的资金回美国去购买国债和各种金融资产，担当起拯救自己国家的责任。

也许有人会批评这种看法会导致拒绝开放，其实未必，这一意见有启发的地方在于，我们对于投资的方向，对于"救美"的责任与义务必须有一种全面的观察和常识感。开放当然极为重要，但这并不意味着就要放弃判断投资价值和讨价还价的基本常识。推动美资回国救市的看法，和此前已在讨论的创设亚洲债券或者中国"熊猫债券"（中长期）的设想一样，都强调了创造对内投资空间的重要性。

从这个角度看，此次4万亿对内投资的决策具有深远的意义。它意味中国在实战中正在解决中国社会长期存在的一个重要的心理问题，那就是在全球化体系中欲除而不去的严重自卑感。中国投资国内市场是否具有更大的效应？这是一个方向性的问题。拉动国内消费从沿海走向内地，从城市走向乡村，使中国广大的劳动者更大程度上普遍享受到改革开放的成果，可以在更充分的意义上把中国经济变为世界经济的引擎。救中国就是救世界，中国好了，世界就有指望。因此中国"向内看"就是"向外看"和"向前看"。此次4万亿对内投资案标志着中国已经告别一个为开放而开放的时代，而进入了一个自信而精明地开放的时代。

三　参与国际协调与合作

中国是国际社会大家庭中的一员，有着自己的权利，也有着相应的义务和责任。作为地球村的邻里，世界上的每一个国家都应该和睦相处、守望相助；遇到了灾难，则更应该同舟共济、共克时艰。如今，我们地球村真的遇上了"百年一遇"的风暴，而且这场风暴来的是那样狂野、恣肆，即使像美国这样的强国都独力难撑。在这样的时刻，地球村的邻里们只有齐心合力，才能力挽狂澜，以免风暴把我们刮入萧条的深渊。作为地球村的邻里，作为国际社会负责任的一员，中国义无反顾地承担起了自己的责任，积极投身于国际协调与合作之中。

1. 都是"村里人"

进入 20 世纪的后 1/4 世纪以来，人们不知不觉地感觉到国与国之间的距离拉近了，地球仿佛成了一个村子，世界各国就像邻里那样比邻而居，不再遥远。

是的，现在的世界已经成了一个小小的村子。如果我们不是用诗人的眼光看待，而是从经济社会的角度客观审视，那就是：全球化不仅拉近了国与国的距离，而且把几乎所有国家都拴在了一起，任何一国在收获全球化带来的利益的同时，也必须给予相应的付出；在品尝全球化的甜点的同时，也必须吞下全球化的苦果。

"在经济全球化程度不断提高的今天，地区经济之间难以完全脱钩，全球经济恐怕将不得不面对'环球同此凉热'的现实。"联合国全球经济监测部主任洪平凡接受新华社记者采访时如是说。

2008 年的中国，就既感受到了地球村邻里相助的温暖，也感受到了全球化的负面影响。

2007 年末至 2008 年初，我国南方遇到了罕见的凝冻天气，冰灾造成铁路、公路瘫痪，输电铁塔和民房倒塌，造成了很大的损失。恶劣天气闹了整整一个冬天，当春天来临的时候，中国大地又是一片花海。这场自然灾害虽然是几十年一遇，但对中国造成的只是局部影响，世界并未因此而为中国的经济列车担忧。

2008 年 5 月 12 日，四川汶川等地发生的特大地震，令中国和世界震惊。中国经济列车在这样的天灾面前，是否还能快速行进？积极救援的同时，人们也提出了这样的疑问。然而就在这时，世界看到了崛起中的中国爆发出的强大力量——政府及时的救灾措施和有序组织，人民的万众一心、众志成城，受灾地区人们的积极自救和必胜信心。在每一条灾区新闻和每一幅救灾画面上，人们读出了这样的信念：巨灾阻挡不了中国经济列车前进的车轮！在灾难面前，世界各国人民对中国的抗震救灾给予了无私的援助和慷慨的捐赠，让中国人民再一次感受到了地球村邻里守望相助的温暖。

历史的车轮驶过 2008 年夏季，中国经济列车在宏观调控下正常运行，强劲有力。此时，全世界人民的盛事——2008 年北京第 29 届奥林匹克夏季运动会就要到来，世人没有理由不相信中国经济会良性运行。2008 年 8 月 8 日，随着北京夜空 29 个美丽焰火脚印的行进，北京奥运会拉开了序幕。在那 20 多天的日子里，中国人民为世界人民奉献了一场精彩的奥运会，向世界展示了自己，也让世界进一步了解了中国。中国人的笑脸和自信以及隐现于其间的胸怀和气度，给世界留下了深刻的印象。

奥运会结束了，共和国的生日过去了，仿佛绚烂归于平淡，中国人民默默继续着自己的勤奋努力，为自己的国家和世界奉献着；中国经济列车的行进依然不感乏力，仿佛要再一次证明自己可以为世界经济的增长贡献巨大力量。而此时，大洋彼岸的美国，次贷危机已经演变成了一场信贷危机，继美国第五大投行贝尔斯登寿终正寝之后，更大的雷曼兄弟公司也申请了破产保护，救市提上了美国政府的议事日程。随着雷曼兄弟之后美林、高盛、摩根等投资银行的告警，美国政府高达 7000 亿美元的救市计划浮出水面。

在美国金融风暴刚刚掀起的时候，中国还未感到凉意。随着风暴的肆虐，中国人体会到了地球村邻里间的休戚相关。我们的一些工厂停产关闭了，我们的一些农民工返乡了，我们的经济列车减速了。我们的收入增长下降了。我们的眼里耳里满都是地球村邻居们失火和救火的消息，躲也躲不过，仿佛世界是透明的，国与国之间是零距离的。我们自己也被邻里的火灼烤着，而且我们也有着不小的火灾隐患，于是，我们自己灭火防灾，以自己的力量遏制烈火的延烧，并帮助邻里们灭火救灾。

2. 积极参与国际协调与合作

作为负责任的发展中大国，确定"救中国就是救世界"的战略之后，中国首先要做好自己的事情，同时也要加强国际协调与合作，来共同应对全球金融危机。在这方面，金融风暴爆发以来，国家领导人多次申明我国的立场，表示将大力参与国际协调与合作，而且我国已经做了大量积极的工作。

2008 年 10 月 6 日，国务院总理温家宝应约与澳大利亚总理陆克文通电话，表示中国愿意与澳大利亚和国际社会加强协调与配合，应对当前复杂的全球性挑战，共同促进世界的和谐与可持续发展。

10 月 8 日，中国人民银行宣布降低利率 0.27 个百分点和银行准备金率 0.5 个百分点。这是中国央行在一个月内第二次宣布降低利率，与美联储、欧洲央行及其他 4 家央行宣布降低贷款利率显出一定的同步性，表明中国正在与国际社会合作对抗金融危机和经济增速放缓。前美国驻华大使李洁明说，中国"正以自己的方式同全球金融界共同应对这场非常严重的危机"。

10 月 9 日，国务院副总理王岐山会见德国前总理施罗德时指出，中国政府将继续加强与各国的协调与配合，共同应对这场危机，促进全球金融稳定。

10 月 14 日，国务院总理温家宝应约与英国首相布朗通电话，就国际金融形势交换看法。温家宝指出，这场危机对中国的影响是有限的、可控的。应对这场危机需要国际社会加强合作，中国将继续以负责任的态度发挥积极作用。

10 月 21 日晚，国家主席胡锦涛应约同美国总统布什通电话，双方就召开国际金融峰会、加强国际合作、应对国际金融危机交换看法。胡锦涛表示，中国政府为应对这场金融危机采取了一系列重大举措，以保持金融市场和资本市场稳定，保持经济平稳较快增长势头。中国政府将继续以对中国人民和各国人民负责的态度，同国际社会密切合作，共同维护世界经济金融稳定。

10 月 24 日，国家主席胡锦涛在北京举行的第七届亚欧会议上发表《亚欧携手，合作共赢》的讲话，呼吁世界各国"加强政策协调、密切合作、共同应对金融危机这一全球性挑战"。

10 月 30 日，外交部发言人刘建超表示，中方愿与各国政府以及包括国际货币基金组织在内的主要国际金融组织加强协调与合作，共同维护全球金融市场的稳定，促进全球经济增长。中国愿意在力所能及的范围内，继续积极考虑参与各种形式的救援计划。

11 月 15 日，国家主席胡锦涛在 20 国集团（G20）金融市场和世界经济峰会上发表讲话。在谈到国际合作与协调时，胡锦涛指出："作为国际社会负责任的成员，中国一直积极参与应对金融危机的国际合作，为维护国际金融稳定、促进世界经济发展发挥了积极作用。中国愿继续本着负责任的态度，参与维护国际金融稳定、促进世界经济发展的国际合作，支持国际金融组织根据国际金融市场变化增加融资能力，加大对受这场金融危机影响的发展中国家的支持。我们愿积极参与世界银行国际金融公司贸易融资计划。"胡锦涛强调，公平、公正、包容、有序是国际金融秩序发展的新方向，国际金融体系改革应遵循全面性、均衡性、渐进性和实效性四项原则。

11 月 22 日，国家主席胡锦涛出席亚太经合组织（APEC）第十六次领导人非正式会议第一阶段会议并发言。胡锦涛表示，中国愿同亚太经合组织各成员一道，加强金融领域经验交流和能力建设。针对当前国际经济社会发展中的突出问题，胡锦涛提出五点意见。第一，凝聚共识，推动多边贸易体制健康发展。第二，承担责任，共同应对气候变化。第三，交流合作，合力抗击自然灾害。第四，规范引导，强化企业社会责任。第五，协调行动，确保世界粮食安全和能源安全。

前一天，胡锦涛在 APEC 工商领导人峰会上的演讲中指出，中国在力所能及的范围内为应对国际金融危机作出了重大努力，采取了一系列举措，包括确保国内银行体系稳定、向金融市场和金融机构提供必要的流动性支持、密切同其他国家宏观经济政策的协调和配合，等等。中国将本着负责任的态度，继续同国际社会一道，加强合作，努力维护国际金融市场稳定。

12 月 12 日，中国人民银行和韩国银行宣布签署了双边货币互换协议，该协议提供的流动性支持规模为 1800 亿元人民币/38 万亿韩元（合 28.29 亿美元）。此举不仅有利于帮助韩国解决面临十年来的经济低谷，也令人民币首次以官方的姿态走出国门，历史意义非凡。

12 月 13 日，中日韩领导人会议在日本福冈举行，会后发表《国际金融和经济问题的联合声明》。三国领导人一致认为，世界经济和金融市场正面临严峻挑战，有必要以有效方式加强三国合作，应对当前形势。

12月14日，第五次中美战略对话在北京开幕，中国国务院副总理王岐山和美国财政部长保尔森作为两国元首的特别代表共同主持对话。在两天的对话中，双方将围绕"奠定长久的中美经济伙伴关系的基石"的主题，就管理宏观经济风险和促进经济平衡增长的战略、加强能源和环境合作、应对贸易挑战、促进开放的投资环境、国际经济合作等议题举行了六场专场讨论。

2009年1月30日，胡锦涛主席应约与奥巴马总统通电话，胡主席积极评价美方为稳定金融、刺激经济所做的努力，愿同美方进一步加强宏观政策的沟通和协调，坚决反对贸易和投资保护主义，共同推动伦敦20国集团金融峰会取得积极成果，促进世界经济金融的健康稳定发展。

2009年1月27日至2月2日，国务院总理温家宝对瑞士、德国、西班牙、英国和欧盟总部进行正式访问，并出席了在瑞士达沃斯举行的世界经济论坛2009年年会。此次出访被称为"信心之旅"，对促进国际社会提振信心、凝聚共识、团结协作、共同更好应对当前的金融危机起到了积极作用。

对于中国的国际协调与合作，国际社会给予了高度评价。10月21日，美国财长保尔森在美中关系全国委员会发表演讲时表示："很显然，中国接受了作为世界主要经济体所承担的责任，即与美国和其他伙伴国共同努力，确保全球经济的稳定。"

3. 向世界发出我们的声音

作为一个负责任的发展中大国，我们既要积极参与国际协调与合作，也要向世界发出我们的声音，表达我们的诉求和主张。

必须指出的是，目前的国际政治经济秩序是西方发达国家主导建立且至今由他们主宰的。这个体系对他们有利，对包括中国在内的发展中国家却有着明显的不公平之处。就经济金融领域而言，世界贸易组织、世界银行、国际货币基金组织，都是按照有利于西方发达国家的设计架构的，而且他们在其中享有话语霸权。他们利用自己的货币优势、金融工具，吸纳着全世界的财富，同时又输出风险和危机。遇到不利于己的情况，他们不是祭起保护的旗帜关闭进口的大门，就是蛮横施压强迫别国的货币升值，日本在20世纪80年代初就是因签下了城下之盟"广场协议"而导致经济停滞。他们大肆掠夺发展中国家的资源，却以各样的借口吝于输出先进技术和管理经验。

中国虽说是一个发展中的大国，却和其他众多发展中国家有着同样的境遇。在我国加入世贸组织的谈判中，以美国为首的西方国家给我们设置了不少障碍，提出了不少苛刻的要求。他们希望入关后的中国国门洞开，以便它们的跨国公司瞬间击垮脆弱的中国民族产业，把控中国的经济命脉。在人民币汇率和中国的贸易顺差上，西方国家屡兴事端，攻击、施压、制裁层出不穷。在中国已成为世界第四大经济体并对世界经济增长贡献最大的时候，西方国家对是否接纳中国加入八国集团还是忸忸怩怩、矫情万端。

现在华尔街闯祸了，想从中国荷包里掏钱，于是放低了身段，从官员到媒体，一顶顶高帽子向中国抛了过来。这一次，他们在向我们喊话的同时，竟然提到了中国在拿钱救助华尔街等西方金融机构的时候，应该得到一些回报，比如给点儿讲话的时间，给把椅子坐。然而，就在我国政府以"明确的政治方向感和独立设置议程的能力"确定"救中国就是救世界"的战略，及我国经济增长受金融危机影响而回落的时候，西方国家的种种奇谈怪论又冒了出来。在这个地球家园的邻居们最需要守望相助的时候，他们仍这样阴阳怪气、幸灾乐祸，真不知居心何在！

是的，我们需要明确的政治方向感和独立设置议程的行动。我们应该向世界发出我们的声音，表达我们的诉求和主张，通过调整国际经济金融体系的不公平格局，为中国、为广大发展中国家争取我们早就应得的权利。

针对此次金融风暴的教训而触发的国际金融体系的改革，胡锦涛主席在2008年11月15日华盛顿20国集团金融市场和世界经济峰会上发出了我们的声音：

国际社会应该认真总结这场金融危机的教训，在所有利益攸关方充分协商的基础上，对国际金融体系进行必要的改革。国际金融体系改革，应该坚持建立公平、公正、包容、有序的国际金融新秩序的方向，努力营造有利于全球经济健康发展的制度环境。国际金融体系改革，应该坚持全面性、均衡性、渐进性、实效性的原则。全面性，就是要总体设计，既要完善国际金融体系、货币体系、金融组织，又要完善国际金融规则和程序，既要反映金融监管的普遍规律和原则，又要考虑不同经济体的发展阶段和特征。均衡性，就是要统筹兼顾，平衡体现各方利益，形成各方更广泛有效参与的决策和管理机制，尤其要体现新兴市场国家和发展中国家利益。渐进性，就是要循序渐进，在保持国际金融市场稳定的前提下，先易后难，分阶段实施，通过持续不断努力最终达到改革目标。实效性，就是要讲求效果，所有改革举措应该有利于维护国际金融稳定、促进世界经济发展，有利于增进世界各国人民福祉。

根据以上考虑，我们主张重点实施以下改革举措。一是加强国际金融监管合作，完善国际监管体系，建立评级机构行为准则，加大全球资本流动监测力度，加强对各类金融机构和中介组织的监管，增强金融市场及其产品透明度。二是推动国际金融组织改革，改革国际金融组织决策层产生机制，提高发展中国家在国际金融组织中的代表性和发言权，尽快建立覆盖全球特别是主要国际金融中心的早期预警系统，改善国际金融组织内部治理结构，建立及时高效的危机应对救助机制，提高国际金融组织切实履行职责能力。三是鼓励区域金融合作，增强流动性互助能力，加强区域金融基础设施建设，充分发挥地区资金救助机制作用。四是改善国际货币体系，稳步推进国际货币体系多元化，共同支撑国际货币体系稳定。

是的，在建立新的国际金融体系乃至新的国际政治经济体系的时候，中国有权发出自己的声音，世界也需要中国的声音。此次金融危机绝不仅仅是华尔街金融精英的贪婪自负所致，它暴露了社会经济制度乃至人类价值体认方面的问题，中国人和地球村的邻居们应该相信，有着数千年文化传统和30年经济良好运行的中国，一定会为新的世界带来一些闪光的东西。

四　万众一心，共克时艰

对于每一个中国人来说，2008年都是很不寻常、很不平凡的一年。这一年里，我们有着太多的悲喜忧乐。我们经历过寒彻大地的凝冻，也体验过世界各国人民援手四川汶川大地震的温暖；我们经历过大地震失去亲人或同胞的悲痛，也体验过北京奥运会的狂欢；我们经历过西方刁难奥运会的不平，也体验过国旗在太空飘动的自豪；我们成功地举办了亚欧首脑会议，此刻又经历着金融风暴带来的严寒……也许，历史上再也没有哪一个年份像2008年这样容纳了中国人那么多的悲喜忧乐了！2008年的中国，必将在历史上写下厚重的一页。

2008年汶川"5·12"大地震爆发后，整个中国都行动起来，投入到抗震救灾之中。那时，全中国人民发出了共同的心声："万众一心，众志成城！"就是在这样的信念支持下，中国人民以令世人震惊的力量和效率，取得了救援、恢复、重建等一个个的重大胜利。现在的四川震区，已经呈现出一派勃勃生机，焕然一新的那一天指日可待。

而今的中国，又遭遇了一些罕见的"灾害"——金融危机。这场危机来得虽然不像"5·12"地震那样突然，却同样惊心动魄。从某种意义上来说，这次人为灾害对我国的影响范围要远远深广。在这样的时刻，我们同样需要像面对震灾那样，万众一心，共克时艰。这是我们整个中华民族的信念，也应该是我们每一个人的信念。

1. 又一个危险的时候

稍微上了一些年纪的人都知道，我们《中华人民共和国国歌》的歌词曾经有过一个另外的版本。那时"文化大革命"刚刚结束，1978年，国歌的歌词改成了"应景"的句子，比如"中华民族到了最危险的时候"，改成了"万众一心奔向共产主义明天"。此后，许多人希望国歌改回原来的歌词，这不仅在于要抹去"左"的痕迹，更在于中华民族仍然处在"最危险的时候"，只有保持这样的危机意识，中华民族才能屹立于世界民族之林。1982年，第五届全国人民代表大会第五次会议决议恢复《义勇军进行曲》原词为国歌歌词。

如今，离开"文革"结束已经30多年。在改革开放这30年中，中华民族取得了令世界瞩目的辉煌成就，我国经济社会取得了空前的发展，实现了初步小康。此时的中国，无论是综合国力，还是人民的生活水平，早已今非昔比。而且我们正前进在全面小康的道路上，迎接着中华民族的伟大复兴。

然而，摆在我们面前的并非康庄大道，仍然有相当多的坎坷和艰险，有相当严峻的困难和挑战。现在，一场来自大洋彼岸的金融风暴，更使这些艰险和挑战凸显了出来。外来的"风寒"，加上我们本身存在的"内热"，甚至是长期积淀下来的"沉疴"，使我们不能不说——

中华民族又到了一个危险的时候！

也许，换一个词汇，用"关键"代替"危险"听起来更容易让人接受，但实际的意义有异曲同工之处。之所以说"危险"、说"关键"，有着充分的理论和现实依据。

就经济社会的发展阶段来说，我国现在正处在一个关键的时期。通俗地说，我们的国家就像一只离岸的船，正处在江河的中心，浪急滩险，稍有不慎就可能出问题，所谓"江心行舟，不进则退"。用经济学的理论来衡量，我国正处于人均GDP在1000～3000美元之间的"社会矛盾凸显期"，极易诱发社会震荡。虽说经济学家们的这条规则有些机械，但我们近几年社会矛盾的凸显却是不争的事实。我们可以不理会经济学家的理论，却不能不注重严峻的社会现实。2008年我国发生的数起群体对抗事件，虽说是极个别的，却有着一定的代表性。这些问题也许与人均GDP1000～3000美元无关，却与我们制度安排存在的问题不无关系。这些年来，我国居民收入差距越拉越大，干群关系远不如从前融洽，一些地方政府机构粗暴施政、营私牟利之事时有所闻。因此，说我们的国家正处在"社会矛盾凸显期"，应该说是有理有据的。而如果一任社会矛盾加剧，必然诱发社会震荡乃致动荡，那样的后果将是不堪设想的。

从国际形势来看，当今世界局势复杂多变，虽然像世界大战那样的冲突不太可能发生，但小冲突却接连不断，就在笔者行文之际，加河就处在战火之中。而且当今世界的矛盾冲突已经不止于政治、军事领域，经济、文化的冲突日趋激烈。尤其是在全球化的背景下，贸易、资源、金融领域的博弈，较之战争远不减其惨烈。中国作为一个重要的、迅速发展的经济体，在上述领域与西方发展国家等存在着一定的利益冲突，角逐是不可避免的。而且并不是所有国家都乐见中国的崛起，甚至有些人会想方设法遏制中国的崛起，就此而言，我们面临的国际环境也是十分严峻的。

更为严峻的是，此次金融风暴给我国的国内形势和国际环境增添了新的变数。就国内而言，我国经济发展的短板暴露无遗，而扭转这种局面的根本途径扩大内需又因收入差距大、社会保障弱等问题而面临空前的困难。就国际而言，贸易保护主义、压制人民币升值等问题势必更加突出，西方有人权、西藏等问题的叫嚷也势必更为凶狠。这些，在金融危机 2008 年秋季蔓延全球的这段日子里，已经露出了端倪。

总之，我国经济社会发展正处于关键时期，大国崛起中的阵痛日益加剧，加之此次金融海啸的推波助澜，我们不能不说中华民族又到了一个"危险的时候"。

2. 你能为国家做些什么

如果要问美国历任总统就职演说中有些什么名言，恐怕第三十五任总统约翰、肯尼迪的这句话会脱颖而出，名列前茅：

> 不要问你的祖国能为你做些什么，而要问你能为你的祖国做些什么。

肯尼迪这句名言不同版本的中译有一些差别，比如用"国家"而非"祖国"，译成"做了些什么"而非"能做些什么"。而肯尼迪演说稿的这句话也有两个版本，演说前一直用的是"愿"，而到了登台演说的最后一刻才改"愿"为"能"。

姑且不论这句话的原版本和中译版本，就其感召力而言，这句话着实有其突出之处，尤其是在国家遭遇困难，需要民众齐心协力的时候。

肯尼迪于1961年登上总统宝座。当时，美国并未遭遇什么突出的危机，但困难还是存在的。肯尼迪就任总统后向国会提交的第一份国情咨文中，就直率地使用了"衰退"一词。这份报告把当时的经济情况描绘得异常阴暗，并清楚指出衰退不会自行消失。肯尼迪向国会提议，通过包括增加失业津贴、临时补助等七个方面的法案。正是在这些措施的促动下，美国经济在肯尼迪任职期间经历了现代历史上时间最长、势头最猛的发展，经济增长率从当初的不到3%上升到了1963年底的16%，国民生产总值达到了创纪录的1000亿美元，为275万多人提供了就业机会，战后循环性经济衰退的趋势被打破，1963年"预期会出现的"经济衰退给跳过了。对此，肯尼迪就职演说中的那句名言起了什么样的作用，显然难以量化说明，但恐怕作用还是有一些的。

肯尼迪是美国历史上最年轻的总统，就任总统时年仅43岁。就职之前的那天，华盛顿下了一场大雪，气温骤降，观礼的人们冻得简直要发僵。然而，肯尼迪宣誓后，竟然脱下了大衣发表演说，令观礼者大吃一惊。肯尼迪的就职演说表明"美国的新一代人"已经掌权了。他的那句名言，是对全美国人民的勉励，也许更是对新一代的期许吧？

肯尼迪的这句话，后来成了许多政治家经常引用的名句，尤其是在某种特定的情况下。是的，一国国民有权享有国家发展所带来的种种"红利"，也有为国家做些什么的义务。任何一位国民，都不应该只是向国家索取而不为国家作出贡献。不为国家做些什么的人，是不配国家为他做些什么的。

眼下的中国，正处在一个十分关键的时期，她需要我们每一个人都能为她做些什么——

祖国需要我们鼓起信心，坚定信念，相信我们的国家能够战胜这场危机，取得新的胜利。

祖国需要我们贡献力量，尤其是在扩大内需中。无论我们的力量是多么微薄，对扩大内需都是有促进作用的。

祖国需要我们万众一心，共克时艰。风暴袭来之时，最重要的就是全国人民的团结和社会的安定，从而迎来风雨之后的彩虹。

是的，这场风暴几乎影响到了我们每一个人，但我们不能以此为理由推卸我们的责任。我们的国家在这场风暴中已经、正在且必将进一步为我们做些什么，也许这还不够、甚至很不够，但我们同样不能以此为理由推卸我们的责任。只要我们每一个人都伸出手，推一把，中国的经济列车就会增速前进，祖国就会迎来更加美好的明天。

第六章

走过严寒：2009 年国计民生展望

2008 年对中国来说是很不寻常、很不平凡的一年。2008 年年末，日本、韩国选定了当年的年度汉字，分别是"变"、"乱"。对于中国来说，如果要评选，那么 2008 年的年度汉字该是什么呢？恐怕是一言难尽！

2009 年刚刚开始，但人们已然知晓，它对中国来说仍将是不寻常、不平凡的一年。比之于 2008 年，2009 年我们面对的困难和挑战要更重，我们需要的努力和付出要更多，我们的信念需要愈加笃定，我们的意志需要愈加坚强。也许，2009 年，我们的汗水乃至泪水浇灌出来的成就比不上 2008 年那样举世瞩目的辉煌，但它将更久远地影响我们国家经济社会的健康发展，它的印迹将更深刻地镌记在祖国的大地上，镌记在每一个炎黄子孙的心里。

一　GDP：就这样牵魂夺魄

在现代经济社会中生活的人们，恐怕没有谁不知道 GDP 是个什么。新闻传媒、领导讲话，不时地把这三个字母灌到人们的眼睛、耳朵里。年有年的 GDP，月有月的 GDP，因此 GDP 可算是"年年讲"、"月月讲"了。而现在的这个危机时节，又让这三个字母变得要紧起来，差不多是"天天讲"了……

曾几何时，老百姓似乎不那么买 GDP 的账，因为许多地方的 GDP 有如注水的肉，并不太能代表真实的分量，不过是领导政绩的简单标识而已，坐不得实的。也正因此，老百姓甚至给种种的 GDP 一个不那么雅驯的诨号。

现在不同了，人们抻长了脖子、瞪大了眼睛、竖起了耳朵，关注着这三个字母，仿佛它一下子从厚涂脂粉的半老徐娘变成了淡扫蛾眉的妙龄女郎，动人心魂，夺人神魄。这让人不由得记起徐志摩的那首名诗中的句子："最是那一低头的温柔"，而差点把这一节的小标题写成：最是这三数个字母……

1. 世界对 2009 年经济前景有些悲观

在展望中国经济之前，不妨先来看看 2009 年的世界经济形势。美国金融风暴迄今已经持续一年多的时间，金融领域的灾难已经接近边缘。但是，金融风暴对其他经济领域的影响尚在逐步显现。基于此，人们认为，世界经济在 2009 年会急剧减速，美国、西欧和日本等发达经济体将处于衰退之中。由于农矿产品价格的暴跌和世界贸易的收缩，亚洲、非洲的发展中经济体的增长也会放慢，但是不大可能出现负增长。

国际货币基金组织首席经济学家奥利维尔·布兰查德说："看看现在的情况，如果说有什么好消息的话，那就是我们大概离开了金融灾难的边缘。"

自从国际货币基金组织 2008 年 10 月发表半年一次的《世界经济展望》报告以来，经济形势已经严重恶化，以至于它 11 月发表一份修订报告，将发达国家经济的预测从上一次的增长 0.5%，调整到下降 0.3%。这样的下降将是二战以来的第一次收缩。而发展中经济体 GDP 增长率为 5%，尽管暴跌的农矿产品价格对石油出口产生了尤其严重的影响。总的来讲，国际货币基金组织预测世界经济 2009 年的增长率为 2.2%，低于 10 月份预测的 3%。

与此同时，世界银行发表的《全球经济展望》报告预测，全球 GDP 增长率将从 2008 年的 2.5% 下降到 2009 年的 0.9%。发展中国家的增长率预计会从 2008 年的 7.9% 下降到 2009 年的 4.5%。世界银行说，全球经济正在从发展中国家带动的"长期强劲增长"转变为"严重的捉摸不定"。

世界银行资深经济学家汉斯·蒂默说："发展中国家的增长放慢非常值得注意，因为信贷紧缩直接影响到投资。而投资是过去五年里支持发展中世界的强劲表现的主要支柱。"世行预测，作为许多发展中经济体的增长动力，世界贸易在 2009 年将收缩 2.1%，这是 1982 年以来的第一次收缩。

2009 年 3 月上旬，世界银行在一份提交给世界各国财长和央行官员会议的报告中预测，2009 年全球经济将出现二战以来的首次萎缩，全球贸易将降至 80 年以来的最低点。世行这次新的预测，比上一次更为悲观。

2. 中国经济增长预测：超七保八

进入 2008 年 10 月以后，世界许多研究机构和学者都调低了当年第四季度和 2009 年中国 GDP 增幅的预测，而且随着金融危机对中国经济影响的加深，预测增幅连续下调且下调幅度较大。这里列举一些权威机构对 2009 年中国经济形势的预测。

世界银行 2008 年 11 月 25 日发布的《中国经济季报》预测，2009 年中国 GDP 增长约为 7.5%，其中一半以上的增长将来自政府主导性支出。

国际货币基金组织（IMP）2008 年 11 月公布的 2009 年中国 GDP 增幅为 8.5%。此前，IMP 已把这一数据从 7 月份的 9.8% 下调至了 10 月份的 9.3%。12 月中旬，该组织总裁多米尼克·斯特劳斯—卡恩在马德里举行的一次会议上表示，在全球经济遭遇前所未有滑坡的情况下，"中国可能会出现 5% 或是 6% 的增长"。

亚洲开发银行 2008 年 12 月中旬发表的《亚洲经济监测》报告称，作为地区经济增长的引擎，尽管政府采取了刺激国内需求以抵消出口及私人投资增长放缓的措施，但预计 2009 年中国经济增速仍将回落到 8.2%。

摩根斯坦利 2008 年 10 月发布的报告指出，在全球经济增长面临困境的环境下，尽管中国良好的财政力量和健康的银行系统可以使其具有一定的免疫力，但中国依然无法独善其身。该机构将中国 2008～2009 年的 GDP 增速调低至 9.8% 和 8.2%。12 月 10 日，该行又将 2009 年的预测调低到了 7.9%。

2008 年 12 月中旬，高盛将中国 2009 年的经济增长预测从之前的 7.5% 下调至了 6%。但高盛预计 2010 年中国经济增速将回升至 9%，因为中国在应对全球衰退方面的政策余地最大，能够在 2009 年年末使经济恢复之前的增长势头。

美林也在 2008 年 12 月中旬发布的研究报告中指出，全球经济特别是国际贸易自 2008 年 9 月中以来受到冲击，将需要数个月的时间才能走出谷底，对于中国这个全球第二大出口国，外围需求的突然收缩出乎该行预料之外，所以即使该行对中国的财政刺激计划感到乐观，但将 2009 年中国的 GDP 增长预测，由 8.6% 下调到了 8%。

安联德累斯顿研究所的经济师预计，2009 年中国 GDP 增长为 7.5%。

德意志银行预测，2009 年中国预期 GDP 增长为 6%。

法国里昂证券 2008 年 11 月份的报告，把 2009 年中国 GDP 增幅从原来的 8% 下调到了 5.5%。

中国社会科学院"中国经济形势分析与预测课组"发布的 2008 年秋季报告（载社科文献出版社《经济蓝皮书 2009》）预测，2009 年中国 GDP 增幅将在 9.3%。这份报告成文时间较早，所以其预测未及考虑 10 月份以后金融危机影响对我国加深的情况，因此相当乐观。

综观以上对我国 2009 年经济增长的预测，可以作出两个方面的概括。首先是各机构的预测随时间的推移而下调，且下调之频繁、下调幅度之大前所未见。这一点，几乎所有机构都是一致的。原因在于金融危机对中国经济影响的逐步加深，可以说，中国的每一次月度宏观经济数据的发布，都会牵动人们的神经。因此，随着新数据的发布，相信关于 2009 年中国经济增长的预测还会有所调整。

其次，现有的预测基本可以归纳为三类，不妨分别称之为乐观、客观、悲观。乐观的预测在 9% 以上，但这样的预测并不多，进入 2008 年 12 月以后，9% 以上的预测基本上就不见了。悲观的预测在 7% 以下，低的甚至有 3%～4%。这类预测要比乐观预测多。比如德银和里昂证券就分别预测为 6% 和 5.5%，IMP 也作出了 5% 的预期。苏格兰皇家银行在香港的一位经济学家表示，2009 年上半年中国经济增长将下跌到 5%。华盛顿彼得森国际研究所资深研究员、中国经济问题研究专家称，这种速度是可能的。

相对来说，7%～8% 的 2009 年中国经济增长预测是主流的，因此我们将其概括为客观派。有学者指出，目前市场对 2009 年中国 GDP 增长预测的共识为 7.5%，正好是 7%～8% 之间的中位数。也就是说，大多数人对 2009 年中国 GDP 增长进入 7% 是乐观的，关键是看能否保持年均 8% 的增长，对此，人们充满期待。

为什么人们期待中国 2009 年经济增长能达到 8% 的增速呢？学界的一般认识是，只有 GDP 增长达到 8%，中国才能应对日益严峻的就业问题。位于美国新泽西州普林斯顿的经济展望集团负责国际经济的首席经济学家鲍尔默也认为，中国经济减速给中国领导人带来的一个严峻挑战，就是如何解决日益严重的失业问题。他说："我们知道，中国必须保持 8% 左右的增长速度，才能避免失业率的大幅上升。如果增长低于这个速度，那么就会出现企业裁员的风险。在这种情况下，中国的失业率将会大量增加。"国内的经济学家也大多持有同样的观点，尽管关于 GDP 每增长一个百分点带动的数字并不一致。因此，"保八"并不仅仅是一个经济问题，而是对经济社会的通盘考虑，是根据我国国情和国家、人民的根本利益确定的。2009 年《政府工作报告》设定的预期目标之一，就是 GDP 增长 8% 左右。之所以如此，《报告》指出："在我们这样一个 13 亿人口的发展中国家，要扩大城乡就业，增加居民收入，维护社会稳定，就必须保持一定的经济增长速度。"

那么，2009 年中国经济增长"保八"的目标能否实现呢？对此，可以说是众说纷纭。关键是要看政府刺激经济计划的作用、国内需求的提振以及全球经济的走势。2009 年春节以后公布的数据显示，2009 年中国经济获得 8% 的增幅问题不大。虽然出口依旧低迷，但经济刺激计划的作用已在逐渐显现，工业和制造业生产已在复苏，居民消费也保持着较为强劲的增长势头。2009 年两会期间，代表、委员们绝大多数认为"保八"肯定能成功。海外媒体和经济界人士乃至政界要员也认为，

"保八"并非难事。

3. 2009年中国经济走势：先降后升

2008年中国经济的走势已然明了：从年初的超两位数高位跌到了9%以内，上半年缓慢回落，下半年尤其是第四季度较强下行。现在，市场主流对2009年中国年均GDP增长已经有了一个基本预期，那么，它的走势又如何呢？

在考查中国之前，不妨先来看看人们对2009年世界经济走势的分析和展望。有关专家指出，此轮金融危机可能表现出四种趋势，分别为V、U、L、W。目前，专家更倾向于认为U的模式最可能出现，只是低位运行的时间可能略短，全球回暖也许需要一两年甚至更长时间。专家普遍认为，新兴经济体的经济增长可能在2009年年末至2010年年初就开始回升，而美、欧、日则需要更长一些的时间。由于以亚洲为主的新兴经济体的带动，全球经济也将在2009年底或2010年初复苏。

相对于全球经济来说，专家认为中国的经济走势可能是V型的，在2009年就可能完成整个V字型模式，即年初继2008年惯性下行，并在一二季度之间下探谷底，然后在下半年较强回升。也就是说，总的走势是先降后升。

世界银行中国和蒙古局局长杜大伟2008年12月12日表示，2009年中国经济保持8%可能遇到挑战，但相信财政刺激政策将显现成效，下半年有反弹的可能，出口行业也会相应转好。

摩根斯坦利研究部2008年12月10日发布的一期中国研究报告（此报告由该机构中华区首席经济学家王庆主持）称，2009年中国经济的典型特征是"恶化继之以好转"，上半年的增长会进一步减速，并有出现通货紧缩的可能，下半年会因经济刺激计划的作用以及G3（美、欧、日）的轻微复苏而重拾部分的动力。2010年，中国经济将强劲复苏。

高盛预测，因为中国在应对全球衰退方面的政策余地最大，因此中国经济在2009年末会恢复之前的增长势头，2010年增速将回升至9%。

美林预测，中国经济的增长在2009年第一季度可能放缓至低于7%，但进取的政策反应将限制下滑速度，全球信贷纾缓将使出口反弹，所以按年均 8% 推算，2009 年下半年的增长可能超过 8%。

在 2008 年 12 月 12 日的《财会》"2009：预测与战略"年会上，中央财经领导小组办公室副主任刘鹤表示，中国经济不应该也不可能出现大的问题，他预计，2009 年一季度急速下滑后，中国经济将趋于稳定。

玫瑰石咨询公司顾问、经济学家谢国忠认为，按照政策的作用周期来看，2009 年上半年中国经济会出现快速回落的现象，但政府通过刺激投资来缓解经济下滑速度，随着政策效应的逐步显现，经济状况将从下半年起好转。

中国宏观经济学会常务副会长兼秘书长王建认为，如果外部经济环境不断恶化，中国经济增长率在 7% 左右的时间最长可能会持续到 2009 年三季度，但是最晚到年底将出现上升势头，而且应该是在此轮全球经济严重萧条中唯一能在 2009 年出现复苏势头的国家。

诺贝尔经济学奖得主、"欧元之父"蒙代尔预测，受全球金融危机影响，2009 年中国经济增长将放缓，而这样的低迷期将持续两年。相对的是，蒙代尔预测美国经济会在 6 个月内即 2009 年上半年步入恢复，欧洲在 2009 年第三或第四季度走出低迷、缓慢恢复。

中金公司首席经济学家哈继铭认为，经验表明，中国经济下行的周期一般不低于 3 年，更何况当前我国面临的内外部经济大环境相对更为严峻。因此，以本轮经济周期的顶点 2007 年估算，有可能要到 2010 年中国经济才能走出"底部"。

综观有关机构和专家的预测，有几点认识基本上是一致的，一是年初（一季度），中国经济增速进一步放缓，并降到谷底；二是在此后维持一段低位运行，具体时间看法不一，少到几个月、半年，长到一两年；接着开始回升，恢复较强的增长势头。主流观点认为，中国经济增速在 2009 年年末至 2010 年年初恢复增长势头，乐观的观点认为在 2009 年三季度就可以回升，而像蒙代尔那样预测两年后回升的观点并不多见。

对 2009 年中国经济增长先降后升的判断，有着较为充分的理由。首先就是政府的经济刺激政策，2008 年 11 月的经济刺激计划必然在

2009年下半年发生作用，而此类刺激计划还可能进一步出台。法国兴业银行亚洲区首席经济师格伦·马圭尔说，亚洲的2009年将是衰退的一年，但中国除外，因为中国能够比较有效地利用政策支持增长。西蒙投资公司首席投资战略分析师达留什·科瓦尔奇克称，由于大规模财政和货币刺激，中国经济的增长应该在第二季度恢复，并在第三季度加速。其次，出口也将随着信贷放松和美欧日等经济体的复苏而有所回升。现在，世界还未到能够离开廉价产品的时候，同时也还没有哪一个国家能够代替中国制造业在这方面的地位。再次，随着信心的恢复和国家一系列保障民生措施的推进，包括最终消费需求在内的内需的扩大也良可期待。

二　行业：冰火两重天

金融风暴对我国经济的影响，表现出了突出的行业特点，即出口依赖的行业受影响较早、较重，有些行业则影响较晚、较小。这种影响在未来还将延续同样的特点，再加上国家新出台的产业振兴计划的影响，在2009年，不同行业的处境可能大为不同，正所谓"冰火两重天"。

不过，谁都不能高兴得太早。随着金融风暴引致金融危机进而转成经济危机，世界经济这棵大树就不只是来了一阵风刮掉几片叶子的事情。加之如今产业链条越来越长、越来越密，谁都说不准影响会传递到哪里去，也几乎没有谁能逃过危机的影响，套用一句时髦的话，那叫"一个都不能少"。

1. 普遍看淡，指数有差

诚如前述，金融风暴已经演化成全球金融危机，甚至是全球经济危机，它的影响将是全方位的，各行各业都会受到或深或浅的影响，不会有哪个行业可以独善其身。因此，对于2009年的形势，各行业大多比较看淡，只是不同行业有所差别而已。对此，这里主要以有关企业、企业家的调查指数来说明。

国家统计局的全国企业景气指数是比较权威的调查数据，它是根据国家统计局对全国 1.95 万家各类企业的调查得出的。它通过对部分企业家定期进行问卷调查，并根据企业家对宏观经济状况及企业生产经营状况的判断和预期来编制，从而准确、及时地反映宏观经济运行和企业生产经营状况，预测经济发展的变动趋势。我们根据现有资料对 2009年的行业状况作一展望。

2008 年 7 月 7 日国家统计局发布的全国企业景气调查结果显示：2008 年二季度，全国企业景气指数为 137.4，略高于一季度，继续保持景气高位；但企业景气增幅小于近年同期。具体到各行业，情况是：信息传输计算机服务和软件业景气指数为 162.9，持续置于景气高位，分别比一季度和上年同期提高 3.9 和 4.4 点；建筑业受季节因素影响，景气指数回升至 144.2，比一季度和上年同期均有提高；工业、交通运输仓储和邮政业、批发和零售业、房地产业、社会服务业、住宿和餐饮业企业景气指数与一季度相比，除工业企业景气提高 2.4 点、房地产业持平外，其他行业有所回落。

次日，国家统计局又发布了另一组调查结果数据——全国企业家信心指数。调查统计结果显示，2008 年二季度，企业家信心指数为134.8，分别比一季度和上年同期回落 5.8 和 8.3 点。具体到行业来说：工业、采矿业、制造业、电力燃气及水的生产和供应业、建筑业、交通运输仓储和邮政业、批发和零售业、房地产业、社会服务业、信息传输计算机服务和软件业、住宿和餐饮业企业家信心指数分别为 135.0、169.0、132.9、133.4、133.6、131.9、139.0、118.4、123.1、159.2 和124.6。

2008 年 11 月 9 日国家统计局发布的全国企业景气调查结果显示：2008 年三季度全国企业景气指数为 128.6，比上季度和上年同期分别回落 8.8 和 16.1 点。具体到行业来说，调查结果显示，与上年同期相比，三季度各行业企业景气指数均回落明显。与上季度相比，除社会服务企业景气指数小幅提高外，其他行业均有所回落，信息传输计算机服务和软件业虽继续处于景气高位，但也回落了 15.3 点。

国家统计局次日发布的全国企业家信心指数显示，2008 年三季度，全国企业家信心指数为123.8，分别比二季度和上年同期回落11.0点和19.2点。调查结果显示，三季度各行业企业家信心指数全线回落。其中，房地产业企业家信心指数为96.4，比二季度回落22.0点，回落最为明显；制造业企业家信心指数为119.3，也比二季度回落了13.6点。

另一种由中国企业家调查系统公布的"企业经营者对宏观形势及改革热点的判断、评价和建议"的调查报告，大体上体现了与上述企业家信心指数相同的行业前景预期：最好的是信息传输计算机服务和软件业、仪器仪表、住宿和餐饮业、交通运输仓储和邮政业、采矿业等，认为"良好"的比认为"不佳"的多30个百分点以上；其次是批发零售业、建筑业、农林牧渔业以及制造业中的医药、电气机械、通用设备、专用设备等行业，认为"良好"的比认为"不佳"的多20个百分点以上；制造业认为企业经营状况"良好"的比认为"不佳"的，仅多10.1个百分点。

统计专家指出，此类企业家信心指数和企业景气指数偏重于对未来的判断，而微观主体（企业经营者）的判断往往具有可靠的前瞻性。这说明，上述数据颇能表明未来的产业总体及不同行业的前景。

2. 越在低层越难过

世间万事有时候是那样的具有一致性，让人不免莞尔。叠人梯自然是在最底下的受压最重；在产业链条上，在当前的情况下，也基本上是越处链条低端的受困越大，也越难过。

金融风暴登陆我国后，首当其冲的就是劳动密集型的制造业，对资本尤其是技术密集型的行业冲击较小。玩具、纺织、服装及鞋帽制造行业的冲击最大，装备制造业的影响则较小，计算机及电子设备制造行业的出口虽然也受到了冲击，但该行业此前的增长幅度较大，回调后也还远远高于制造业的其他部门。即使是在同一个行业，生产低端产品与生产高端产品、品牌产品的企业也会显出较大的不同，前者的困难要大一些，后者则相对小一些。因为在市场紧缩的情况下，高端产品可以调价进入低端市场，而低端产品则这种选择的余地有限。

以上仅是一个大概的情势，对具体的行业还可以具体分析。

农副产品加工及食品、饮料制造业，受影响不大，但价格回调方面有一定的压力。虽然2008年食品类仍然是居民消费价格指数（CPI）上升的领跑者，但升幅已大幅度回落。未来这方面还有相当的惯性及经济景气影响的压力，因此利润空间会被压缩。

纺织、服装及鞋帽制造业，2009年将相当艰难。这几个行业是我国的出口重镇，随着欧美消费下滑，已经受到了相当冲击；而内需即使有所提振，也难以消化这些行业的产能。好在2009年的后半期，出口有可能回升。这是因为欧美国家未必能离开中国的物美价廉的制成品，而我国企业和同类欧美企业以及东南亚企业相比拥有一定的比较优势和反应启动能力。

钢铁业的影响也会比较大，这种影响在2008年三四季度已经完全显现出来，价格差不多已经下降三四成。不过，该行业的严冬应该已经过去，虽然价格还可能下调（主要是原材料价格所致），但随着国家经济刺激计划的作用和落后产能的淘汰，企业的开工率会逐步有所恢复。但由于房地产和汽车业的低迷，前景也不容太过乐观。

煤炭业在近两年中也像坐过山车一般，直上直下，过去是产多少都不够、价涨起来没完，现在是产量、价格双双下降。这个用煤高峰的冬季已经基本过去，夏季用电高峰以及钢铁、化工等行业的恢复，也将带动煤炭业的回暖，但恐怕不会重拾过去的红火了。

房地产业恐怕是将后一段时间里最为困难的行业，这差不多是尽人皆知的。该行业现有存量比较大，流动性严重不足。现有未售出的楼盘差不多都是钢铁、建材价格最高的时候建成的，成本较高，而房地产业本属资金密集型企业，但许多开发商自有资金并不多，依靠的是银行贷款，所以部分企业存在资金链断裂的可能。房地产的主要问题并不在于信贷紧缩，而在地方政府和房地产商共同吹大的泡泡（包括价格、需求以及户型的），适度从宽的货币政策并不一定包治该行业之病。美国次贷危机是因信用问题而引发的，但归根结底还是借次级贷款的人们的消费能力问题。我们的房地产不存在美国次贷那么复杂的花花绕的金融工具问题，但开发商对需求和消费能力的预期同样是有问题的。房地产商不妨乘国家出台好政策的时机少赚点，尽快卖掉手中的楼盘，然后依据中国国情实实在在做生意，别再寄望于山西的煤老板和温州的富商们组团莅临，他们现在的日子一点也不比你好过，更别提外国炒家了。末了还想给房地产业的大佬们传两句话：总是讲大实话的经济学家谢国忠告诫：股市要三年，房地产周期要比这个更长。一位媒体人针对众多房地产名嘴的"支柱说"斥问：既无高新技术开发的上进心，也没有服务大众的良心，你"支柱"什么了？

汽车制造业与房地产业一样，也是钢铁消耗大户，同样也被各地当作了支柱产业。只是汽车业也在略后于房地产业的时候开始不那么好过了。美国的汽车企业已经要政府给大瓶地"打吊瓶"补充营养了，欧、日的情形相差无几，我们也有汽车生产线"放假"了。不过，汽车业的身体和内功要远比房地产业好，经营者也远比房地产业的大佬们拥有智慧（而非机巧）——后者就是不肯建小房子，前者早就为工薪阶层造出了小车子。而且房子卖不到外国去，车子却能。奇瑞、比亚迪，将来一定会为中国增光的。

再看通信设备、计算机及其他电子设备制造业。这些行业在金融风暴中也受到了影响，出口有所下降。在未来，作为基础建设的设备应该是前景光明，而消费类产品如手机、电脑等却可能有所下滑。手机在2008 年的销售增幅从近 50% 下滑到了不足 20%，或许就是一个表征。

最后看看装备制造业。这是国家重点扶持的行业，产品更多地用于公共建设和企业生产领域，出口需求也比较旺盛，所以受到的影响很小。尤其是拥有自主知识产权的产品，更是供不应求。

3. 新的要比旧的好

2009 年的服务业，同样也是有冷有热，基本上会体现出"新的好过旧的"的情势。

新的要比旧的好，倒不是人们喜新厌旧，而主要是新兴行业科技含量高、创新能力强、供需矛盾相对不那么突出。在服务行业，这种情况显现得最为突出。

盘点 2008 年的企业景气指数，信息传输计算机服务和软件业的景气指数基本上是最高的，一二季度都居于 160 点以上的高位，三季度虽然有所回落，仍然有将近 150 点，高出传统服务业如批发零售和酒店餐饮不少。

新兴服务业较之于传统服务业，一般均有较高的技术或知识含量，企业的自主创新能力较强，服务产品供需矛盾相对较小，甚至存在市场空白。就上述信息传输计算机服务和软件业来说，就具备这样的特点。这个行业的自主创新能力极强，服务产品层出不穷，有些产品刚推出时几乎没有竞争对手，而市场需求又有相当的张力，所以成长良好。传统的运输业与现代物流有一定的相似性，但传统运输业服务产品单一、产业链短，而现代物流业则即有运输，也有仓储、配送等，产业链长，产品较多，且不断有创新的服务产品出现，所以竞争力自然就强，成长性当然也好。

批发零售业要受些影响，因为人们捂紧了钱袋子；但影响不会太大，尤其在生活必需品领域。不过，在弹性需求领域，情况要差一些。在不得不捂紧钱袋子的情况下，人们会"只买对的，不买贵的"，只买当下用的、不买将来才用的。

酒店餐饮业所受的影响可能较大。酒店业在 2008 年冬季已经开始打折促销，餐饮业所受影响也比较明显。2009 年，两个行业部门都会受到旅行减少和商务活动从简的影响。对大众来说，这些行业提供的并非刚性需求，许多人会减少此方面的消费。

文化行业的影响不大。一般的时事、知识性报刊销量不会下降，时尚类刊物可能要受影响。图书的影响也会较小，某些品种还可能上升，但假大空造成的价格泡沫可能要被迫挤掉。新兴的文化创意产业处于上升态势，需求可能增加。影视演艺业也不会受多少影响。总之，文化行业由于人们危机下休闲方式的改变，还会出现一定的增长，但价格将是一个关键因素。

娱乐和健身行业——比如酒吧、歌厅、健身房、高尔夫球场，会受到较大的影响。这种影响在 2008 年冬已明显出现，酒吧的人少了，去健身俱乐部办会员卡的也少了。2009 年，情况基本上会延续。

　　医疗卫生服务业的情况不会有多少变化。由于经济不景气的影响，人们的心理疾患有可能增加，因此心理咨询和心理治疗的需求会比以往旺盛。

　　社会教育在2009年也会获得一定的发展。企业也许会削减培训开支，个人的充电需求因为就业形势的严峻或职业压力的促动而有所增长。但人们追求的是更适用、实惠的项目，价格也将是一个比较关键的因素。

　　旅游行业在2009年将比较艰难。无论是国内旅游还是国际旅游，形势都不容乐观。相对来说，短途旅游可能成为人们的选择。另外，相对于传统的观光旅游，休闲减压旅游也许会成为热门。当然，由于汇率问题，那些本有出国游计划而收入预期良好的人们，可能选择2009年这个"物美价廉"的时机出游。

　　信息咨询业2009年的情况变化不会太大。这是一种至今仍可以算作新兴服务业的门类，在未来当有良好的前途。设计服务业的情况也大体如此，无论是工业设计还是艺术设计。

　　广告、会展业在新的一年会有一定的压力。这同样是新兴服务业，但与企业短期景气关联度较高，会因企业宣传营销列支的减少而受到影响。

　　至于金融保险服务业，还有理财服务业，不说也罢……

三　企业：一半是海水，一半是火焰

　　在前面谈到各行业的情况时，我们用了"冰火两重天"来概括；这里，我们用"一半是海水，一半是火焰"来概括2009年的企业。套用俗语或文学作品用语来形容经济状况，难免有欠贴切，仅只传达个意思而已。但也不能说无所用心："冰火两重天"概括行业，更多强调外在影响；"海水"、"火焰"概括企业，更侧重于企业本身的信念、意愿和行为。

　　2009年，对所有的中国企业来说都将是难熬的一年，甚至也许是

"史上"最难熬的一年。这个冬天，不仅冷，而且长。但是，无论着眼于宿命的轮回还是经济的周期，冬天总会过去，春天总要到来。无论你是要"闷炉"还是"猫冬"，总还是要给炉子透点气以防"闷"灭了，总还要是活动活动身子以防"猫"软了骨头。也许，冬天正是干点儿什么的时候——传统社会的庄稼人"歇冬"之时，不是还要兴"冬学"、走亲戚、拾掇农具的嘛?!

1. "闷炉"待机成为首选

2008 年这场金融风暴对中国实体经济的影响，最为严重的恐怕一定要算上冶金行业。不过，这场危机也让冶金行业的一个专业词汇——"闷炉"——成了时下流行的词语。

所谓"闷炉"，其实是冶金企业不得已而为之的一种方法，就是让冶炼的炉子处于保温状态，压缩生产，减少成本，等待市场回暖。目前，包括部分大型钢铁厂在内的相当一批冶金企业正主动"闷炉"限产。山西省大批煤焦铁企业、河北省相当一批钢铁厂，都集中呈现"闷炉"状况。以山西长治市为例，到 2008 年 11 月中旬，全市焦炭、钢铁、电石等中小企业停产、半停产企业超过 200 家，38 座 125 立方米以上的高炉有 30 座停产。

这种源自冶金行业的企业减产待机的状况，经济界人士形象地称之为"闷炉现象"，而这正是当前国内生产遭遇困难的企业的一个缩影。目前，纺织服装、房地产、汽车等受金融危机冲击较大的企业，其实都已呈现出"闷炉现象"。新华社经济形势调研小分队记者在调研中了解到，虽然生产经营陷入困境，上述企业都在坚持等待市场的复苏。

不能不说，目前我国企业正在"闷炉"或准备"闷炉"的，绝不限于上述行业的企业，甚至可以说"闷炉"已经成为相对普遍的现象，成为 2009 年企业界的"首选"。面对全球经济的紧缩和中国经济增速的下滑，企业经营者的应急反应首先就是会收回拳头，相应紧缩。而且经济下行尚未到底，未来形势尚不明朗，经营者此时自然也不会把收回来的拳头贸贸然再打出去。如此，"闷炉"成为首选也就不足为奇。

如果从更广阔的视野来看目前的企业状况，也许就不难理解为什么说企业首选"闷炉"、"闷炉"比较普遍了。

首先看投资。据有关报告显示，2008年前8个月，我国投资比上年同期增长27.1%，扣除投资价格指数（8.8%），实际增长16.8%，增幅同比下降了4.8个百分点。可以预料的是，后4个月的投资情况不会比前8个月好。造成投资实际增幅下降的原因，主要是：国家实行从紧的货币政策，对银行贷款数量控制较严，许多企业尤其是民营企业根本贷不到款；受原材料和劳动力成本上升以及金融危机的影响，一部分企业经营困难或盈利减少，导致企业自有资金减少。在这样的情况下，企业的投资能力和意愿都必然处于下降的局面。

2009年，前述影响企业投资的第一个制约因素现在业已减弱，国家实行适度宽松的货币政策，企业应该比前些年更容易贷到款。与此同时，原材料的价格大多不会再上涨，而且增幅可能进一步有所回落甚至是下降；劳动力成本的上升压力也会比过去小一些。但是，由于宏观经济形势的影响，企业的投资意愿则可能进一步下降。据"中国企业家调查系统"2008年公布的调查报告显示，表示未来计划投资额将"增长"的企业经营者占47.1%，表示"减少"的占19.8%，表示"增长"的比表示"减少"的多27.3个百分点，比2007年减少29.8个百分点。东部地区企业计划投资"增加"的比"减少"的仅多21.9个百分点，明显低于中西部地区企业，与金融危机影响的区域层次吻合。56.6%的大型企业计划增加投资，比计划减少的多41个百分点，比中小型企业高13个百分点以上。国有及国有控股公司计划增加投资的比计划减少的多34.3个百分点，比民营企业多7.9个百分点。这个报告表明，企业经营者的未来投资计划，与过去（2007年）相比总体上有较大幅度（接近30%）的减少；同时，东部企业、中小型民营企业投资意愿的下降更为明显。这正所谓投资也"闷炉"。

投资之外，用工也"闷炉"。2008年金融风暴吹到东南沿海的时候，当地企业受到影响，用工大部分已经冻结，裁员乃至停产大裁员的并不鲜见。这种影响甚至波及内地的高新技术企业（如IT企业）和新兴服务业（如证券、基金公司）。对于大多数企业来说，裁员不一定是他们的选择，但大量招募也肯定不是他们的选择，冻结或少量招募成为首选。风暴之下，生存是最要紧的，企业大多会设法降低运营成本，因而控制劳动力成本也就成为选择之一。来自人民网的调查资料显示，2008 年我国企业用工净增加为 8.5 个百分点，比 2007 年减少 17.4 个百分点。从不同地区看，东部地区企业用工净增加 4 个百分点，比中部、西部和东北地区分别少 11.4 个、11.9 个和 9.2 个百分点。从不同规模看，小型企业用工净增加 2.9 个百分点，比大型和中型企业分别少 20.1 个和 8.7 个百分点。从不同经济类型看，外商及港澳台投资企业出现用工净减少现象，民营企业一改前些年用工增长明显快于国有及国有控股公司的现象，2008 年用工净增加 7.6 个百分点，比国有及国有控股公司低 2.3 个百分点（2007 年前者比后者高 12.8 个百分点）。从企业 2009 年的用工计划看，用工净增加预计 11.9 个百分点，比 2007、2006 年所做的计划数均低 20 个百分点以上。

不论是投资"闷炉"还是用工"闷炉"，都在于企业经营者对未来预期持谨慎态度。前述"中国企业家调查系统"的报告称，在金融危机冲击和全球经济增长放缓的背景下，企业家对未来经营预期显得格外谨慎。调查显示，认为下期企业经营状况将"好转"的企业经营者占 29.2%，认为"不变"的占 55.9%，认为会"恶化"的占 14.9%，认为"好转"的比认为"恶化"的多 14.3 个百分点，这一结果比 2007 年低 16.8 个百分点，为近五年来的最低水平。东部地区企业担忧程度更大；外商及港澳台投资企业对前景更为担忧。

国家统计局的全国企业景气调查显示，2008 年二季度，企业家信心指数为 134.8，分别比一季度和上年同期回落 5.8 点和 8.3 点。2008 年三季度，企业家信心指数为 123.8，分别比二季度和上年同期回落 11.0 点和 19.2 点。

2. 乘时突破未必没有作为

尽管我们说为数不少的企业把"闷炉"当成了首选，但这并不意味着就没有企业要有所作为，更不意味着严峻的形势下企业就不可能有所作为。相反，以攻为守，乘时突破，反倒可能使得企业养足精神，乃至闯出一片新天地来。

在目前的形势下，企业采取守势当然是明智的策略选择。但作为具有战略眼光的企业经营者来说，却不会仅仅停留在"守"上，他们会选择以攻为守。这次风暴影响最大的是东南沿海的劳动密集型企业，而此类企业的艰难并不始于金融风暴，而是始于前些年的原材料和劳动力成本上涨。在当时的情况下，已经有一些企业进行产地转移，比如把厂子从珠三角迁到江西、湖南的一些地区，以降低劳动力成本，获得某些政策优惠，并乘机进行设备技术的改造升级。现在，在企业订单减少、开工不足的情况下，正可以进行产地转移，从沿海土地、劳动力等成本较高的地区转移到中部甚至是西部地区，从而重拾比较优势，增强竞争力。这样，等到经济复苏、订单频来的一天，就可以应付裕如。

永州协威橡胶工业有限公司原本是珠三角地区的著名制鞋企业，2008 年，它转移到了广东产业转移重点承接地的永州。该公司负责人说，实行产业转移，主要在于制造成本费用的降低，再加上人工费用方面成本的降低，合计大概可降低 18 个百分点左右。梦娜袜业有限公司是浙江义乌的袜业老大，它的分公司建在了江西上饶，2008 年秋冬，分公司进行二期扩建。该公司负责人说：这个时候扩大规模对我们来说，包括原材料、建厂房，成本都比较低，应该说，是一个好的机遇。

协威和梦娜所在行业是此次金融风暴影响最大的行业，但它们因为产地转移而降低了成本，获得了明显的比较优势，取得了不俗的成绩。

我国服装业的出口依赖性比较强，受金融风暴的影响相对较大。面对这种情况，一些服装企业靠两条腿走路、技术升级、打造品牌、完善运营链而赢得了市场。

福建石狮的华飞制衣是一家专做欧美市场的服装企业，每年出口额1000 多万美元。受金融危机影响，一夜之间，这家以欧元结算订单的工厂就亏损了 300 万。出现这个问题之后，该公司采取两条腿走路，原来 90% 做出口、10% 做内销，现在调整为 50% 做出口、50% 做内销。同时，还在提高生产效率上下工夫，公司最新引进的世界上最先进的制衣吊挂系统，让每个工人一天可生产 9.5 件成衣，而过去靠手工操作一天只能生产 6.5 件，提高效率的同时也缩短了资金周转率。以国内市场为主的富贵鸟服饰，每年都会投入上千万元研发新产品，推出几千款新服饰。在金融危机影响的经济形势下，富贵鸟以品牌制胜，订货量一点不比往年少。而集研究、设计、生产、销售于一体的男装企业卡宾服饰，依靠自己完整的运营链，不但在全国开设了 400 多家专卖店，还将自己的品牌打进了美国市场，在纽约开上了专卖店。

受金融风暴影响最大的服装、鞋帽制造业尚可在目前的经济形势下有所突破，其他情况较好的行业的企业没有理由不有所作为。在经济热火、行业热门的时候跟风追涨，也许可以一时得计，却非长久之计；在经济低迷、行业冷清的时候出手，才可能抢占先机、出人头地。

3. 在"冬泳"中苦练"内功"

困难的时候，也正是考验企业的时候，只有经过困难而顽强成长的企业，才算是优秀的企业。在此次金融风暴影响之下，即便是东南沿海的劳动密集型企业，也并非都像合俊那样关门大吉，生意不仅不见影响，而且越来越红火。原因何在？正在于这些企业"内功修为"好，一般的寒风奈何不了它们。这场金融风暴如果有"好处"的话，那就是使我国企业的优劣高下立判，正中国古话所谓"烈火见真金"。

虽然 IT 行业是近些年增长最高、企业景气指数也最高的行业之一，但金融风暴也还是影响到了这个高新技术行业。面对这种形势，有的企业已经有了裁员、减薪的传闻，而有的企业海外市场销售则强劲增长。

山东青岛的海信集团，经过多年的攻关，不仅自主研发出全球第一款商用化的光纤到户局端模块，而且成为多项光通信国际标准的制定者。该公司 2007 年刚刚又推出的一款 10G EPON（光纤到户局端模块），是一个拥有自主知识产权的全球领先的产品。在北美，海信光通信模块光纤到户市场的占有率达到了 70%。通过研发新产品和开拓非洲等新兴市场，海信集团 2008 年 1～11 月在海外市场的销售增幅比 2007 年同期增长了 20%。

河北的晶龙集团，2008 年自主研发的超薄片切割新法，把硅片厚度从 270 微米降到了 180 微米，一公斤单晶硅就可比过去多切出 10 片

来。一公斤单晶硅由 65 片提高到 75 片，一片太阳能电池就能创造 600
～800 元，可以说一刀切出了两个亿。而该集团的复合拉晶新技术的应
用，又让拉晶的成功率上升了 10 个百分点。拉晶成功率每提高 1 个百
分点，一年的产值就会增加 2400 万。该公司高质量、低价格的产品，
吸引了不少国外的买家，2008 年前三季度，这家企业的产品出口达 18
亿元人民币，比 2007 年同期增加了 61%。

就以上的例子来看，企业的身体是否强健、抗风险能力如何，与企
业的"内功"密切相关。而企业的内功，除了优秀的管理、完整的运营
链等，最关键的就是自主创新能力。"内功"的修炼，应该是日积月累、
持之以恒的，越是"天气"恶劣的时候越是应该勤于修炼，这样才能练
就一身"全天候"的功夫，才能应付各种各样的经济环境，基业常青。

2008 年的早些时候，阿里巴巴总裁马云曾经提出"过冬论"，希望
自己和别的企业经营者能够做好准备，熬过金融危机的冬天。当时，人
们对"过冬论"一片质疑；现在，大家都承认，"过冬"是无法回避的。

要想生存到春天，冬天总是要过的。农业社会的人们"猫冬"，并
非待在家里什么都不干，农户要修修农具，猎户要擦擦猎枪，渔户要补
补渔网。现代企业的"过冬"也有不同的过法，一种是"冬眠"，这有
点儿类似于前边提到的"闷炉"；一种是"冬泳"，就是要强身健体、修
养内功。

企业经营者大都会承认，自己的企业存在短板弱项，存在不合理、
不规范的因素，存在需要改进、提高的地方。比如说管理，"猫冬"的
时候不妨思考一下行业和自己企业的状况，思考一下企业的发展战略，
做一些战略管理的工作；同时，在微观管理上也大有可为，诸如克服管
理松懈、改进奢华浪费，等等。比如说研发，"猫冬"的时候不妨动员
企业所有员工参与到革新、创新中来，如果在这一过程中能够提高企业
的自主创新能力，那可真就是不幸中的万幸，而且"幸莫大焉"。"猫
冬"的时候也最好拢人，此时，应该是培训员工最好的时候。应该利用
这样的时机对员工进行全面培训，强化职业操守和对企业的忠诚度，全
面提升员工素养和业务技能，待到春暖花开日，正好大显身手！

四 就业：形势严峻，寻求突围

由于我国城乡劳动力实行二元管理（实际上农村是管理缺失），城镇实行失业登记制，因此登记失业率往往不能准确反映就业、失业状况，隐性就业与失业的情况都大有存在。近年来，我国的就业形势一直比较紧张。2009 年由于受金融危机的影响，形势更加严峻，尤其是大学生和农民工两大就业主体，供需矛盾突出。政府已经采取了诸多促进就业的有力措施，劳动者也可以在危机中有所作为。

1. 形势严峻，期待好转

2009 年，我国的就业形势是十分严峻的。现在，国家已经出台了一系列政策来保障和促进就业。预计，2009 年的就业减速与促进就业的博弈将十分激烈。

这里，我们分别来看看政府相关部门和有关学者的观点。

2008 年 11 月 20 日，新组建的人力资源和社会保障部部长尹蔚民、副部长张小建等在国务院新闻办举行新闻发布会。尹蔚民指出，进入 2008 年 10 月以后，我国就业形势出现了三个值得注意的变化：一是城镇新增就业人数增速下降。前 9 个月每个月的平均增速是 9%。进入 10 月份，新增就业的增速是 8%，这也是最近几年来第一次出现了连续增长后的增速下降。二是企业的用工需求出现下滑。84 个城市劳动力市场职业供求信息调查显示，第三季度以后的用工需求下降了 5.5%，这也是多年来在第三季度用工需求持续增长的情况下第一次出现下滑。三是企业现有的岗位流失严重，第三季度监测的企业有一半存在岗位流失的情况，而且岗位流失增减相抵，即新增加的岗位和流失的岗位增减相抵，出现了负数。

由于这次金融风暴首先影响的是大批的农民工，而登记失业率是以城镇登记为基础，很多农民工没有进行登记，所以目前登记失业率还没有明显的反映。但是预计，还有一批企业正处于停产、半停产的状况，并没有和职工解除劳动关系，但是职工确实是在放长假、等订单，或者生产自救，处于隐性失业的状态。所以 2009 年失业率肯定要比 2008 年有所增长。

我国每年城镇新成长的劳动力大约有 2400 万，但是实际上能够安排的大约也就在 1200 万左右。供需是一个很大的矛盾。这里面也有一些结构性的问题，一些企业需要的高技能人才也还有相当的短缺。我国的农民工大约有 2.3 亿，其中外出人员大约有 1.2 亿。这是一支新型的劳动大军，他们的就业特点是流动性非常强，所以目前还没有纳入城镇登记失业率调查的范围内。因此，人资部和有关部门一起，正在建立农民工的调查统计，在不太长的时间内这个体系就可以建立起来。

张小建判断，2009 年就业形势最严峻的，会是第一季度。但是从二季度开始就业的局势就会好转，总的就业人员的数量和 2008 年相比会略有下降。但也有专家指出，对于 2009 年以及将后数年的就业形势，切不可盲目乐观。一方面，金融、经济危机的影响尚未结束，另一方面，我国失业人口历史累积数目较大且存在结构性问题，扭转就业局面将需要长期的努力。

为了能够一面保持就业的增长，一面有效地控制失业，政府准备从四个方面采取措施：一是千方百计地帮助那些停产、半停产的企业，稳定员工队伍，防止隐性失业变成显性失业，从而减少整个社会的失业；二是促使扩大就业和扩大内需紧密地结合，努力支持那些正在发展的、经营状况比较良好的企业，来继续扩大就业，保证就业的增长；三是强化政策扶持和就业服务，统筹安排各类人员的就业，重点帮助城市失业人员、就业困难人员和高校毕业生就业，同时要兼顾重点行业的农民工；四是在全社会组织开展大规模的职业培训，将更多的城乡劳动者组织到职业培训中来，使劳动者在提高就业能力和素质的同时，能够使失业找工作者处于一个积极准备就业的状态，而不是散落在社会上。

2. 两大群体，矛盾突出

在我国就业领域，有两大群体的就业问题十分突出，那就是农民工和大学生。他们是我国新增就业人口的主体，也是失业或隐性失业的主体。历年以来，大学生、农民工未能充分就业，已经积存了相当数目的失业人口，而 2009 年新增的两群体就业人口数目又创历史之最。加之金融风暴和经济形势的影响，这两大群体的就业矛盾将十分突出。

农民工是受此次金融风暴影响最大的就业群体，据有关方面统计，2008 年年末之前已有上千万农民工提前返回当地。返回当地的农民工大多没有回到村里，而是留在了当地的小城镇或小城市，大部分人未能重新找到工作，只靠打散工、揽零活维生。但是，当地就业市场容量有限，压力巨大。国家推出的刺激经济计划，能带动一部分农民工就业，但数量毕竟有限。

人资部的数据显示，我国农村外出就业的农民工已超过 1.3 亿人，2009 年春节前约有 7800 万农民工返乡过年，至 2 月 12 日，返乡农民工已有 6240 万返城，未返城的 1560 万人还有 1092 万打算返城。但 2009 年计划招工的企业数量与上年相比减少了 20%，空岗数量减少 10%。这意味着有数百万农民工可能找不到工作。

农民工就业难是诸多原因造成的。市场容量是首要的，外向依赖的东南沿海劳动密集型企业的大量关停，房地产业的疲软，是造成农民失业的重要因素。这种情况未必会在短期内改变。调整产业结构（包括产业的区域转移）、大力发展服务业，是扩大农民工就业的主要途径。农民工一般知识技能水平有限，就业能力不足，因此政府组织必要的就业培训是十分必要的。此外，在保持农民工就业增长和控制失业的同时，还要加强农村的失业保险和救助，逐步建立与城市相同的失业保障制度。2009 年《政府工作报告》指出，要广开农民工就业门路和稳定现有就业岗位。要发挥政府投资和重大项目建设带动农民工就业的作用，鼓励和支持困难企业与员工协商薪酬，采取灵活用工、弹性工时、技能培训等办法，尽量不裁员。加强有组织的劳务输出，引导农民工有序流动。组织返乡农民工参与农村公共设施建设。

大学生也是我国每年新增就业的主体，由于 1998 年以来高校大幅度扩招，每年毕业的大学生人数都有相当的增长。2008 年，我国毕业大学生 559 万，到年底时起码有 150 人未能找到工作，甚至更多。而 2009 年，我国毕业大学生数将增加 50 万，达到创纪录的 610 万。加上历年积存的未就业人数和就业后又失业的人数，2009 年需要就业的大学生人数将达八九百万。而由于金融危机和经济形势的影响，就业岗位提供主体的企业，在 2009 年可提供的就业岗位不会增加太多，甚至可能减少，供需矛盾十分突出。

关于如何解决大学生就业问题，政府准备从六个方面做好工作。第一，进一步完善促进高校毕业生就业的政策体系和服务体系，建立健全大学生就业工作的长效机制；第二，坚持面向企业生产一线、面向城乡基层服务一线、面向西部边远地区建设一线，同时根据现在经济形势发展的新需要，在生产服务、生活服务、社会管理、公共服务方面开发更多的就业岗位；第三，完善鼓励毕业生到基层、到企业、到边远地区就业的各项政策；第四，进一步畅通毕业生到各类企业特别是民营企业就业的路子，鼓励和支持大学毕业生自主创业、自谋职业；第五，强化对毕业生的就业服务，着力解决就业供求信息不对接、技能不适应等问题；第六，建立完善对困难毕业生的援助制度，认真做好家庭困难和登记毕业生的就业援助工作。2009 年《政府工作报告》指出，要把高校毕业生就业放在突出位置。高校毕业生到城乡基层社会管理和公共服务岗位就业，给予社会保险和岗位补贴；到农村基层服务和参军入伍，给予学费补偿和代偿助学贷款。

3. 调整心态，积极充电

目前我国的就业形势，既与整体的大形势有关，也与就业者的自身状况有关。也就是说，一部分人未能就业，既有客观因素，也有自己的主观因素。其中最突出的是就业观念和工作技能。

大学生的就业观念存在一些误区，早已是一件不言而喻的事情。主要表现在：拣高枝攀——大学生们除了考公务员外，就业首选大城市的外企、国有大型企业，中小企业基本上是无奈之下的选择；期望值高——大学生的期望薪资往往高出用人单位预期，并且在职位要求、职业发展、培训机会等方面也都有较高的要求；忠诚度差——许多大学生就业不多时就选择跳槽，应届大学毕业生就业一年后跳槽者占到了就业人数的近一半，有的一年竟跳四五次，除给用人单位带来不必要的损失外，也造成了他们对大学生的不信任心理，有的单位甚至根本就不接受名牌大学的毕业生。大学生的这些观念误区与用人单位的期望和要求形成了较大的反差，影响了他们的就业。加之近年来用人单位招聘回归理性，重适用而不太看重学历，在专科生够用的情况下则不用本科生，这种反差就更显突出了。农民工在就业观念上基本不存在大学生那样的问题，但重就业而轻进修提高也是普遍现象。

相对于低端岗位的劳动力过剩来说，我国的高端就业岗位甚至可以说还有不小的缺口，尤其是高新技术、特殊技术、管理等岗位，不是人多，而是不够。这表明，我们的就业形势存在总体性供需矛盾外，还存在结构性问题。就拿外企来说，它们需要本土化的管理人才，但国内劳动力市场却无法提供（或不能胜任），只好转而从国外聘用。这一方面是由于我国还没有培养出某些方面的人才，而更多的则是培养出来的还不能算是人才。

鉴于以上两个问题，无论是已就业者还是未就业者，都存在转变观念和充实自己的必要。眼下金融风暴的凛冽寒风虽然使一些本来准备年末跳槽的人冻缩了回去，但仅此是不够的。就业首先应该和自己的生涯规划结合起来，而不是仅仅考虑薪资、地区等。也要认识到，无论是工作经验还是升职的能量，都需要蓄积，这意味着频繁跳槽并非明智的选择。更要认识到，国家、企业只有具备核心竞争力才能立于不败之地，个人也只有具备了自己的核心竞争力才能在职场上脱颖而出。因此要不断充实、提高自己，在就业困难的形势下，尤其需要如此。这场风暴也许会绊住了我们旅游的脚步，减少了我们在酒吧的流连，那就读读书、听听讲座……

就业困难的时候，也许正是创业的好时机。就个体而言，积蓄的就业压力可以转化为创业的动力，从而开辟出一片更广阔的天地来。就创业环境而言，政府不仅鼓励自主创业，而且会在准入条件、场地安排、贷款扶持、创业指导等方面提供一定的有利条件。金融风暴虽然让全球经济紧缩，但商机仍然存在，尤其是新兴服务业商机无限，而且你大可以创新出一种新的生意来，只要不是像华尔街那样的金融"创新"。

五 物价：持续平稳，稳中有降

2009年，我国的物价将保持持续平稳，CPI和PPI都有可能进一步回落。尽管有强大的经济刺激计划，但基本不会造成通货膨胀；在金融危机加深的情况下，应该适当防止通货紧缩。

1. 通货膨胀威胁已经解除

2007年以来，我国的民众深刻地体验了一轮物价上涨。从年初开始，物价就一路上扬，从2007年的6月开始，居民消费价格指数（CPI）就开始以超过4.0%速度增长，到2008年3月达到了高点8.5%，并一直高位运行到2008年的上半年。在那段日子里，食品类消费品的价格上涨最快，无论粮油还是肉蛋、蔬菜，几乎不长时间就要涨一次价，加重了居民的生活负担。宏观调控以来，物价上涨的惯性持续了大半年，CPI在2008年8月开始降到5%以下（4.9%），9月份又进一步回落了0.3个百分点（4.6%）。

2008年10月，CPI继续回落。据国家统计局2008年11月11日发布的统计数据显示，2008年10月份CPI同比上涨4.0%。从月环比看，居民消费价格总水平比9月份下降0.3%；食品价格下降0.9%，其中鲜菜价格上涨3.9%，鲜蛋价格下降4.4%。数据显示，10月份，居民消费价格总水平城市上涨3.7%，农村上涨4.6%；食品价格上涨8.5%，非食品价格上涨1.6%；消费品价格上涨4.9%，服务项目价格上涨0.9%。2008年1~10月，居民消费价格总水平同比上涨6.7%。其中，城市上涨6.4%，农村上涨7.3%；食品类价格上涨16.3%，烟酒及用品类价格上涨2.9%，衣着类价格下降1.4%，家庭设备用品及维修服务价格上涨2.8%，医疗保健及个人用品类价格下降0.9%，娱乐教育文化用品及服务类价格下降0.7%，居住类价格上涨6.7%。

与此同时，另外一个物价指数——工业品出厂价格指数（PPI），2008年9月也从当年8月份的最高点10.1%开始回落到了9.1%，10月份更是大幅回落到了6.6%。

就此，可以认为我国的物价已经回归到合理的价位上，通货膨胀的威胁已经基本解除。

2008 年 11 月，我国 CPI 增幅进一步回落，同比上涨 2.4%，涨幅比上月回落 1.6 个百分点。这是 2008 年以来我国 CPI 同比涨幅连续第七个月回落。食品价格继续引领 CPI 同比涨幅回落，11 月，食品价格同比上涨 5.9%，涨幅比上个月回落 2.6 个百分点。

2. 未来物价还有回落空间

就目前的发展趋势来看，我国的 CPI 还有继续回落的可能；就是说，2009 年，物价的涨幅会进一步放缓，甚至会下降。具体到不同的门类，有的还可能出现幅度比较大的回落或下降。（笔者修订再版本书时，这一判断已成事实：2009 年 3 月 9 日，国家统计局发布的数据显示，2 月份 CPI 和 PPI 自 2002 年起六年来首次出现负增长，CPI 同比下降 1.6%，PPI 同比下降 4.5%。）

这样的判断是基于如下几个因素。首先，物价的运行总体上有一个惯性。就年初的情况看，物价下行的惯性还没有释放完，价格增幅还有回落的空间。其次，金融风暴降低收入预期，人们可能减少一般消费、冻结奢华消费，原来的出口产品因外需减少而部分转为内销，必然加大供需矛盾，市场作用促使物价下降。再次，GDP 增速放缓影响经济景气，在这种情况下，企业、商家为了回笼资金以维持运营等，可能降价求售。第四，由于 PPI 的回落等因素，可能导致工业品价格下降，从而带动 CPI 进一步回落。

国内外权威机构和权威人士，也对 2009 年我国 CPI 的增长作出了预测。2008 年 10 月，摩根斯坦利在调低 2009 年我国 GDP 增速的同时，也调低了 CPI 涨幅，预计为 2.5%。瑞银集团预计，2009 年中国的 CPI 年均涨幅为 1.5%，PPI 则可能不断下降。美林的研究报告则称，中国的 CPI 从 2009 年 2 月起可能将变为负数，直至年中之后才变为正数。2009 年《经济蓝皮书》所载东北财经大学学者《2008～2009 年经济景气和物价走势分析与预测》称，2009 年第一二季度，CPI 将回落到 3% 附近，下半年有可能回升，全年涨幅在 3.5% 左右。同书中所载社科院

"中国经济形势分析与预测"课题组的预测值为4.3%。

具体到不同的门类来说，价格的涨幅会呈现较为显著的不同。食品类的价格不会有大的波动，基本上会维持一个缓慢上升的趋势，部分品种可能出现季节性调整。作为人们最基本的物质要求，食品价格增幅在2008年的下行，是宏观调控的结果，受金融风暴、经济减速的影响较小。因此，2009年食品价格有可能仍是CPI增长的领跑者。由于国际粮食形势紧张，肉蛋供需反应需要一个较长的周期，不排除短期调整，但不会持续较长时间。

衣着类的价格，2008年增幅已经有所下降，2009年将基本延续这一个态势。衣着虽然也是人们的基本物质要求，但这类需求不像食品那样有极强的刚性，在不景气的情况下，人们会减少此类开支。另外，受出口的影响，部分厂家的此类产品转入内销，供大于需，必然导致价格下降。2009年，此类产品有可能成为价格降幅最大的（2008年10月同比下降1.3%，就是八类居民消费品中降幅最大的）。

交通通信类，2008年的情况是基本持平，2009年有可能回落。通信业比之前些年，2008年的增长较为缓慢，比如手机的增幅出现大幅度下降。在市场压力下，加之有着较大下调空间，该行业的价格（包括产品和资费）可能有较大回落。交通由于燃油税改革，也有下行空间。

烟酒等属于嗜好品，受外部因素影响不大。酒类产品在2008年已有较大幅度的回调，2009年的价格回调主要在于高端产品。烟产品价格将基本稳定。

家用设备及维修服务的价格，与2008年增幅相比变化不大。其中服务类基本持平，甚至可能因劳动力过剩而有所下降。产品类的家电、家具价格都有可能回落，主要集中在低端产品（回笼资金）和高端产品（有降价空间）上。

医疗保健和个人用品类，前者基本稳定，后者也有回落的可能，但幅度不会太大。

娱乐教育文化用品及服务类，就需求而言，2009年此类产品和服务可能增加，主要是因为因应形势而改变休闲方式和择机充电所致，但价格不会有大的上行，甚至在市场压力下会有所下调。

居住类价格，2009 年将有较大幅度的下降。虽然 2008 年居住类商品的增幅仅次于食品类，但有价无市，销售不畅，泡沫不少。尽管一些地方政府出台了不少刺激房市的政策，但不会引致房价大幅增长。住房毕竟是大件商品，开销巨大，在经济不景气的情况下，人们更可能持币观望。

同样是大件商品的汽车，在 2008 年年末已经开始降价，预计 2009 年汽车价格还有下行的趋势，尤其是高端品种。

3. 该出手时就出手

从供需态势来分析，2009 年的物价将持续平稳、稳中有降，应该说正是释放弹性需求的良好时机。虽然经济景气程度业已影响人们的收入预期，但策略的选择应该是：在节俭过日子的同时，该出手时就出手。

对于刚性需求比如食品来说，无所谓消费时机，可选择的只有是丰盛一些还是简单一些。对于大件耐用品和其他弹性需求品来说，把握消费时机是明智的。平日里人们会等待商家打折促销的时候购买并不那么急用的东西，就是这个原理。2009 年甚至是以后的一段时期，正好比是一个长长的打折促销期，应该把握这个时机，把早有计划而未及实施的购买付诸行动。比如，有些家用电器、家具等，缺少的就可以利用这个时机添置，年久的也可以利用这个时机更新换代。再比如服装，早想买的品牌服装因价格昂贵而心动手未动，此时就可以大胆出手，充实自己的衣橱。反正衣服也不是一两天就能穿坏的，而款式风尚又有"轮回"的特点，也用不着担心过时。这样可以节省一些开支，相应地也算是增加了收入。

当然，量力而行是必须坚持的原则，应该避免为抓时机而买了自己并不那么需要的东西。

从总体趋势来看，价格总是不断上升的，不会长久持平，更不会长期下跌，下跌了的物价总有涨上去的时候。如果某些物品是你的当前或近期需求，不妨趁价格走低的时候购买，而不必因为预期收入减少而冻结弹性需求。何况，面对当前的经济形势，我们尽可能将我们力所能及的消费付诸实施，才能拉动内需，保持经济增长的速度，进而增加就业和收入。这样的利国利民也利己的消费，该出手时就出手！

六　居民收入：预期减少，实惠不少

对于民生来说，最关紧要的当前问题就是就业、物价和收入，且三者是密切相关的。就业与收入正相关，实现良好就业，收入自然多一些；物价与收入负相关，物价上涨则意味着可支配收入的减少。2009年的居民收入，在实现就业的前提下，虽然劳动收入增幅可能相对较小，但由于物价回落以及众多利好政策给予的实惠，总体收入还是会小幅上升。

1. 增速下降，预期下调

要想推测 2009 年的居民收入状况，不妨先来盘点一下 2008 年这方面的状况。中国社会科学院"中国经济形势分析与预测"课题组的 2008 年秋季报告（载社科文献版《经济蓝皮书 2009》）称，由于宏观经济增速趋缓、价格涨幅较大，城镇居民和农村居民收入增速较 2007 年显著降低，分别为 8.1% 和 7.8%。同样来自于社科院的课题组发布于《社会蓝皮书 2009》的报告，则称 2008 年居民收入增长可达 7%，比 2007 年下降一半。此外还有一些关于 2008 年居民收入的推算，如国家发改委综合司的专家认为，扣除价格因素，城镇居民收入增长 7.5%，农村居民增长 11%；中华全国商业信息中心的专家则认为，城镇和农村居民可支配收入分别名义增长 9% 和 6% 左右。2009 年《政府工作报告》显示，2008 年我国城乡居民收入实际增长分别为 8.4% 和 8%。

关于 2009 年我国居民收入的增长趋势，前述社科院课题组《经济蓝皮书 2009》的报告预测分别为城镇居民 8.0%，农村居民 7.4%，均低于 2008 年的水平。按照该报告对 2008 年居民收入增长下降原因的概括，由于 2009 年价格上涨因素对居民收入的影响不大，那么，主要原因就应是"宏观经济增速趋缓"了。该报告是 2008 年秋季报告，估计成文时金融风暴对中国经济的影响还未完全凸显，所以经济增速快速下滑的因素还未预计在内。考虑到这一点，2009 年居民收入的增长似乎还要少一些。

那么，2009 年居民收入是否有可能不增反降呢？就一般居民收入主体来源的劳动报酬来说，基本面是平稳的，不会有大幅的波动。部分行业和岗位的薪资不无下调的可能，但也多是那些原本工资就很好的行业或企业，下调不妨视作理性的回归。而那些工资原本就不算高的行业和岗位，则会基本维持不变或略有上升。即使是运营困难的企业，一般也会采取裁员或调整岗位的方式来降低人力资源成本，而不会选择降薪。对于新进员工的薪资下调，则是完全有可能的。此外，福利、奖金的减少，在经济收缩的情况下则几乎是不言而喻的。

基于以上的情况，人们会下调 2009 年的收入预期。实际上，这种收入预期的下调在 2009 年四季度已经出现。尤其是对有大学生、农民工等未就业或新增就业的家庭来说，因为担心不能就业，收入预期的下调幅度还可能比较大。即使能实现就业，由于降格以求等因素，收入预期也可能下调。从 2008 年年末和 2009 年年初的消费趋势来看，民众已经调低了自己的收入预期，节俭花销了。

除劳动报酬外，在 2009 年，居民的投资性收入也有许多不稳定因素。股市虽然已经接近谷底，但大势利空，基本面一般，再加上形势不明朗的时候股民更倾向于短期操作，尽管 2009 年不时会有政策性利多因素，也只能引起震荡，恐怕难以平稳上扬。基金的情形，由于次贷危机对投资者信心的打击，短期难以振作。至于房市，利好政策已经陆续出台，但在房市泡沫未充分挤掉之前难以回缓，而且这将持续一段比较长的时间。

总之，由于宏观经济形势的影响，专家预测 2009 年的居民收入增长会下降，大众对收入预期也作了下调。

2. 政策利好，实惠不少

我国 2009 年的宏观经济目标是保增长、扩内需、调结构，已经且将进一步出台相应的政策、措施，而这些都将对居民收入的增长起到积极作用。也就是说，2009 年，在政策因素的作用下，城乡居民将可能因社会保障的加强而减少开支，从而实际增加可支配收入，甚至劳动收入也可能因减税而有所增加。

保增长、扩内需、调结构的保、扩、调，实际上都与居民收入有着某种联系。居民最终消费没有增长，扩大内需就只能靠投资，保增长也将成为问题，而居民消费又有赖于收入的增长。因此，政府保增长、扩内需的政策就不可能不着眼于增加居民收入。而调整结构的主要内容之一，就是调整国民收入的分配格局，增加居民的收入和社会保障。

实际上，政府陆续出台的政策已经直接或间接地在增加居民的收入：

经济刺激计划及其他保增长的措施将扩大就业，一部分家庭将因家庭成员充分就业而增加收入。

社会保障如提高退休人员养老保险、扩大失业救济覆盖面也将增加部分家庭或个人的收入。

2009 年内个税起征点的提高将使工薪阶层中绝大多数人的收入相对有所增加。

存贷款利息的下调将使有贷款的居民减少开支。

保障性住房的陆续推出，也将使购房居民减少相当数目的开支。

燃油税费的改革，将使有车的上班族减少开支。

粮食收购价的上调将使种粮民增加收入，而"家电下乡"以及其他物质、文化用品下乡中国家的补贴则将使农民减少开支。

社会保障的城乡统筹将使农村居民得到实惠。

一些地方政府发放的消费券则直接给予部分生活较为困难的城乡居民以实惠。

随着国家把民生工程放在第一位，我国居民得到的实惠将越来越多。其中一些虽然不是当期收入，但未来的实惠会更大。尤其是国家下大力气调整国民收入结构，在国民收入结构改变的前提下，我国居民的社会保障等会得到大幅度的加强。这样的局面，是大家都热切期待的。

第七章

梅兰芳菲：金融危机下的新生活

在日渐离开我们的这个冬节的某一天，也许你曾冒着刺骨的寒风去影院观赏陈凯歌的新作《梅兰芳》。在那个晚上或者白天，你"沐浴"的不仅是自然的寒风，还有金融风暴的寒风。巧的是，电影里的人们也正在经历着一场由金融风暴带来的令人谈之色变的大萧条。

20世纪30年代肇始于美国的大萧条，简直就是人类的噩梦。此次金融危机爆发后，人们不时地将其与那场大萧条相比。而电影《梅兰芳》讲述的正是京剧大师梅兰芳在那个时代赴美演出的情景。当时，尽管美国正深陷大萧条之中，但梅兰芳的演出却获得了空前的成功。在那个温饱尚且难测的时候，人们去剧院捧场，或许正是梅兰芳不屈不挠的奋斗精神，打动、感染了美国观众的心。

当前，受到金融危机的影响，我国经济也正在经受严冬的考验，人民的生活也受到了影响。这个时候有《梅兰芳》这样一部作品呈现给我们，也许正是要告诉我们：只要坚定信心，以梅花傲雪的精神与困难作斗争，任何困难都难不倒我们。也许它还在告诉我们，生活不止可以像牡丹那样绚烂、像玫瑰那样芬芳，还可以如梅一般俏、兰一般幽……

一　没什么不能没信心

也许某一天醒来的时候，你发现太阳藏在云里；也许某一天出门的时候，你发现冬天还在。这不要紧，只要你有信心，太阳总会破云而出，大地总会冬去春回。

眼下，金融风暴肆虐，而且极有可能还要有较长一段时间呈现它的淫威。这也不要紧，只要我们有信心，这个狂暴的恶魔终究会被驯服。

此次美国的次贷危机，实际上是一种信用危机，就是抵押贷款公司、银行、保险公司、借贷人，大家变得谁都不相信谁，结果酿成了一场危机。信用危机波及更广大的大众，大家对市场失去了信心，"跌倒"的信心触动了多米诺骨牌，于是各类金融机构倒下了一片。这又进一步促使人们的信心天平失衡，于是市场不振导致了经济增长减速。

解铃还需系铃人。如果说经济恢复可以提振人们的信心，同样，人们的信心也可以通过需求激发市场活力，推动经济提速。因此，要战胜这场风暴，没什么都不能没有信心。

1. 请相信我们的祖国

金融危机爆发以来，人们对于党和政府采取的措施以及行动表示了空前的关注。以往的事实表明，中国政府有很强的宏观调控能力，而且此次危机爆发以来政府已经采取了一系列措施来缓解危机对我国经济的影响，并取得了一定成效。我们有理由充分相信，自己的祖国有能力度过这场危机。

我们经历过金融风暴，我们战胜过金融风暴。1997 年，亚洲爆发了始于泰国、迅速扩散到整个东南亚并波及世界的金融风暴。这场危机使许多东南亚国家和地区的汇市、股市轮番暴跌，金融系统乃至整个经济受到重创，1997 年 7 月～1998 年 1 月仅半年时间，东南亚绝大多数国家和地区的货币贬值幅度高达 30%～50%，最高的印尼盾贬值达 70%以上。同期，这些国家和地区的股市跌幅达 30%～60%。据估算，在这次金融危机中，仅汇市、股市下跌给东南亚国家和地区造成的经济损失就达 1000 亿美元以上。受汇市、股市暴跌影响，这些国家和地区出现了严重的经济衰退。但是，中国政府却从容应对，不仅未受危机的影响，而且积极支持香港特区和亚洲其他国家抗击金融风暴，为世界经济作出了积极的贡献。首先，中国政府向全世界承诺人民币不贬值，这一举措使索罗斯等炒家闻风丧胆，坚定了亚洲各国的信心，从而对以后几年亚洲地区经济的复苏和重新快速发展起到了显著促进作用。同时，中国政府积极参与国际货币基金组织对亚洲有关国家的援助，向泰国等东南亚国家提供了总额超过 40 亿美元的援助，向印尼等国提供了出口信贷和紧急无偿援助。

不可否认，这次美国金融风暴对我国的影响比东南亚金融风暴的影响要远远严重，虽然其影响在我国金融领域十分有限，对实体经济的影响却堪称深重。但是，我们相信，我们的国家仍然能够战胜风暴、克服危机，甚至能做到经济增速保持最高、经济增长恢复最快。在我国政府10项措施、4万亿投资的漂亮组合拳打出以后，已经获得了国内外的喝彩。

我们对祖国的信心来自何处？专家为我们给出了答案。从基本国情和发展阶段看，我国仍处于重要战略机遇期，不会因为这场金融危机而发生根本性逆转，我们有条件、有能力保持经济平稳较快增长，理由有五：

一是30年改革开放打下了良好的物质、技术和体制基础，综合国力今非昔比，应对各种风险和挑战有了坚实底气。按可比价格算，我国现在的GDP相当于1978年的15～16倍，经济总量居世界第三，外汇储备充足，国民储蓄率高，金融体系总体稳健，财政赤字规模较小，资金供给较为充裕。

二是我国工业化、城镇化步伐加速，发展潜力和回旋余地大，国内市场广阔，基础设施建设、产业升级、居民消费、生态环保等有巨大发展空间，扩大内需大有可为。

三是经济社会发展的内在动力和活力不断增强，政府调控能力和水平在实践中不断提高，多年来积累了丰富经验。目前价格上涨压力明显减轻，财政、货币等宏观政策调整空间较大。

四是人力资源充裕，劳动力素质较高，技术进步加快，产业和产品竞争力提升，市场配置资源的基础性作用进一步增强，具有全方位、多层次、宽领域参与国际竞争与合作的综合优势。

五是经济全球化和技术革命的趋势未变，国际分工格局调整和国际金融体系变革蕴藏着新的机遇。

这里，我们有必要一起记下国家领导人的告诫：

　　胡锦涛主席说：在此关键时刻，坚定信心比什么都重要。只有坚定信心携手努力，我们才能共同渡过难关。（在北京亚欧首脑会议上的讲话）

　　温家宝总理说：在经济困难面前，信心比黄金与货币更重要。（在天津夏季达沃斯座谈会上与全球工商领导人座谈时的致辞）

2. 对市场要有信心

在树立中国必胜的信念的同时，我们还要对市场有信心。

对市场有信心，首先是经济界人士要有信心。经济界人士最了解经济、最熟悉市场，他们是经济、市场运行的直接参与者，他们的信心对广大民众有着示范作用。因此，温家宝总理在与参加天津达沃斯夏季论坛的经济界人士座谈时强调，应对危机，最重要的是人们的信心，特别是经济学家、企业家以及企业领军人物的信心。

作为普通民众，有必要通过对金融危机的正确理解和对经济形势的判断，来树立自己对市场的信心。对市场有了信心，才能够主动消费，形成需求，从而使经济形势好转。这两者是相辅相成的。

美国金融风暴虽然来势凶猛，但还不可能对我国金融市场构成实质性影响，国内金融机构持有的海外投资产品有一定损失，但从金融机构整体盈利状况来看，损失占比很小，风险可控。从最新的全球银行排名就可以知道这一点。但是，绝不能掉以轻心，因为金融危机不是单独存在的，在一定程度上也可以归结为信心危机，如果对市场缺乏信心，必将进一步加剧市场的动荡。当前我国证券市场持续低迷的状况就是一种缺乏信心的表现。面对日益动荡的国际金融环境，为了避免市场继续向不利方向演进，重振市场信心至关重要。

在20世纪30年代的经济大萧条中，英国经济学家凯恩斯曾在电台发表过著名的演讲，他告诫英国的家庭主妇们去上街购物，这将使她的丈夫找到工作。美国总统富兰克林·罗斯福也通过著名的"炉边谈话"鼓励人们克服眼前的困难。这种劝说对于提振人们的信心是重要的，但从根本上讲，人们的信心来自于对金融危机的认识和对经济形势的判断。

再联系到当前我国的实际情况，我国政府宏观调控的重中之重，就是扩大内需。所以，民众要正确理解，主动而有理智地消费，这才能使市场回暖。反之，如果我们没有信心，或者过分悲观，这种情绪一旦影响到投资、消费等经济运营活动，就会产生一系列的连锁反应，将会抑制市场需求的扩大，加剧经济增长的下滑。

当然，增强信心并不等于盲目乐观。全球金融危机意味着当前我国经济必将进行大规模的结构调整，但在挤压资产泡沫的过程中，只要能够保持稳定的货币供应量，就将在其他行业产生投资机会，政府 4 万亿元的大规模投资已经预示着这种机遇。另一方面，危机将极大地改变国际货币金融体系以及产业结构的布局，我国经济必须适应这种变革。可以说，在政府通过适当的财政、货币政策保持货币金融体系基本稳定的前提下，保持充分的信心可以使我们更早地渡过难关。在这里，对市场和机遇的这种信心，比黄金还要宝贵。

3. 对自己更要充满信心

对任何一个人而言，无论在什么时候，对自己充满信心，也就是"自信"，都是十分重要的。在面对金融危机下的新生活时，这种自信显得尤为重要。

我们要对自己的能力充满信心。也许你担心会失去眼下的工作。你要对自己有信心，你的能力再加上你积极的工作态度，足以赢得你的领导或老板的赏识，你应该知道，这个时候他更需要倚重你。当然，你也应该积极出谋划策，帮助单位或公司渡过眼前的难关。大家的信心形成了合力，这场风暴也许就可以顺利穿过了。

我们要对自己的生活充满信心。也许你在为找不到工作而发愁。你要对自己有信心，政府、亲人和朋友都会帮助你的，市场、经济也会好起来的。在这个时候，切不可因为一时的困难而丧失生活的信心。也许，命运正好给了你一个进修、充电的时机，一定要抓住它。学好了本领，英雄肯定会有用武之地的。

我们要充满信心地面对每一个人。热情会传染，信心也会传染。如果我们大家都有了信心，市场的活跃和经济的复苏就指日可待了。

我们要充满信心地走进商场。眼下的市场有些清寂，因为我们被未来的不确定性干扰了，我们对预期收入下调了。其实未来就把握在我们每一个人手中。如果我们都能走出去做些力所能及的消费，就可以用我们"看得见的手"推动市场经济中那只"看不见的手"，进而对市场产生积极的影响。你还记得股市疯涨时人们的狂热吗？那时的过分"自信"也许根本上是错误的，但此时，我们的自信绝对是正确的。要战胜危机、走向灿烂的明天，对你、对我、对他，对我们每一个人，自信都是——必须的！

二　物质：节俭新生活

在金融风暴侵袭之下的 2008 年的冬天，人们在瑟瑟的寒风中小心地捂紧了钱袋，久违了的节俭仿佛一夜寒风给吹了回来。

说节俭久违了，意指这些年我们虽然没有像美国人那样挥霍无度，但总归是"节俭"二字抛在了脑后。现在重拾节俭，不能不说是一种外力逼迫下的无奈之举。那么，我们的当下生活是否还需要节俭？是否风暴过后，我们又要和节俭久别？

1. 节俭并快乐着

金融危机爆发以来，许多人都加入了所谓的"酷抠族"，等等。

看到"抠"字，人们脑子里面第一时间会有什么反应？小气、无趣、寒酸……一连串的贬义词蜂拥而出。实际上，这里要讲的"酷抠族"，和巴尔扎克笔下的葛朗台之类的守财奴完全不同。不妨先看看这些"族"们是怎样生活的——

A 先生是公司总经理，但上下班常年步行，单位里常年备着一辆自行车。他笑称，在办公室窝了一天，步行可以呼吸新鲜空气，每天坚持走六七里，练就了一副好身板。

B 小姐近年来买衣服的更新率越来越低，同时衣橱里衣服的使用频率越来越高，与以往三五十元买来一堆，一囤就是几年，绝大部分衣服穿过一次就被打入"冷宫"相比，现在的生活用品使用率提高了许多。

　　C女士生完孩子小半年，处于"身材恢复期"的她下定决心给自己一个锻炼的机会，"钟点工辞了，自己动手做做也好。下班回家打扫一下房间，和先生一起烧烧饭菜还是挺有乐趣的"。

　　"腰缠十万贯，骑鹤下扬州"自然是一种潇洒，但坚持"一分钱掰两半儿花"、"富日子当穷日子过"也未尝不是一种洒脱。如今的"酷抠族"正是这样的一群人，他们追求简单的生活、自然的幸福，摒弃过度的奢侈。与那些号称"点菜要吃一盘剩一盘，打的要坐一辆跟一辆，买手机要用一个砸一个"的"摆阔族"相比，"酷抠族"虽然也有着较高的学历，有较好的工作和不菲的收入，但通过精打细算能够转移消费重点，更好配置"有数"的金钱。

　　如今，支持"酷抠"生活方式的人越来越多，尤其在金融危机爆发后，由于人们普遍感到了来自各方面的压力，所以都开始自觉或不自觉地"抠"起来。

　　其实，幸福的生活可以很简单，不需要丰厚的物质、华丽的装饰，只需要有自己喜欢的人、有自己喜欢的东西即可。享受生活并不等于享受物质，重要的是要了解自己的需求和喜好。用"酷抠族"自己的话来说，就是"节俭并快乐着"。

2. 危机下的节俭生活

　　在经济危机期间，开源是有些困难的，这时候节流就很重要了。在危机的这段日子里，少泡酒吧，少鼓捣 party，这些都可以算是不那么刚性的需求，蛮可以省省。要尽可能地节约，除了必不可少的生活开支外，其他的能节省的都要尽量节省。比如旅游花费，泡歌厅等娱乐花费。少买衣服，少下馆子，少泡各种各样的"吧"。尽量少逛街，把手头多余的信用卡扔了，不到万不得已，不要超支，去超市一次就把一星期需要的生活必需品都买齐，剩下的时间可以多看书学习。多参加体育运动，在社会保障不健全的我国，看病吃药也是一项很大的开支；有了好身体，看病吃药的花销就少了。

　　金融危机爆发以来，我们发现崇尚新节俭主义的"新抠门男女"数量越来越多。这些人中有很多绝不是没有消费能力，而是不愿追随失去

理性的消费浪潮；也绝不是不舍得花钱，而是比从前更明白该怎样把钱
用在该用的地方。他们当中，不乏年薪超过 10 万元的人，但他们每天
依然挤公交车上班，中午最常吃的是盒饭，请人吃饭吃不完打包，购物
只买打折的，聚餐出游 AA 制……他们只是按着内心的诉求，在寻找最
简约真实的生活。这些人平日里最常挂在嘴边的名言就是：浪费有罪，
浪费可耻。他们用环保袋代替名牌手包，请客会从网上预定打折餐厅，
从网上买书和护肤品、买电器等。某网站的时尚频道女编辑说："我们
这帮人，目前虽然没有钱不够花的情况，但在这个股市楼市动荡不安、
物价上涨、工资波动的环境下，多数人觉得未来充满了不确定性，因
此，许多不必要的消费欲望就此被克制住，不'抠'则心里不安。"她
认为，不少白领都开始从冲动和奢侈消费向理性节俭消费转型，大家都
开始深挖洞、广积粮，以应对未来的种种不确定状况。

　　值得一提的是当前非常火的各种"拼客"。当然，金融危机之前，
"拼客"已经非常流行；不过，自从金融危机爆发以来，"拼客"的队伍
迅速扩大，原本花钱大手大脚的人们也都变成了"拼客"一族。

　　"拼房"、"拼车"是大宗的成年累月的"拼"。李先生夫妻俩经过深
思熟虑，决定在网上发布消息，将自己三居室套房中的两个单间租出
去，开始与房客一起"拼房"住的生活。李先生是 2007 年年初买的房，
年底住进去的，搬进新房不久，他领了结婚证。"买房时广州房价已经
开始大涨，首付花光了我俩的积蓄，双方父母还支援了一部分，住进去
后，每月要还 4500 元的房贷，供房压力挺大的。"2008 年 9 月，李先生
开始读 MBA，几万元的学费和每月高额的房贷让小两口压力倍增，日
子也越发过得紧巴巴的。"我俩打算过两年再要小孩，这两年，三居室
的房子对于我俩来说，住起来有些浪费了。"于是小两口商量决定，将
另外两间房出租，以获得一些租金收益，减轻一点房贷压力。夫妻俩以
每间屋子每月 900 元的价格在网上挂牌，很快便得到了回应，两位同一
外企工作的女生愿意与李先生夫妇一起"拼房"。"虽然多了外人住起来
有些不方便，但每月我们多了 1800 元的收入。我们还年轻，应该节俭
一点。"

除了拼房居住、拼车上下班或出行之外，各种各样的其他"拼客"，更是热中于组团购物、集体杀价。网上的各种"拼客"帖子，往往会引来诸多跟帖。做一个"拼客"，实惠、方便，还能省下不少钱。用"拼客"们自己的话来说，就是"爱'拼'才会赢"！

金融危机爆发以来，甚至出现了所谓的"悭钱"族，以下是他们总结出的一些"悭钱"小窍门：

（1）银行的升息幅度再小，也要坚持每月拿出一部分收入储蓄，如有投资股票、外汇等行为，要量力而行；

（2）学会理财，如果实在没天赋，就考虑从网上下载功能齐全的理财软件，它会帮助算出你的钱每天、每周、每月流向哪里，并列出详细的预算与支出；

（3）房价再贵，前景再不明朗，如果连续6个月每月购衣费超过自己薪水的一半，还没有自己房产的你也要考虑买房，否则你租来的房子会被衣服、鞋子堆满，却总是没有自己的房子。

（4）信用卡只保留一张，欠账每月绝对还清；

（5）养成去超市大宗购物前研究每月超市特价表的好习惯，如果正符合你的需要，那么上面的特价品往往是最值得购买的；

（6）多读些有关家居维修、投资理财知识之类的"实用手册"；

（7）消费要养成索要、保留发票的习惯，并检查、核对所有收据，看看商家有没有多收费，就餐和在超市大批量购物时尤其要注意。

3. 想到山区的那些孩子

"由奢入俭难"，对于过惯了好日子的人们而言，想要真正做到节俭是非常难的。对于那些过惯了强调物质享受的"消费型"生活的人来说，更是难上加难。试想一下，让一个每天喜欢逛高档商场、穿名牌服装、泡酒吧咖啡厅的人，一下子再来奉行节俭的生活，真的是很有难度。

重提"勤俭节约"，讲"二万五千里长征"、"铁人王进喜"等，都不是很具有时代特征，但是，大家可以"想到山区的那些孩子"，这个是非常具体的。他们在物质方面的匮乏，他们为了求学、生活所品尝的各种艰辛以及付出的种种努力，是常人难以想象的。他们需要我们，我们也有义务向他们伸出温暖的手。

在眼下大家正在节俭"过冬"的日子里，提出"想到山区的那些孩子"，并不突兀和矫情。我们国家和民族的危难也是我们每一个人的危难，我们国家和民族的成功也是我们每一个人的成功。我们每一个人都小康了，才能算是国家和民族的小康；同样，只要有一个人还在贫穷，那我们的国家和人民就不能算是富裕。山区的那些孩子们有权和我们一样享有一个国民所应享有的一切。对于他们学习、生活条件的改善，我们每一个人都有责任。如果都市人对此感到不可理解，那他有必要知道一个严酷的事情：由于我国严重割裂的城乡二元结构，社会财富经过了几十年由乡村到城镇的转移并且现在仍然在转移，每一个城镇居民都在享受着农村和农民贡献的财富。说直白一些，那就是：我们欠着山区的孩子们！

所以，我们每一个人，如果能够想到山区的那些孩子们，想到自己应该为他们做些什么，就应该自觉地节俭起来。试想一下，如果我们厉行节俭，少买一次名牌，少下一次馆子，甚至少打一次出租车……我们的日常开支中节省下来的钱，只要捐出很少的一部分，都可以用来帮助那些贫困山区的孩子们。在这里，节俭是美德，更是责任；不只是应对金融危机的权益之计，更是强国富民的百年大计。

三　精神：充实新生活

精神生活的空虚，实际上是现代人的通病，并不是因金融危机才显现出来的。现代人的精神生活之所以空虚，与他们颠倒了价值观、迷失了生活目标有关，与物质生活的挤压也不无关系。相对来说，精神生活空虚的，并非那些衣食无着的人，而更多的是那些衣食无虞、甚至锦衣玉食的人。

金融危机来了，人们的物质生活受到了挤压，转而会在精神方面有更多的追求。当前，越来越多的人开始思考，如何使自己的生活更加充实，如何利用业余时间来进行充电；有些人思考的甚至是：如何彻底改变自己的生活方式，真正地过好自己每一天的生活。

1. 没有人不曾经历艰难时光

金融危机刺痛了百姓的神经。股市低迷、基金折翼、存款利率下调，人们的精神健康在不断经受着考验，焦虑、恐慌、绝望等情绪随之滋生，有的甚至走上⋯⋯

世界卫生组织发出警告称，全球金融危机可能导致精神健康问题加剧。此次金融危机可能使很多人失业或者陷入贫困，甚至可能造成自杀现象加剧。世卫组织称，全世界有数亿人受到抑郁及情绪紊乱等精神健康问题的困扰，而当前的金融风暴可能加深这些敏感人群的绝望情绪。

当金融体系出现危机、市场恐慌情绪蔓延时，大多数人既为金钱上的损失郁闷，也为可能变化的饭碗和家庭财务状况感到紧张和焦虑。尤其是那些在金融风暴中损失惨重的投资者，心理极易失衡。要调整种种不良情绪，首先要理清自己的压力是来自真正的财务危机，还是来自预期的心理压力。在辨清客观情况后，我们需要在心理和行为上都做好充分准备，一方面加强个人的情绪抗压能力，减少负面情绪的影响；一方面调整自己的生活方式，开源节流来应对困境。同时，在感到无助时，尽量寻求他人的扶持与协助，及时舒缓自己的情绪，减少心理郁结。如果心理问题仍然不断困扰自己，可以寻求心理医生的帮助。

其实每个人都会遇到困难，但有的人遇到困难，知道如何去倾诉自己的烦闷，倾听别人的建议，很快就可以自我解决；有的人却不知道该怎样解决，也没有途径去解决，长期下去就会积郁成病。因此，在情绪出现问题的时候，应该积极寻求帮助。

一个人在情绪、行为上出现问题，多半是因受到自身对事物的态度影响所致。而事物本身都有好坏两面，如果只看到坏的一面或者是过多看到事物灰暗的一面，那么情绪自然会受到影响。所以，要尽可能看到事物好的、积极的一面。多与朋友、亲人沟通，多听取别人的意见，这样就会改变自己对事物的看法，学会多角度看待问题，从而防控不良情绪。

　　另外，不良情绪的发展有一个过程，早作预防，早作干预，可以及时地把这种情绪调整过来。预防不良情绪首先就要防止不良心态的出现，这就要求我们在工作和生活中，培养豁达的人生观，在关注世界的同时，更应该关注自己的内心世界，让自己的生活中多一点阳光，多一些笑声，以便挣脱自己心情抑郁的罗网，做一个健康快乐的人。可以多安排一些开心的事情，把愉快的活动列入日程。如访友聊天，或参加野餐、看电影、听音乐会等。要经常到户外接触阳光，接触绿色植物，这有助于心理疾患的治疗和康复。

　　毫无疑问，我们正处在一个艰难的时刻。不可预期的未来既可能比我们想象的要好，也可能比我们想象的更糟。我们很难预知风暴有多近、彩虹有多远，但正如漫画家斯坦·李所说："不管多么富有，多么美丽，没有人不曾经历过艰难时光，谁又有真正无懈可击的生活呢。"在金融危机所带来的困境面前，始终保持应有的乐观信心与锐意进取的气魄，我们终将会迎来经济回暖的那一天。

2. 找回我们本该有的

　　这些年来，我们的物质生活获得了极大的丰富，尤其是在都市，我们基本过上了不逊于发达国家都市的生活。我们很少再为衣食发愁，我们穿名牌、吃品牌，不时地在酒吧里流连，抽着空去国外旅游。我们整天脚步匆匆，上班，应酬，消费……做儿女的陪不了父母几个日子，做父亲的陪不了儿女多少时间。我们虽然走了不少地方，但大多行色匆匆，很少能沉浸在大自然之中，更不用说观赏燕剪柳丝、鱼戏荷塘了……

　　其实，我们早就觉得生活中缺少了些什么，但忙碌的工作、生活让我们无暇仔细寻思缺少的是什么。天长日久，我们习惯了这样的生活，以为生活原本就是这样的。只有当人生出现了某种变故的时候，我们才会静下来思考我们当前的生活存在着什么样的问题，需要作出什么样的调整和改变。这一次，一场本该与我们没有什么关系的次贷危机突然撞了我们每一个人的腰，我们趔趄几步之后，又有了慢下来、"猫"起来的机会，也有了思考的机会。

这场金融风暴使我们的消费狂热降了温，使我们的社交娱乐停了步，使我们的生活少了些机械式的躁动。我们感到，我们生活中真的少了些什么，而那些原本是我们都有的。现在，危机绊住了我们的脚步，我们正可以利用这个机会，把那些原本属于我们的找回来——

我们找回亲情：如果你是儿女，那就多陪陪父母，和他们天南海北地聊天；如果你是丈夫，那就多陪妻子，或许会重拾几分恋人般的浪漫；如果你是父亲，多陪陪孩子，你会感受到孩子跟你闹腾的那份幸福；还有，其他的亲人——爷爷奶奶，外公外婆，舅舅姑姑……都可以联系联系，你会从他们的惊喜中体会到亲情的温暖与可贵。

我们找回友情：也许你每周都和朋友见面，但不是在酒吧就是在迪厅，不曾有过一次倾心的交流，这时正好坐下来，品一壶香茶，聊半天心思；也许你早就想和久疏音问的朋友联系，这时，不妨拿起电话——不，也许应该是铺开信笺。你都有多长时间不写信了？此时，当你再次提笔倾诉的时候，你会觉得它是多么美好，美好的有些奢华，而在写字楼写字间写字隔里敲电脑是那样的贫瘠乏味。

我们找回自然：在匆匆忙忙的日子里，我们有时候会忙得连天阴天晴都记不住，更何况去亲近自然了。此时，你可以了。即便是在冬天，你也可以去看松柏绿叶与夏日有何不同。假如是春天，你就可以去看嫩嫩的草芽是怎么从地里钻出来的。你还可以和孩子出去，蹲在地上看半天蚂蚁，然后和孩子一起读那本著名的《昆虫记》，相信这一天会成为你和孩子最美好的记忆之一。

我们甚至可以找回懒散：这个世界上，没有几个不喜欢懒散的。如果说"懒散"这个字有些负面色彩的话，那就用闲逸，或者安谧、淡泊，甚至超然。在这样的日子里，你可以干些原本以为百无聊赖者才干的事情，比如侍弄花草，比如拼贴纸画，比如鼓捣木工活……生活原本就是丰富多彩的，富兰克林·罗斯福在大萧条和二战的时候，还时不时躲到白宫的那间小屋子里鼓捣他的那些邮票呢。

找回了我们原本有的那些可贵的东西，就久久地留住它们，不让它们随着危机的离去而离去。

3. 正是充电好时光

"当经济形势不好时，大家会选择什么？去充电！钱不好赚，当然就得想着回头再多读点书。"网友"小冰子"与亲友聊天时说。

这样的说法佐证了全球著名人力资源雇用服务机构万宝盛华的最新调查结果：面对当前的经济变化，很多人并不是坐以待毙，相反，一股充电热正悄然涌动：有的人忙于攻读学位，有的人忙于考取职业资格证书等。该机构的一份调查数据显示，82%的调查者为"丰富知识，提升专业水平"充电，68%的调查者为"扩大圈子内的人脉"充电，52%的调查者为寻求"职位晋升的有效途径"充电，20%的调查者把充电作为"一条转行的通道"。"更多的人通过充电，让自己在职场变化中由被动变得更主动"。

当下，全球金融危机对实体经济的影响正逐步蔓延，很多企业叫苦不迭。而湖北朝阳职业培训学校校长周胜利却有不一样的看法，他说："愈是经济形势不好，职场人为了提升自己的竞争力，愈要通过职业培训来考取相关资格证书，而这对职业培训某种程度上是利好。"事实上，为了迎接这个"利好"，该校目前正在举办一系列的大型活动作品牌推广。"机遇总是青睐有所准备的人。在竞争日益激烈的今天，面对裁员风波，如果你采取的是被动的鸵鸟政策，自以为把头钻到沙子里就平安无事了，那你就落伍了！"在充电问题上，万宝盛华的职业专家提醒说，为转型充电时，要对自己的知识、能力和职业定位有正确的把握，认清自己的优势和短板；为晋升充电时，要对企业、市场的发展走向有更多的了解，了解下一阶段企业需要什么样的人才，并进行着重培养，以实现职位的成功跳跃。

此外，不少在职人员为躲避经济危机带来的影响，纷纷报考研究生或者其他的学业为自己充电，提升自身的核心竞争力，以便在"雨过天晴"的时候迎接新的挑战。如果说金融危机"倒逼"着我们不得不去充电，那么，平日里，我们其实可以更自觉地充电。而且，我们可以不那么功利地充电，比如为了拿什么资格证书，而是着眼于提高自己的基本素养，给自己的人生打下一个更宽更广的基础。这样充起来的电，也许可以更持久。相应的是，平日里你可能陷于日常工作和应酬的忙碌之中，此时不妨抽点空出来，思考、规划一下自己的职业生涯和人生道路，这样的收获也许比盲目的忙碌要更接近于你的人生目标。

在金融风暴之下，读书也成了时尚。在许多大中城市中，人们不去旅游，而是去泡图书馆，一方面可以节省逛商场、看电影一类消费开支，同时又可以专心学习一些知识。节假日去图书馆度过，一时竟蔚然成风。当然，你也可以把书借回家，趁"避风"的这段时间，把那些本想读而未及读的书借来读读，甚至奢华一次，读读那些现在似乎不那么时尚的古典名著。平常吃惯了"快餐"，此时不妨来点精致的，名著毕竟有名著的味道。

四 我们需要怎样的生活方式

金融危机，让世界各地的经济"寒冬"集体来到的同时，也引发了人们对于生活方式的思考。可以肯定的是，美国的信贷危机，正是肇始于美国人的超前消费和挥霍无度，或许可以说金融危机正是美国消费主义生活方式惹的祸。危机到来，我们不能不重新审视金融危机之前人们所盲目崇拜的这种消费主义生活方式，而且要思考危机之中以及危机过后，我们又该选择怎样的生活方式。

1. 也许我们也"部分错了"

消费主义是一种盛行于西方发达国家的文化态度、价值观念和生活方式。这种生活方式起源于美国，盛行于西方发达国家。随着美国文化的全球传播和渗透，这种文化也得到了发展中国家某些人群的效仿。在我国，这种生活方式也有很大的影响。

有人认为，眼下这场全球金融危机，与其说是美国高负债的经济增长模式出了差错，不如说是消费主义生活方式甚至价值观念的危机。有人甚至就此预言，危机的到来，意味着一个崇尚消费、信贷至上的时代即将走向终结。这就促使我们认真地思考：在生活方式方面，难道我们真的错了？也许我们并没错，或者说不完全错，但就如同格林斯潘在国会听证会上对自己该为次贷危机负何责任时所承认的，我们起码是"部分错了"。

美国从讲究节约的"穷理查年代"，到寅吃卯粮的"超前消费年代"，确实是经历了某种生活方式、价值观念上的巨变，但美国人当前的生活方式绝不是一种单纯的理念倡导下的结果。

我们不妨追溯一下现代金融借贷的渊源，并提出如下追问：人们究竟为何要透支明天？又为何会把自己未来可能获得、也可能得不到的钱视作既得财富，在当下就畅快地消费起来，并愿意为此背上债务呢？其实，一个最根本的恐惧在于，现实中，我们那些按照传统信念积累起来的财富，正时刻暴露在一种难以把握的不确定性中。过去，不贷款而凭自己的积蓄买房子，显然是一个人再正常、再健康不过的愿望。但如今，当人们终于攒够房款时，却往往发现房价早已高得出乎意料。当这种现象普遍存在时，人们自然就会想，只有牢牢抓住当下才对。于是，在一定程度上，借贷消费就成为人们为避免所持货币购买力下降的必然选择，而且这种选择既为自己省了钱，又为自己赢得了舒适的生活。

美国人的生活就是这样建立起来的。在繁荣年代，金融资本运作的高效率增强了美国作为一个强大国家的整体经济实力，奠定了它在整个世界经济体系中的主导地位，也给了美国人一种敢于消费明天的信心。但真正让他们形成现有生活方式的，并不是理念，而是整个社会经济生活的运作方式。

尽管消费主义的生活方式并非金融危机的始作俑者，但就在这样一个"寒冬"，一场关于过往生活方式的反思，正在世界各地蔓延开来。就在我们身边，一些年轻人倡议起"100元过一周"的简朴生活，并身体力行；一些往日习惯了大手大脚的白领毫不讳言自己过上了"老葛朗台式的生活"，不仅精打细算、开源节流，还把流水账公开到网上，相互交流理财心得，而精明的商家也及时推出了各种各样的日历记账簿……或许，这场危机真能成为一种新的生活方式的拐点？

人们总是愿意相信，危机往往孕育着新生活的萌芽。当然，任何一种指向更合理的生活方式的反思，都是值得肯定的。但如前所述，社会经济的运行方式决定人们的生活方式。归根究底，生活方式并非金融活动的原因，而是当下整个金融秩序的结果。只要人们继续生活在这个金融资本的逻辑中，现有的生活方式就难以作出根本上的改变。目前人们展开的这些反思，的确有一些积极的意义，但很可能只是一些局部的、暂时的捂紧口袋、互相抱团取暖的"过冬"行为。一旦经济的寒冬过去、春天到来，只要资本增值的发动机还在正常运转，金融资本的逐利行为、人们的借贷消费仍将继续。更何况，时至今日，谁还能说自己可以随时停止任何金融活动，仅凭日常收入的积累，建立起今后几十年生活的物质基础呢？金融活动早已成为现代人生活中不可或缺的一部分，几乎没有谁可以对此免疫。

现代金融秩序也许并不是我们普通人应该思考甚至变革的问题，这些问题不妨留给华尔街的精英们去思考。但是，我们还是要想清楚这个金融体系在我们的生活中应该是一个怎样的位置。是我们左右它？还是让它左右我们？尽管不去利用这个体系有些荒唐，但我们大可不必因为有这样一个体系，就把未来的生活全都拿到当下来过。金融业太放纵了，需要大力监管，我们的生活是否也需要监管？

2. 先锋而不时髦的生活方式

现在的都市人过着快节奏的生活，人们高举着"时间就是金钱"的旗帜，迷醉于"数字"和"速度"，任何时候都是脚步匆匆，做什么都怕慢了。早晨起来赶点上班，打卡机"咔嚓"一声之后开始一天的忙碌，其间恨不得把慢腾腾的电脑砸了，下班又急匆匆地赶到哪家"吧"里和朋友约会，或者窜到商场抢劫般地购物，然后在深夜赶回家把自己撂到床上。这已经成为都市人的一种标准生活流程，成为一种时尚——甚至是一种拥有者颇为得意的时尚。

然而，为了寻求生命的价值，早就有人开始尝试新的生活方式。也许，在危机影响下的今天，我们更应该反省我们的生活方式，最起码是安下心来打量打量那些先锋而不时髦的生活方式。

在我们为了多挣些钱而不断拣"高枝"跳槽的时候，有些人寻找薪水并不多但工作时间较短、较自由的工作，他们希望有更多的时间和家人在一起享受生活，发展自己的业余爱好——只知耕耘，不问收获。

在我们（妇女）力争走出家门去工作的时候，有些人则从公司回到了家里，做起了全职主妇，相夫教子，操持家务。家庭本来就是一个共同体，只有分工的不同，没有贡献的高下。

在我们奔命般快节奏生活的时候，文艺复兴故乡的意大利人开始了"慢生活"。这种全新的生活方式已经引起了全世界的广泛注意，甚至拨动了许多人的心弦。

美国社会学家杰里米·里夫金指出，我们正在进入一个历史的新阶段——一个以工作不断地和不可避免地减少为特点的新阶段。"慢生活家"卡尔·霍诺指出，"慢生活"不是支持懒惰，放慢速度不是拖延时间，而是让人们在生活中找到平衡。所以，要"慢"下来，是因为"快"让人错失了很多美好的事物。

从1986年开始，意大利人Carlo Petrini推动"慢食运动"，现今已成为21世纪世界关注的话题。"慢食"风潮从欧洲开始席卷全球，让我们不断思考自己的生活，并由此发展出一系列的"慢"生活方式，以提醒生活在高速发展时代的人们，慢下来关注心灵、环境、传统。快餐式的生活是粗糙的，缺乏关怀的。于是，一群关注"如何生活为好"的先锋，在各个领域和层次，以各种创新的方式，体现"慢"的态度——

慢食：其实"慢食"不只是说要慢慢品尝，而更是一种懂得珍惜和欣赏的生活态度。"我们吃的东西，应该是以更缓和的步调去培植、去烹煮和食用。"Petrini表示，"慢吞吞并非慢食的目标，慢的真义是指你必须能掌握自己的生活节奏，掌握自己的品味，世界才会更加丰富。"

慢写：在资讯爆炸的时代，各种媒介每天都塞满了大号字的标题和无穷无尽的文章，书本越来越多地比砖头更厚，人们注重时效、轰动、猛料、花哨。"慢写"的态度，不只是要慢慢写、经过思考地写，而是要懂得欣赏和理解，寻回失落的人文精神。好好读一本书，写下自己的真切感受；研究古老的文化，不让它们成为废墟；学习如何言之有物，而不是诌一通套话。经常阅读和制造快餐化文字，只会使灵感的火花不再闪现，创造力丧失殆尽。

慢爱：速食般的恋情、一夜情，为了排遣孤寂或满足肉欲的恋爱，是否来得太快、太无原则？朴实纯真的爱情，是需要你自己先慢下来，懂得欣赏和赞美对方及其身边的事物。爱情只有从容品味才有味道，也才美妙。否则，寂寞将是永恒的。

将来还会有更多"慢"生活的各种形态，因为这是人类关注自身发展的重要课题。

"慢生活"与个人资产的多少并没有太大关系，也不必担心它会助长你的懒惰、影响你的事业。因为慢是一种健康的心态，是一种积极的奋斗，是对人生的高度自信，是一种睿智、随性、细致、从容的应对世界的方式。它只会让你更高效，更精致，更优雅，更接近幸福。

所以，尽快放下你对"快生活"的执拗和对"慢生活"的种种误解吧！从今天起，远离快餐，慢慢地吃，放松地工作，真正地休闲，用心地聆听，投入地爱，温婉地交际，很快地你就会发现，幸福真的会像花儿一样绽放。

3. 要生活得写意

不知怎的，在我们这个物质生活前所未有地丰富的时代，一些我们的长辈、我们的前辈曾经拥有的东西，对我们来说竟成了可望不可即的奢侈，比如浪漫的恋爱，比如轻松写意的生活。在经济繁荣之下的快节奏生活中，我们甚至连谈论这些的时间都没有。现在"危机"了，不得不"猫"在家里，反倒有了时间琢磨这些。

我们是该琢磨琢磨我们习以为常的生活了。也许我们的心智已经不足以思考这样的人生大课题，那就让我们从浪漫写意的法兰西散文大家蒙田的这篇美文里获得一些启迪吧：

要生活得写意

跳舞的时候我便跳舞，睡觉的时候我就睡觉。即便我一人在幽美的花园中散步，倘若我的思绪一时转到与散步无关的事物上去，我也会很快将思绪收回，令其想想花园，寻味独处的愉悦，思量一下我自己。天性促使我们为保证自身需要而进行活动，这种活动也就给我们带来愉快。慈母般的天性是顾及这一点的。它推动我们去满足理性与欲望的需要。打破它的规矩就违背情理了。

　　我知道恺撒与亚历山大就在活动最繁忙的时候，仍然充分享受自然的、也就是必需的、正当的生活乐趣。我想指出，这不是要使精神松懈、而是使之增强，因为要让激烈的活动、艰苦的思索服从于日常生活习惯，那是需要有极大的勇气的。他们认为，享受生活乐趣是自己正常的活动，而战事才是非常的活动。他们持这种看法是明智的。我们倒是些大傻瓜。我们说："他一辈子一事无成。"或者说："我今天什么事也没有做……"怎么！您不是生活过来了吗？这不仅是最基本的活动，而且也是我们的诸活动中最有光彩的。"如果我能够处理重大的事情，我本可以表现出我的才能。"您懂得考虑自己的生活，懂得去安排它吧？那您就做了最重要的事情了。天性的表露与发挥作用，无需异常的境遇。它在各个方面乃至在暗中也都表现出来，无异于在不设幕的舞台上一样。我们的责任是调整我们的生活习惯，而不是去编书；是使我们的举止井然有致，而不是去打仗，去扩张领地。我们最豪迈、最光荣的事业乃是生活得写意，一切其他事情，执政、致富、建造产业，充其量也只不过是这一事业的点缀和从属品。（梁宗岱、黄建华译）

　　蒙田，这位早于培根并启发了培根等一大批随笔作家的智者和作家，在这篇短文中将"生活得写意"提高到了"我们最豪迈、最光荣的事业"的地位。他赞美了恺撒和亚历山大，他们是一代英豪，成就卓著，而蒙田赞美的却是他们能在繁忙中享受自然的乐趣。与之相反的同时代人，蒙田斥之为"傻瓜"，因为他们追求成就。而今的我们，恐怕相对于蒙田时代的"我们"更是瞠乎其后了。

　　不用问，我们谁都不愿意做傻瓜，那就问问自己："……您不是生活过来了吗？"

金融危机大事记

2007 年

2 月　美国最大次级房贷公司——全国金融公司减少次级贷款投放量；美国第二大次级抵押贷款机构——新世纪金融公司上年第四季度可能亏损。

3 月 13 日　美国新世纪金融公司濒临破产的消息使纽约股市首次因次级抵押贷款市场危机遭受重创，道琼斯指数当天下跌 240 多点。美国因次贷问题恶化，第一季度浮动利率逾期还款的比例和借款人丧失抵押品赎回权的比例双双升至历史最高点。

4 月 2 日　新世纪金融公司向法院申请破产保护。

4 月 27 日　纽约证券交易所对新世纪金融公司股票实行摘牌处理。

6 月 26 日　由于美国第五大投资银行贝尔斯登公司旗下两只基金涉足次级抵押贷款债务市场出现亏损，纽约股市再次大跌。

7 月 11 日　有政府背景的美国房利美、房地美两公司股价开盘遭腰斩。

7 月 26 日　纽约股市大幅下挫，跌幅近 2.26%，为当年 2 月 27 日以来最大日跌幅。

7 月 30 日　布什总统签署 3000 亿美元房市援助法案。

8 月 6 日　美国第十大抵押贷款机构——美国住房抵押贷款投资公司正式向法院申请破产保护。

8 月 9 日　法国巴黎银行宣布暂停旗下三只涉足美国房贷业务的基金交易；欧洲中央银行宣布向相关银行提供 948 亿欧元资金——次贷危机波及其他西方市场。

8 月 23 日　路透社报道，由于次贷市场危机进一步加深，美国三大金融机构宣布裁员计划，总数达到 3400 人。

8 月 30 日　自 8 月 9 日至 30 日，美联储已累计向金融系统注资 1472.5 亿美元，以防次贷危机恶化。

9 月中旬　英国第五大抵押贷款供应商诺森罗克银行深陷财务危机，遭遇挤兑风波，9 月 14 日股价暴跌 24%。这是英国 1866 年以来发生的首次挤兑风波。其他欧洲银行股票也持续下跌。

9月19日　美联储前主席格林斯潘接受巴西《视点》杂志专访，说"世界经济在低通胀和低利率环境下增长近20年的繁荣周期，已经开始完结，通胀压力将增加，世界经济增长潜力将下滑"。

10月2日　《纽约时报》报道，"华尔街各大银行昨天开始承认自身存在的问题，由抵押贷款业务引起的这些问题导致股市整个夏天剧烈震荡"。

10月16日　上海指数（沪指）登上6124点的历史最高点。

10月25日　美国国会联合经济委员会发表报告，估计未来18个月内大约130万宗次级贷款丧失抵押品赎回权。

11月27日　美国经济评议会公布，11月消费者信心连续4个月下降，达到两年来的谷底。

12月20日　贝尔斯登宣布19亿美元资产减记。当年5~8月间，该公司账面资产缩水达420亿美元。

美林证券公司股价跌幅超过80%，准备金减记160亿美元，CEO斯坦利·奥尼尔引咎辞职。

2008 年

1月8日　世界银行发布《2008年全球经济预测》，称由于美国次贷危机引起的金融动荡，2008年全球经济增长率将从2007年的3.9%降到3.3%。

1月15日　花旗银行宣布，由于次贷损失，2007年第四季度净亏损98.3亿美元。

1月16日　摩根大通公布，2007年第四季度因次贷损失1.3亿美元。

1月22日　全球股市恐慌气氛弥漫，继21日出现"小型股灾"之后，亚太股市继续暴跌。全球股市蒸发5万亿美元。

1月30日　瑞士银行宣布，受140亿美元次贷资产冲减拖累，上年第四季度亏损114亿美元。

2月4日　布什总统向国会提交2009年财政年度预算。这是美国历史上首度超过3万亿美元大关的年度预算。

2月11日　美国国际集团（AIG）向证监会提交预亏修正文件，将次贷担保损失由此前的11亿美元修正为48.8亿美元。

2月12日   为避免房贷违约引发更严重的社会和经济问题，美国政府和六大房贷商提出"救生索计划"，以帮助那些因还不起房贷而即将失去房屋的房主。

2月13日   布什总统正式签署一揽子经济刺激法案，大幅退税，刺激消费，进而刺激经济增长，避免经济陷入衰退。

2月18日   布什总统发表声明，承认美国经济有"减速危险"。

2月29日   美国通用汽车公司（GM）表示，房价下跌、整体经济疲软，导致汽车销量下降和工人罢工，它将关闭部分工厂。

AIG公布上年业绩，仅第四季度就净亏损52.9亿美元。由此，AIG信誉评级转为负面。

3月11日，美国能源部情报局月度能源预测报告说，"今年上半年，美国的实际国内生产总值将略有下降，然后开始回升，2008年总的增长速度为1.3%，是2001年以来增长率最低的一年"。这是美国政府第一份关于经济衰退的预测报告。

3月14日   美联储决定，让纽约联邦储备银行通过摩根大通向贝尔斯登公司提供应急资金。

3月16日   摩根大通试图以每股2美元的价格收购贝尔斯登。贝尔斯登员工所持该公司股份估值从鼎盛时期的63亿美元下跌到7990万美元，股价从100美元降到30美元。它的1.45万名员工预计将裁减2/3。

3月17日   由于"贝尔斯登效应"，全球股市大跌。

3月18日   美国财政部长保尔森接受美国全国广播公司采访，说美国经济形势"急转直下"、"急剧下滑"。

4月9日   国际货币基金组织（IMF）发布《世界经济展望》，认为2008年美国经济增长率将从2007年的2.2%降至0.5%，"陷入轻度衰退"。

4月16日   2008年一季度我国GDP增速回落，物价上涨压力较大。

5月31日   摩根大通以每股10美元的价格完成对贝尔斯登价值14亿美元资产的收购。

7月7日   美国雷曼兄弟公司的报告显示，"两房"减记亏损750亿美元。消息传出，"两房"股价分别下跌47%和45%。

7月9日   八国集团（G8）同中国、印度、巴西、南非、墨西哥5个发展中国家领导人对话会议在日本北海道洞爷湖举行。胡锦涛主席出席会议并发表讲话，就促进世界经济均衡、协调、可持续发展提出四点建议。

7月11日　美国"两房"股价开盘即遭腰斩。

7月13日　美国财政部和联邦储备委员会宣布救助房利美和房地美，提高"两房"信用额度，并承诺必要情况下购入两公司股份。

7月21日　上半年，世界经济增长普遍放缓，全球物价上涨不断加快。我国经济在一系列不利因素的冲击中继续稳步前行，实现了 GDP 增长 10.4%、CPI 涨幅回落的良好预期。

7月26日　美国参议院批准总额 3000 亿美元的住房援助议案，授权财政部无限度提高"两房"贷款信用额度，必要时可以不定量收购"两房"股票。

8月12日　国家统计局公布，我国 7 月份 CPI 涨幅 6.3%，较上个月回落了 0.8 个百分点。这是 CPI 涨幅自 2007 年 12 月开始持续攀升，在 2008 年 4 月达到最高点后，连续第三个月的下降。

8月13日　国家统计局公布，7 月份，社会消费品零售总额 8629 亿元，同比增长 23.3%。这是从 2 月份以来连续第六个月的高增长。

8月14日　《纽约时报》发表《全世界经济充满悲观》的文章，称亚洲和欧洲出现更多经济下滑迹象。

9月7日　美国政府宣布接管"两房"，以避免更大范围金融危机发生。

9月10日　雷曼兄弟决定出售旗下资产管理部门 55% 的股权，并分拆价值 300 亿美元处境艰难的房地产资产。

9月12日　AIG 股价当日跌幅达 31%，至此其股价已跌去 96%。

9月15日　雷曼兄弟宣布将依据以重建为前提的美国联邦破产法第 11 章申请破产保护。美国银行已与美林证券公司达成协议，前者将以 440 亿美元收购美林。

同日，中国人民银行发布消息，从 2008 年 9 月 16 日起，下调一年期人民币贷款基准利率 0.27 个百分点，其他期限档次贷款基准利率按照短期多调、长期少调的原则作相应调整；存款基准利率保持不变。从 2008 年 9 月 25 日起，除工商银行、农业银行、中国银行、建设银行、交通银行、邮政储蓄银行外，其他存款类金融机构人民币存款准备金率下调 1 个百分点，汶川地震重灾区地方法人金融机构存款准备金率下调 2 个百分点。

9 月 17 日　美国政府同意出资最高 850 亿美元，救助 AIG，获得其 79.9% 的股份。

9 月 20 日　美国政府向国会提交一项总额达 7000 亿美元的金融救援计划，要求国会赋予政府广泛权力购买金融机构不良资产，以阻止金融危机加深。这是自 20 世纪 30 年代经济大萧条以来，美国政府制定的最大规模金融救援计划。

9 月 21 日　美联储批准美国金融危机发生后至今幸存的最后两大投资银行高盛和摩根斯坦利提出的转为银行控股公司的请求。

9 月 22 日　继美国政府出台 7000 亿美元救市计划后，英国政府考虑动用 2000 亿英镑挽救濒临危机的银行业渡过难关。

9 月 25 日　温家宝总理与美国经济金融界人士座谈，就发展中美经贸关系和当前美国和世界经济金融形势交换看法。

9 月 26 日　全美最大的储蓄及贷款银行华盛顿互惠公司被美国联邦存款保险公司（FDIC）查封、接管，成为美国有史以来倒闭的最大规模银行。

10 月 1 日　美国参议院投票批准 7000 亿美元金融救援计划，欧盟委员会批准英国政府救助布拉德福德—宾利银行的方案。

10 月 2 日　日本央行出手向金融市场注资，共 22.7 万亿日元。

10 月 3 日　爱尔兰通过一项紧急法案，向国内 6 大银行提供为期两年、总额达 4000 亿欧元的个人存款担保，以维护国内金融市场稳定。

希腊财政部宣布将为国内所有银行个人存款提供担保，以稳定急于从银行取现的储户的情绪。

10 月 4 日　美国众议院投票通过经修改的金融救援计划。财政部将准备高达 7000 亿美元的资金，同时提供 1000 亿美元的减税措施，将银行存款保险上限由 10 万美元提高至 25 万美元，救援计划的总金额实际已经扩大到了 8500 亿美元。

中国人民银行对美国国会通过 7000 亿美元的救市计划作出回应，并表示："我们完全有信心、有条件、有能力维护中国经济发展和金融稳定，为世界经济稳定发展作出贡献。"

10 月 5 日　德国政府宣布为个人银行存款提供不限额担保以恢复金融

市场信心，并与相关私人金融机构就援助德国地产融资抵押银行达成总额为 500 亿欧元的新协议。

10 月 6 日　国务院总理温家宝应约与澳大利亚总理陆克文通电话，双方讨论了共同应对金融危机的问题。

法国将为银行个人存款提供全额担保。

10 月 7 日　欧盟成员国财政部长同意大幅提高各国对储户存款的最低担保额度，以帮助稳定金融市场和保护储户利益。

俄罗斯总统梅德韦杰夫要求政府拨款 9500 亿卢布，用于向银行提供至少 5 年期的贷款。

10 月 8 日　全球 6 家主要央行有史以来首次联手降息。美联储、欧洲央行、英国央行、瑞士央行、加拿大央行和瑞典央行，联合宣布将基准利率均下调 50 基点。

同日，中国人民银行决定：从 2008 年 10 月 15 日起下调存款类金融机构人民币存款准备金率 0.5 个百分点；从 2008 年 10 月 9 日起下调一年期人民币存贷款基准利率各 0.27 个百分点，其他期限档次存贷款基准利率作相应调整。经国务院批准，财政部、国家税务总局决定自次日起对储蓄存款利息和证券市场个人投资者取得的证券交易结算资金利息所得暂免征收个人所得税。

英国财政大臣宣布英国银行救助方案，政府将向银行业至少注资 500 亿英镑。作为救助方案的一部分，英国央行将向银行和建筑业提供额外的 2000 亿英镑的短期借贷额度以增加流动性。

冰岛政府宣布接管该国最大的商业银行 Kaupthing，至此，冰岛三大银行全部由政府接管。

10 月 10 日　七国集团（G7）财政部长会议在华盛顿召开。其间，七国财长签署了一项包含 5 个要点的计划，承诺以"一切可用手段"对抗金融危机。

日本金融机构"大和生命保险"申请破产，这也是日本在此次金融危机中破产的首家金融机构。

10 月 11 日　20 国集团（G20）财长和央行行长在 IMF 总部就全球金融危机举行紧急会议。一致强调通过合作共同克服金融动荡，并寻求改进全球金融市场的监管和整体功能。

10月12日　澳大利亚总理陆克文宣布，政府将担保所有本国银行存款，并采取措施支撑国内抵押贷款市场。新西兰政府也作出了同样的承诺。

欧元区15国首脑通过一项协调救市措施的行动计划：各国政府将通过为银行发行债券提供担保或直接购买银行股权的形式，帮助银行拓宽融资渠道，缓解银行因信贷紧缩而面临的融资困境。

10月13日　英国政府宣布将针对四大银行提出纾困计划，金额高达350亿英镑（605亿美元），这是英国规模最大的消费金融银行救援计划。

欧盟委员会公布各成员国政府金融部门援助计划的指导方针，以确保政府补贴对欧盟竞争的损害最小。

韩国政府宣布将动用2400亿美元外汇储备救市，目标涵盖所有银行及金融机构。

10月14日　温家宝总理应约与英国首相布朗通电话，就国际金融形势交换看法。

布什总统宣布，政府将斥资2500亿美元购买金融机构股权。

10月15日　德国联邦议院以绝对多数通过政府提出的近5000亿欧元的救市计划，以稳定陷入危机的金融市场。

我国广东东莞樟木头镇合俊集团旗下的两家玩具厂关闭。这被认为是我国实体经济受金融危机影响的企业关闭第一案。

10月17日　乌克兰和匈牙利分别从IMF和欧洲央行获得贷款，以稳定国内金融市场。

10月19日　韩国政府宣布一系列救市措施，将为本国银行提供1000亿美元的债务担保，并从外汇储备中提取300亿美元注入银行业，以稳定金融市场。

10月20日　美国副财长麦考密克奉命开始三天的中国之行，约见一系列中国经济领域的领导人，研讨金融危机席卷全球的经济局势。

10月20日　国家统计局公布：2008年前三季度我国经济增长9.9%，比上年同期回落了2.3个百分点。

10月21日　财政部、国家税务总局发出《关于提高部分商品出口退税率的通知》，明确从2008年11月1日起，适当调高部分商品的出口退税率。

同日晚，国家主席胡锦涛应约同美国总统布什通电话。双方就召开国际金融峰会、加强国际合作、应对国际金融危机交换看法。

10月23日　央行鼓励金融机构加大对中小企业信贷支持。

10月24日，国家主席胡锦涛在北京举行的第七届亚欧会议上发表《亚欧携手，合作共赢》的讲话。此次会议达成了许多重要共识，通过了三项成果文件，提出了17项合作倡议，取得了丰硕成果。

10月27日　美国财政部负责金融机构的助理部长戴维·内森说，财政部本周将开始实施用1250亿美元购买九大银行股份的计划。这是美国政府为应对金融危机出台的7000亿美元救市方案的重要内容。

10月29日　上证指数跌到1664.93点，一年间跌幅达73%。

同日，中国人民银行宣布，从10月30日起下调金融机构人民币存贷款基准利率。一年期存款基准利率由现行的3.87%下调至3.60%，下调0.27个百分点；一年期贷款基准利率由现行的6.93%下调至6.66%，下调0.27个百分点；其他各档次存、贷款基准利率相应调整。个人住房公积金贷款利率保持不变。

10月30日　美联储决定将联邦基准利率下调50个基点至1%。这是美联储一个月内第二次进行同样幅度的降息。

11月4日　意大利政府计划向银行业注资300亿欧元，以提高银行资本充足率，促进银行借贷。

11月5日　国务院提出进一步扩大内需、促进经济平稳较快增长的10项措施，为此到2010年底将投资4万亿元，并实行积极财政政策和适度从宽的货币政策。

11月6日　因欧元区经济放缓，欧洲央行宣布调降指标利率50个基点至3.25%。

11月8日　G20财政部长和央行行长2008年年会在巴西圣保罗开幕，与会代表纷纷呼吁国际社会协调一致，共同应对国际金融危机。

11月9日　英国莱斯银行将向其收购对象——英国最大抵押房贷银行哈利法克斯银行提供100亿英镑（约合160亿美元）的贷款支持。

11月10日　美联储和美国财政部联合对外宣布，将购买AIG价值400亿美元的高级优先股，作为对该公司联邦援助的综合计划之一。美联储还授权纽联储设立两个新的独立机构，以纾缓 AIG 的资本和流动性压力。

同日，国务院在北京召开省区市人民政府和国务院部门主要负责同志会议。温家宝总理发表讲话，要求各地区各部门要认真贯彻落实中央的决策和部署，扎实做好各项工作，努力保持经济平稳较快发展。

美国第二大电子产品零售商环城电器连锁店申请破产保护。此后，它陆续关闭了 155 家店面。2009 年 1 月 16 日，由于不能达成出售公司的协议，该公司将从次日起陆续关闭在美国的 567 家店面。它是这次经济衰退中破产的美国最大的零售商之一。

11 月 11 日　中国央行将采取五项措施落实适度宽松的货币政策。

11 月 12 日　国务院常务会议决定推出扩大内需的四大措施。

世界银行宣布，将大幅增加对发展中国家的资金支持，并呼吁要对不断蔓延的全球金融危机作出迅速反应。世行旗下的国际金融公司（IFC）也计划启动一个全球股本基金，对陷入困境的银行进行注资。IFC 预期将在未来 3 年投入 10 亿美元，其他投资者提供至少 20 亿美元。

美国财长保尔森说，考虑到市场情况发生的变化，美国上月出台的 7000 亿美元救市计划的用途将有所改变，由原先拟定的购买银行不良资产转为通过其他方式稳定金融市场。

11 月 15 日　G20 金融市场和世界经济峰会在华盛顿召开，胡锦涛主席出席会议并讲话。会议达成了五个方面的计划，涉及提高金融市场透明度和完善问责制、加强监管、促进金融市场完整性、强化国际合作以及改革国际金融机构等。

11 月 17 日　美国财政部表示，作为实施 7000 亿美元金融救助计划的第二部分，政府已再次斥资 335.6 亿美元购买了 21 家美国银行的股份。至此，美国政府对银行业的直接注资额已达 1500 亿美元左右。

11 月 18 日　我国再次上调部分商品出口退税率为纺织行业保增长。

11 月 19 日　IMF 执行委员会批准向冰岛提供 21 亿美元贷款的计划。

11 月 20 日　美国联邦储备局大幅下调对美国经济的预测，并警告有必要进一步降低利率来对付数十年来最严重的金融危机。

亚太经合组织（APEC）发表部长会议联合声明，建议领袖们强力支持 G20 华盛顿宣言，承诺不设立新的贸易投资障碍。APEC 认为当前最重要的工作是确保快速、协调良好，以及有效地因应金融危机。

11月22日　APEC第十六次领导人非正式会议在智利首都利马举行，胡锦涛主席出席会议并发表讲话。

11月25日　美国当选总统奥巴马开始草拟新一轮刺激经济方案，在未来两年计划增加开支高达9000亿美元，远远超出他竞选期间承诺的数额，希望一上任尽快获国会通过。

美联储和财政部共同宣布，将向美国民众追加总额达8000亿美元的信贷投入，希望以此提振消费信贷以及抵押贷款担保证券市场。

11月26日　欧盟委员会批准一项涵盖欧盟27个成员国的经济刺激计划，总额达2000亿欧元（约合2600亿美元），以迅速提振欧盟经济，并遏制全球金融危机给欧盟所带来的影响。这项计划总额相当于欧盟GDP的1.5%。

央行宣布，从2008年11月27日起，下调金融机构一年期人民币存贷款基准利率各1.08个百分点，其他期限档次存贷款基准利率作相应调整。同时，下调中央银行再贷款、再贴现等利率。这一降幅为近十年来最大。

美联储宣布，正式批准美国银行收购美林公司的交易。

11月27日　国家发改委负责人称，2008年新增1000亿中央投资已经大体落实到项目。

11月28日　韩国14家银行为扩充资本，计划发行总额达7万亿韩元左右的后偿债券。

11月29日　澳大利亚总理陆克文宣布，政府将向各州增加共150亿澳元（约合100亿美元）的财政拨款。

12月1日　美联储主席伯南克指出，美国经济仍面临巨大压力，美联储将不遗余力地向金融市场和经济提供支持，并表示将本已处于低位的利率水平进一步调低无疑是可行的。

12月2日　澳大利亚央行宣布，将基准隔夜拆款利率目标下调100个基点至4.25%，为6年半以来的最低水平。

12月3日　欧盟委员会批准荷兰、比利时与卢森堡三国政府112亿欧元救助富通集团的方案，并通过法国巴黎银行收购富通集团在比利时和卢森堡的资产的计划。

12月4日   法国政府公布庞大的振兴经济方案，总额高达260亿欧元。

英国央行宣布将基准利率降低100基点至2%，为1951年以来最低水平。

欧洲央行决定将欧元区基准利率削减75基点至2.5%，为该行成立以来最大降幅。

12月5日   德国上议院批准政府未来两年310亿欧元的财政刺激计划。

瑞典首相赖因费尔特宣布，瑞典计划启动一项总额为83亿瑞典克朗（合10亿美元）的经济刺激方案。

12月7日   印度政府宣布一项数额达3兆卢比（约600亿美元）的振兴经济方案。

12月8日   波兰银行从其母公司德国商业银行获得10亿瑞士法郎的贷款，以满足当前的融资需求。

12月8～10日   中央经济工作会议在北京举行。胡锦涛在会上发表重要讲话，全面分析了当前国际国内形势，明确提出了2009年经济工作的总体要求和重点任务，阐述了做好2009年经济工作需要把握的原则。温家宝在讲话中全面分析了当前我国经济形势，阐述了2009年经济社会发展主要预期目标和需要解决的重点问题，具体部署了2009年的经济工作。

12月9日   加拿大央行将基准利率下调75个基点至1.5%。

12月12日   国家发改委负责人表示：2009年国家将继续扩大投资规模，重点投向5个领域，多项措施促进工业平稳较快发展。工业和信息化部部长李毅中在国务院新闻办举行的发布会上介绍，政府将采取扶持钢铁、纺织、汽车等重点行业、加快产业结构调整等多项措施，来促进工业平稳较快发展。同时设立专项资金，引导银行和社会投入帮助企业进行技术改造。

日本国会众院表决通过《金融机能强化法》修正案，使日本政府可以预防性地向金融机构注入公共资金。首相麻生太郎宣布了一项涉资23万亿日元的紧急经济振兴方案。

中韩就签署1800亿元人民币/38万亿韩元（约合28.29亿美元）双边本币互换协议达成一致。这是金融危机以来，中国央行同外国央行签署的第一个本币互换协议。

12月13日   中日韩三国领导人会议在日本福冈举行，会后发表《国际金融和经济问题的联合声明》。

12月14日　第五次中美战略对话在北京开幕，国务院副总理王岐山和美国财政部长保尔森作为两国元首的特别代表共同主持对话。在两天的对话中，双方围绕"奠定长久的中美经济伙伴关系的基石"的主题，就6个具体议题举行了6场专场讨论。

国务院办公厅下发《关于当前金融促进经济发展的若干意见》，要落实适度宽松的货币政策，促进货币信贷稳定增长。争取全年广义货币供应量增长17%左右。

总投资400亿的"宁夏宁东煤电化项目群"启动。

12月16日　爱尔兰政府宣布拨款100亿欧元对国内6家主要银行进行救援。

沙特阿拉伯央行宣布，将两大主要政策利率各下调50个基点：将指标回购利率自3%调降至2.5%，同时调降逆回购利率50个基点至1.5%。

温家宝总理会见世界银行行长佐利克。温家宝向佐利克介绍了中国的经济形势及应对世界金融危机所采取的政策措施。佐利克称中国政府积极采取扩大内需的措施值得赞赏，并表示世行愿帮助发展中国家解决在融资、就业等方面面临的困难。

美联储决定将联邦基金利率降到历史最低点，从此前的1%下调到0～0.25%。

12月18日　2008年新增1000亿元中央投资计划全部下达。

美国白宫发言人佩里诺说，布什政府正考虑采取"有序破产"措施，以软着陆方式解决美国汽车业的困境。政府将提供总计174亿美元的紧急贷款救援美国汽车业，这笔款项将从7000亿美元金融救援方案中拨出。

12月19日　日本、德国和加拿大政府相继承诺，将采取提振经济的新举措，避免金融危机的危害进一步加深。

12月21日　人力资源和社会保障部、财政部、国家税务总局提出5项措施应对国际金融危机对我国企业和就业的影响。

12月22日　金融危机导致全球股市大跌，企业上市融资受到严重影响。有关机构的数据显示，2008年前11个月全球股市融资总额仅为953亿美元，比上年同期大幅下降了63%，全年的融资额预计少于2004年。与此同时，被迫推迟或取消的股市融资案数量达到308个，为2000年以来的新高。这些流产案例涉及的总金额高达 617 亿美元，为 1995 年有该项统计数据以来的最高纪录。

12 月 23 日 中国人民银行决定：从即日起，下调一年期人民币存贷款基准利率各 0.27 个百分点，其他期限档次存贷款基准利率作相应调整。同时，下调中央银行再贷款、再贴现利率。从 2008 年 12 月 25 日起，下调金融机构人民币存款准备金率 0.5 个百分点。

12 月 24 日 官方统计数据显示，美国 GDP 从第二季度增长 2.8% 猛跌到第三季度的 0.5%，降幅为 2001 年第三季度以来最大。英国 GDP 第三季度下降 0.6%，为 1990 年以来最差纪录。

统计显示，在美国 2008 年圣诞节前最后一个周末的传统节日采购高峰期，零售商店客流量较 2007 年同期下滑 24%，销售额同比下滑 5.3%。这可能是 40 年来最暗淡的一个销售季。

俄罗斯《生意人报》刊登的俄罗斯建筑商联合会对 20 个大中城市房地产市场的调查显示，自 10 月起，俄罗斯全国住房价格开始走低。其中中部城市房价下跌的幅度最大，同比下跌 10%～15%。预计 2009 年春，全俄房价还将下跌 15%，夏秋季将降至最低，房地产市场的复苏不会早于 2010 年。

12 月 27 日 受金融危机影响，全球上市银行股价指数从一年前的 180 点锐减至 2008 年的 80 点左右，许多大型银行的市值都缩水过半。2007 年底有 6 家银行市值超过 1000 亿欧元，2008 年市值超千亿欧元的只剩下中国工商银行和中国建设银行，列三至六位的银行市值均未跌破 800 亿欧元，其中，摩根大通、汇丰分列三四位，美国富国银行跃升至第五，中国银行跌至第六位。

12 月 30 日 英国连锁超市巨头伍尔沃思关闭 200 家零售商店，此前，它的 813 家零售店已于 12 月 27 日关闭 200 家，2009 年 1 月 2 日再关闭 200 家，1 月 5 日全部关闭。

世界大型企业联合会调查报告称，12 月份美国消费信心指数从 11 月份的 44.7 下降到 12 月的 38.0，跌至历史最低点。这份报告是该机构根据 12 月 22 日前对 5000 户美国家庭的调查作出的。

路透定价贷款公司数据显示，受全球信贷紧缩影响，2008 年美国贷款发放总额为 7640 亿美元，比 2007 年的 1.69 万亿下降 55%，为 1994 年后 14

年以来的最低水平。

2009 年

1月2日　有关数据显示，2008年12月全球主要经济体的制造业活动下滑至多年来的新低。欧元的制造业采购经理指数（PMI）2008年12月下滑至33.9，美国的这一指数滑到30年来最低。里昂证券亚洲公司公布的这一指数显示，2008年12月份，中国的PMI为41.2，相应的制造业产出指数跌至38.6。这已经是连续第五个月下降，故该机构称"占中国经济43%的制造业部门已经接近严格意义上的衰退"。

德国《商报》公布其委托企业咨询公司 Droege&Comp 所作的一项关于竞争力的调查。调查是对5个欧洲国家的1100名顶尖管理人员进行的，数据为1~5分，1分为满分。此次调查结果显示，中国得分2.4（2007年底得分1.8），德国得分2.6。

1月3日　美欧股市新年开市大涨。纽约三大股指中，道－琼斯工业平均指数上涨2.9%，达到9034.69点；标准普尔500种股票指数涨至两个月来的最高931.80点，涨幅为3.1%；纳斯达克综合指数上涨3.5%，达到1632.21点。在欧洲，法国CAC指数大涨131.72点，收于3349.69点，涨幅4.09%；德国法兰克福Dax指数上涨3.3%；英国伦敦《金融时报》100种股票指数上涨2.88%。华尔街有"1月份走势决定一年走势"的谚语，故新年开市大涨令投资者产生乐观期待。

1月6日　德国亿万富翁阿道夫·默克勒因金融危机导致濒临破产而自杀。默克勒从事水泥和制药行业，财富超过90亿美元，在《福布斯》排名第94位。

美国铝业公司称，为了应对经济危机，它将裁员1.35万人，相当于该公司全球雇员的13%；同时减少产量，预计削减18%。

1月8日　德国第二大银行德国商业银行再次接受政府注资，德国政府注资100亿欧元（约合136亿美元），持有该银行25%＋1股的股份。2008年12月，政府已向该行提供82亿欧元现金和价值150亿欧元的贷款担保。此前该行从保险业巨头安联公司手中收购了另一家陷入困境的德国银行德累斯顿银行。

1月9日　美国劳工部称，2008年12月份，美国有52.4万人被解雇。

这使 2008 年美国的失业总人数达到 258. 9 万人。这是 1945 年（275 万）以来最高的数字。美国的失业率现为 7. 2%，是 15 年以来的最高点。

韩国第五大汽车生产商双龙汽车申请破产。该公司年产 20 万辆汽车，有 7100 名员工。中国上汽公司是其最大股东，持股 51%。据称，该公司需要 4. 5 亿美元才能继续运行。

1 月 12 日　欧盟统计局数字显示，截至 2008 年 11 月，欧盟 27 个成员国失业人数为 1746 万，同比增加 113 万。其中西班牙失业人数 14 年来首次达到 300 万，失业率高达 13. 4%。

1 月 13 日　联合国贸易和发展会议（贸发会议，UNCTAD）发布报告称，2009 年"全球总体（增长）可能为零甚至稍低于零"。其中美国的经济萎缩度可能高达 1. 9%，欧元区可能萎缩 1. 5%，日本出现 0. 3%～0. 6% 的负增长。该机构高级官员海纳·弗拉斯贝克提醒，最大的威胁是重现 1930 年那样的通货紧缩。

福里斯特研究公司研究报告称，2009 年全球企业和政府在计算机、软件和通信产品及咨询服务上的开支预计减少 3%，这是自 2001 年和 2002 年信息技术开支连续两年降低 6% 以来的首次下降。但 2010 年恢复增长，增幅高达 9%。

世界经济论坛发布的关于全球经济风险的报告说，发达国家发生严重财政危机的风险"增长了一倍，如果不是两倍的话"。支撑金融体系的大规模政府开支将威胁美、英、法、意、西班牙及澳大利亚等国，这些国家的财政状况已经很危险。加上中国经济硬着陆的风险，这些事态发展会"严重损害正日益衰退的全球经济"。

官方数据显示，金融危机和油价暴跌使全球贸易流动迅速萎缩，美国、中国、英国和加拿大进出口下降。2008 年 11 月份，美国出口环比下降 12%，出口下降 6%；中国 2008 年 12 月份，出口同比下降 2. 8%，进口下降 21. 3%。在得到数据的 43 个国家中，只有澳大利亚、巴西和立陶宛 2008 年 11 月的出口略高于上年同期。

美联储主席伯克南在伦敦经济政治学院发明演讲，对奥巴马拟议中的一揽子经济计划表示支持，称它可能带来"重要的促进作用"，但同时强调"只有同时采取强有力的措施，进一步稳定和强化金融体系，财政措施才有可能带来持续的复苏"。

1月14日 加拿大北电网络公司在美国和加拿大申请破产保护，成为在全球经济低速时期采取这一措施的第一家大型技术公司。该公司是在预定偿还1.07亿美元债务的前一天申请破产保护的。

1月14日 国家统计局网站公布，将2007年的国内生产总值增长率从原来的11.9%提高到13%，总额达257306亿元（3.38万亿美元）。这是该局一年内对GDP数据进行的第二次重大修改。

1月15日 美国国会就大约1.2万亿美元的紧急政府支出取得立法进展，以支持奥巴马应对日益恶化的经济衰退。众议院公布一项把减税、政府支出项目和救助穷人结合在一起的法案，总金额达8250亿美元。参议院投票允许奥巴马动用布什政府"问题资产救援计划"中剩余的3500美元。

欧洲央行将基准利率调低50个基点，降至2.0%，达到该行历史上的最低水平。这也是该行3个月以来的第四次降息。

1月16日 美国财政部宣布，政府再向美国银行注资200亿美元，以缓解美银收购美林之后面临的资金压力。此笔款项将从"问题资产救援计划"的7000亿中拨出，用于购买美银的优先股，8%的股息分红归财政部所有。

联合国开发计划署驻华代表处在北京发布的《2009年世界经济形势与展望》报告预测，2009年中国经济增长率在基本情况下为8.4%，乐观情况下为8.9%，悲观情况下为7%。

惠誉国际信用评级公司表示，2009年中国经济将面临"硬着陆"，经济增长有可能降至6%或更低。

数据显示，2008年12月美国CPI再降0.7%，一般通胀率降到仅0.1%，这是自1954年12月以来的最低。同时，2008年美国全年产出比上年下降7.8%，是自1975年12月以来跌幅最大的一年。

美国银行家协会经济顾问委员会发布预测，称美国经济将在2009年第二季度恢复增长，从而结束长达18个月的经济衰退。

欧盟统计局提供的数据显示，2008年11月份欧元区成员国的出口环比下降4.7%。这是8年多来降幅最大的一次。

花旗集团宣布自身重组，集团将分为花旗公司和花旗控股两部分，前者专注于全球的传统银行业务，后者将持有该集团高风险资产和较难管理的投机业务。这次重组是在该集团连续第五个季度亏损、亏损总额达 82.9 亿美元之后作出的,意在扭亏为盈。

国际能源机构(IEA)说,受经济危机影响,2008 年全球石油需求下降,2009 年还将继续下降。这是 1982 年以来石油消费首次连续两年下降。

1 月 19 日　欧盟委员会公布其对 2009 年欧盟经济的预测,称欧盟 27 国经济在 2009 年将收缩 2%。此前,在 2008 年 11 月,它的预测值为增长 0.2%。

沃伦·巴菲特在美国全国广播公司播出的记者访谈中说,美国的经济形势并不像第二次世界大战或大萧条时那样糟糕,但卷入了一场"经济珍珠港事件",陷入了一个"恐惧周期","这导致人们不想花钱,不想投资,这也导致更多的恐惧。我们会摆脱这种局面。这需要时间"。

英国苏格兰皇家银行再次获得政府援助,政府将持有的该银行股份由 58% 提高至 70%。当天,该银宣布上年全年亏损 280 亿英镑(约合 413 亿美元),这是英国历史上最大的企业亏损。

1 月 20 日　联合国贸发会议表示,始于 2004 年的国际投资增长周期已经结束,2008 年全球外国直接投资(FDI)下降超过 1/5,其中 FDI 流入萎缩 21%,跨境并购下降近 28%。

日本政府宣布,日本经济正在迅速恶化,工业生产大幅减少,出口下降,大幅裁员的阴影困扰着人们。日本两人及以上家庭的消费信心指数从 2008 年 11 月的 28.4 点降到了 12 月的 26.2 点,是该指数 1982 年创立以来的最低点。

1 月 21 日　国家统计局公布的数据称,2008 年第四季度中国 GDP 增长率为 6.8%,全年增长率降至 9%,是 7 年来的最低点。

英国《金融时报》报道,有关信贷和货币供应增长的数据显示,中国的经济刺激措施正开始起到拉动作用。银行贷款继 2008 年 11 月增长 16% 后,12 月份增长了 18.76%。

1 月 22 日　韩国央行称,由于出口下降、国内需求增长放缓,2008 年第四季度韩国 GDP 环比下降 5.6%,是 1998 年以来近 11 年最大幅度的收缩。

美国候任财政部长盖特纳在向考查他的参议员提交的书面证词中说:"奥巴马总统——在众多经济学家的结论的支持下——认为中国正在操纵货

币。"

标准普尔将葡萄牙的长期信用等级从 AA－降至 A＋。这是该评级机构一周以来第三次给欧洲国家主权信用降级，此前降级的为希腊和西班牙。

日本银行的金融政策会议决定把 2008、2009 年度的实际经济增长率预期分别大幅下调至－1.8% 和－2.0%。此前日本在二战后遭遇的最低经济增长率是 1998 年度创下的－1.5%。

微软公司公布裁员 5000 人的计划，其中 1400 人立即被裁，其余的将在 18 个月内完成。微软共有员工 9.6 万人，此次裁员占总人数的 5% 左右。

《华盛顿邮报》报道，自 2000 年以来，至少有 240 家美国银行利用可任选联邦政府监管或州政府监管的制度，通过更改注册，选择较为宽松的州政府监管，以躲避联邦政府的监管措施。

1月23日 商务部发表声明指出，中国政府从未通过所谓的货币操纵手段为本国对外贸易谋取利益。并称，在汇率问题上毫无根据地指责中国，只会为美国贸易保护主义提供便利，不会有助于问题的真正解决。

英国国家统计局称，2008 年英国 GDP 全年增长为 0.7%，环比收缩了 1.5%，是自 1980 年以来跌幅最大的。

1月24日 有报道称，美国政府的 3500 亿美元救市资金去向不明，银行的贷款量并未增加。23 日，奥巴马抱怨说："我们最近看到的消息称，有些得到救援的企业用这笔钱重新装修卫生间和办公室。"负责监管救市资金用途的特别监察长巴罗夫斯基承认，"实际上，我们对接受财政部救援的企业用这笔钱做了什么，以及他们用于满足补偿条件的计划都不得而知"。

1月27日 国际金融学会预计，2009 年私营部门流入新兴市场的净资本将不超过 1650 亿美元，不到 2008 年（4660 亿美元）的一半，仅为信贷泡沫最为严重的 2007 年的 1/5。这表明，银行危机和富国投资者规避风险的行为严重制约了投资。

印度储备银行（央行）将 2009 年印度经济增长下调至 7%。2008 年 10 月该行作出的预测是 7.5%～8%。原因主要是制造业增长停滞和发达国家经济衰退导致印度出口增长放缓。

1月28日 世界经济论坛年会在达沃斯举行，年会的主题是"重塑危机后的世界"。20 多个国家和国际组织的首脑与会，美国奥巴马政府没有派代表出席。此次年会被认为是历年最重要的，但会议未能取得成果，媒体报道此次年会"危机分裂共识，指责游戏盛行"。

爱德曼在达沃斯发布的全球信任度调查报告显示，62%的公众对各类商务机构的信任度低于2008年。在美国和日本，75%以上的人在过去一年里对企业丧失了信心。在美国，只有38%的人现在还相信企业，比2008年下降了20个百分点，降到自这项调查开始以来的最低点。其中信任度最低的是银行业和汽车制造业。在美国，现在只有36%的人还信任银行，而一年前的数字是68%。在三个最大的西欧经济体中，这一数字从41%下降到了27%，中国的这一数字则从一年前的84%下降到了72%。

美国众议院批准奥巴马政府一项8190亿美元的经济刺激计划。这项议案包括大约5440亿美元的联邦支出和2750亿美元的个人和企业减税措施。议案内容包括旨在创造就业机会的传统项目（比如公路建设）投资，但更多的资金是用于向经济衰退的受害者提供失业福利、医疗和发放食品券。减税措施的核心内容是为单身劳动者减税500美元，为夫妇减税1000美元。在这项计划中，75%的资金将在今后18个月投入。

IMF宣布，将2009年的世界经济增长预期调低至0.5%，这是二战以来的最低水平。其中美国－1.6%，欧元区－2%，新兴市场3.3%，中国6.7%。该组织还预测，2010年世界经济将实现3%的增长，其中美国1.6%，欧元区0.2%。该组织还修正了全球银行业在当前金融危机中的损失，称其将达2.2万亿美元（此前为1.4亿美元）。

国际劳工组织发布的《世界就业趋势》年度报告称，全球失业人数在2009年将增加约5100万，从而达到2.3亿人；失业率将上升至7.1%（此前预测为6.1%）。

波音公司发布的财报显示，公司2008年第四季度亏损5600万美元。该公司还表示，2009年将裁员1万人，占公司总员工数的6.25%。

1月29日　国务院总理温家宝在世界经济论坛年会第一天发表致辞，表示世界金融和经济危机对中国经济造成了"较大冲击"，但中国经济在2009年将实现8%的增长，原因在于中国经济形势总体上是好的。温总理还呼吁全球合作，并批评了西方国家针对金融机构政策的失误。

在达沃斯世界经济论坛年会上，德国总理默克尔发言表示，各国应借鉴联合国第二次世界大战后成立安理会的经验，成立联合国经济理事会，透过国际合作的方式解决全球问题，用强制的方式确定国际经济规范。

美国总统奥巴马在读到有关华尔街发放高额年终奖金的报道后，说："美国人明白，我们已经陷入黑洞中，必须把自己拔出来。民众还指望他们填平黑洞，他们却将洞越挖越深。""这是高度不负责任，是可耻。我们要求他们表现出克制、守纪和责任感。"

英国《经济学家》周刊文章《买美国货——经济民族主义的丑陋抬头》，称美国贸易保护主义抬头，众议院民主党人希望经济刺激计划支持的基础设施项目全部用美国钢材，国土安全部10万名职员的制服"买美国货"，分配给医疗记录计算机化的200亿美元由美国独享。与贸易保护有关的观点和法案也在国会山周边涌动。

1月30日 温家宝总理在欧盟总部与欧盟委员会主席巴罗佐举行会议，双方同意加强合作，共御金融危机。双方签署了9项协议，涉及金额近6000万欧元（约合7800万美元）。温总理的此次欧洲之行被称为"信心之旅"，除欧盟总部外，温总理还访问了瑞士、德国、西班牙和英国，并出席达沃斯世界经济论坛年会。

温家宝总理访问德国，并与德国总理默克尔举行会谈。事后双方发表了《关于共同努力稳定世界经济形势的联合声明》，表明作为两个主要经济体和出口大国，在应对当前经济金融危机方面，中德合作具有特殊意义。

在世界经济论坛上，英国首相布朗和商务部长彼得·曼德尔森双双批评贸易保护主义。布朗严辞警告"去全球化"以及贸易保护主义。他还指出，"重商主义"（即把银行给海外的贷款调回国内）将重创穷国。曼德尔森称美国"买国货"计划可能转变为真的贸易壁垒，并予以谴责。布朗和曼德尔森的言论是针对美国奥巴马政府"买国货"计划和欧盟某些国家政府的贸易保护主义而发的。

1月31日 日本首相麻生太郎在达沃斯世界经济论坛年会上发表致辞，承诺向亚洲各国提供总额1.5万亿日元（约合170亿美元）的援助，以加强受全球金融危机影响的亚洲国家的增长潜力，并加强区域内经济合作。

英国《卫报》报道，2008年全球股票市值出现创纪录的14万亿美元的缩水，全球许多国家的股市遭遇有史以来跌幅最严重的一年。以摩根斯坦利资本国际（MSCI）指数衡量，全球股市在一年的时间里下跌创纪录的44%。

中国股市1月份出现近一年来的首次大幅上涨，上证综合指数上涨近9.3%，成为世界十大证券市场中日涨幅最大的一个。世界大型资产运作公司越来越多的人认为中国经济将免于衰退。

数据显示，2009年1月份，中国新增贷款达1.2万亿元人民币，创历史纪录。采购经理指数上升到了45.3%，2008年12月为41.2%。

2月1日 商务部公布的监测数据显示，2009年春节黄金周期间，中国实现社会消费品零售总额2900亿元，同比增长13%，餐饮、礼品、服装、食品等年货产品是消费中心，其中珠宝首饰等贵金属消费增幅达17.2%。另国家统计局宣布，2009年春节黄金周中，1亿多中国人在国内或境外旅游，旅游收入为509.3亿人民币。

中央农村工作领导小组办公室主任陈锡文透露，我国1.3亿外出务工的农民工中有15.3%人返乡，达2600万，比例约为1/7。

日本《读卖新闻》报道，巴西经济急剧减速。巴西的民间调查公司称，约七成的巴西国民在控制消费支出。占巴西GDP约60%、引领经济增长的个人消费正趋于萎缩。巴西最大铁矿石出口企业淡水河谷公司被迫减少产量，并在2008年底裁员1300人，2009年1月下旬又建议1.9万人临时回家休假。2008年12月，巴西约有65万人被解雇，创下10年来的最差纪录。

2月2日 西班牙《国家报》报道，金融危机导致社会抗议蔓延欧洲。自2008年12月希腊爆发猛烈抗议以来，欧洲许多国家都暴发了示威抗议活动，包括法、英等大国，匈牙利、保加利亚、希腊、立陶宛和拉脱维亚的抗议活动还带有暴力色彩。比利时、冰岛首相已经为此辞职。IMP总裁斯特劳斯－卡恩提醒："这一局面可能在未来几个月进一步恶化。"

澳大利亚出台420亿澳元（265亿美元）的第二个经济刺激计划，其中包括288亿澳元用于基础设施建设、学校及住房方面的投资，以及127亿澳元的现金支出，用于中低收入者2009年3月份的补贴。澳财政部长韦恩·斯旺称此项措施将确保2008～2009年的经济增长高于0.5%，并保证下一年的增幅在0.5%～1%之间。

美国最大的百货连锁公司梅西百货宣布裁员7000人，约占公司员工总数（18万）的4%，同时还将为员工退休基金减少缴费。此前，该公司已在

2009 年 11 月宣布关掉 11 家商店，涉及 960 名雇员。

2 月 3 日　IMF 下调亚洲经济增长的预期至 2.7%，接近于两个月前的 4.9% 的一半。IMF 还说，如果世界其他地区的经济出现明显改善，亚洲经济增速将于 2010 年恢复到 5% 以上。

奥巴马总统在接受福克斯电视台采访时指出，国会版本的经济刺激方案中的"买国货"条款可能引发"贸易战"，他说："我认为我们需要确保法案中的任何条款都不会引发贸易战。"

2 月 4 日　澳大利亚《月刊》杂志刊载总理陆克文的文章《全球金融危机》，指出"当前，全球金融危机已经演变为经济危机和就业危机"，"这一后果的始作俑者就是过去 30 多年以来自由市场意识形态所主导的经济政策"。

2 月 5 日　英格兰银行宣布降息 0.5 个百分点至 1%，创历史最低点。但欧洲央行保持利率不变。

2 月 6 日　海关总署统计，2008 年中美双边贸易总额达 3337.4 亿美元，比 2007 年增长 10.5%，增速为中国加入世贸组织 7 年来的最低。其中中国对美出口 2523 美元，同比增长 8.4%，7 年来首次降至个位数；从美进口 814.4 美元，增长 17.4%，增速提高 0.2 个百分点。

美国劳工部报告，2009 年 1 月，美国有 59.8 万人失去就业岗位，这是 30 年来最差的纪录；失业率升至 7.6%，是 16 年来的最高点。至此，美国失业人数已增至 1160 万人，此外还有 780 万人从事非全日制工作。

金融危机影响了国际银行排名，中国银行业国际排名提升。全球银行市值排名榜前 10 名分别为：中国工商银行，中国建设银行，中国银行，英国汇丰银行，美国摩根大通银行，美国富国银行，西班牙国际银行，日本三菱 UFJ 银行，美国高盛公司，中国交通银行。

2 月 9 日　世界银行首席经济学家兼高级副行长林毅夫呼吁制定"马歇尔计划"，以类似于美国在二战结束时为欧洲提供巨额援助的方式协助重建全球经济。他提议以美国为首的高收入国家和诸如中国这样的储备富足的国家以及石油出口国拿出其 GDP 的 1%，建立前五年达 2 万亿美元的基金。

日产公司宣布，将于 2010 年 3 月之前裁员 2 万人，其中日本本土 1.2 万。至此，日本 12 家主要汽车制造商裁员已达 3.6 万人。

2月10日　国家统计局公布，1月份 CPI 同比上涨 1%，PPI 同比下降 3.3%，为 7 年来的最大降幅。

耶鲁大学管理学院国际贸易和金融学教授杰弗里·加滕撰文指出，当前世界经济患了癌症，正在转移，癌细胞快要扩散到自由贸易这个要害器官。保护主义如果不被遏制，将戕害我们所知的世界经济。

2月11日　英格兰银行预测，到 2009 年年中，英国经济同比跌幅将高达 6%，要到 2010 年才有可能恢复增长。失业总人数已经接近 200 万人。

2月12日　美国情报机构发布报告称，全球经济危机是美国现阶段面临的最大威胁，它给全球 1/4 的国家带来动荡，并且有可能引发极具破坏性的贸易战。

日本与 IMF 就其向后者贷款 1000 亿美元的条款签署了协议。贷款将用于向受经济危机打击的新兴经济体提供金融救援资金。这是人类历史上规模最大的一笔贷款。

2月13日　美国参众两院最终通过了经济刺激的一揽子计划，金额为 7870 亿美元，较此前的计划少了数百亿美元。资金主要用于基础设施项目开支、增加失业补助、援助小企业和帮助陷入困境的州政府。

G7 部长级会议在罗马召开。参加会议的财政部长和央行行长们在两天的会议结束时发表声明指出，稳定金融市场和推动经济增长是各国需要采取措施的"优先目标"。但政界人士和学者指出，随着 G20 的崛起，G7 的影响力已大不如前，难以再获外界重视。

2月16日　日本政府公布的数据显示，2008 年第四季度日本 GDP 环比下跌了 3.3%，折合年率为 12.7%。日本由此成为世界各大经济体当中最大的输家。许多民间调查机构预测，2009 年第一季度的 GDP 也会出现两位数的负增长。

2月17日　美国总统奥巴马签署了 7870 亿美元的巨额经济刺激法案，并宣布这是美国 80 年来最严重经济危机"终结的开端"。

通用和克莱斯勒汽车公司同时向政府伸手要贷款，要求政府再分别提供 166 亿和 50 亿美元的资金支持。

2月18日　美联储预测，2009 年美国经济将收缩 0.5%～1.3%，并预测经济复苏的时间会"非常"长。2009 年的预测失业率为 8.5%～8.8%。

美国总统奥巴马承诺投入 2750 亿美元资金，以避免大批家庭丧失住房抵押赎回权，为美国 900 万"房奴"解困。

2 月 19 日 亚洲开发银行行长黑田东彦说，亚洲发展中经济体因全球经济减速蒙受的损失比预想要大，它们必须采取措施减少对出口的依赖。但他认为亚洲仍然是世界经济增长的引擎。

美国劳工部宣布，数据显示，截至 2 月 7 日的一周内，美国申请领取失业救济的人数增加了 17 万人，达到 498.7 万人，为历史新高。

《泰晤士报》称，第二轮金融危机正向我们逼近。该轮金融海啸将首先由东欧引爆，进而冲击全欧，波及全球。

2 月 21 日 胡锦涛主席、温家宝总理分别会见到访的美国国务卿希拉里，双方同意"同舟共济"，共同应对金融危机以及其他全球性经济问题。

2 月 22 日 德、英、法、意等欧洲主要经济体的领导人发表声明，称 IMF 的资金应该翻倍，从目前的 2500 亿美元增加到 5000 亿美元，以帮助那些在金融危机中遭受严重打击的国家，防止它们出现新的经济问题。

东盟和中日韩 13 国财长会议在泰国普吉岛举行，各国决定将"清迈倡议"确立的区域内外汇储备库规模扩大至 1200 亿美元。

2 月 25 日 日本财务省称，日本 1 月份贸易赤字扩大到 9526 亿日元（合 99.2 亿美元），这是连续第四个月进口超过出口，是自日本政府于 1979 年开始搜集比较数据以来最大的贸易赤字。

2 月 26 日 美国联邦储蓄保险公司称，美国 2008 年第四季度问题银行数量增加了 50%，达 252 家，创下 1995 年 6 月以来的纪录；亏损额达 262 亿美元，是美国银行业 18 年来第一次出现季度亏损。2009 年银行全年利润为 161 亿美元，是 1990 年以来最低的。预计 2009 年会有数以百计的银行破产。

英国苏格兰皇家银行公布，该行 2008 年净亏损 241 亿英镑（合 340 亿美元），并将 3250 亿英镑资产投入政府担保计划。

罗马尼亚央行行长表示，罗马尼亚将请求 IMF 和欧盟提供贷款，帮助自己应对经济危机。

通用汽车公司宣布，2008 年该公司亏损达 309 亿美元，4 年来共亏损 866 亿美元。

房利美公布，2008 年该行亏损近 600 亿美元，预计 2009 年将面临更大亏损，要求政府再增加 152 亿美元紧急援助。

2 月 27 日 美国政府公布的报告称，2008 年第四季度美国 GDP 按年率计算下跌 6.2%，是 1982 年以来最严重的。除政府开支外，每个主要经济指标都收缩了。

日本政府通过 88.5 万亿日元（合 9100 亿美元）的 2009 年财年年度预算案，旨在刺激遭受经济衰退打击的经济。日本 2009 年 1 月份的工业产值环比下降 1.0%，高于 2008 年 12 月份创纪录的 9.8% 的跌幅。日本首相麻生太郎称，彻底医治日本经济需要花三年的时间。

2 月 28 日 温家宝总理与全球网民在线交流，称百年罕见的金融危机现在还在蔓延，没有见底。世界市场的萎缩，经济发展的下行压力趋大，对中国经济特别是外部需求造成很大的冲击。我们必须充分认识应对这场危机的长期性和艰巨性，提振信心，沉着应对，随时准备出手更坚决有力的措施，减少危机对中国经济的危害。

3 月 1 日 英国经济学家信息部最新公布的预测报告说，中国经济将在 2009 年下半年率先开始复苏，2009 年 GDP 增幅为 6%。

美国政府再向 AIG 注资约 300 亿美元，这是自 2008 年 9 月以来美国政府对 AIG 的第三轮纾困，至此，美国政府已持有 AIG80% 的股权。

汇丰银行宣布通过配股筹资 125 亿英镑（合 177.5 亿美元），以支持资产负债表。该行称，2008 年经调整后的税前利润为 199 亿美元，比 2007 年少 18%，但若计入商誉减值费用 106 亿美元后，获利将锐减 62%，从上年同期的 242 亿美元降至 93 亿美元。

3 月 2 日 因投资者担忧银行财务状况加剧以及一批企业减少派息，全球股市全线下跌。道－琼斯指数跌破 7000 点（下跌 299.64 点，跌幅 4.24%，收于 6763.29 点），为 12 年来首次。

AIG 报告显示，该集团 2009 年第四季度亏损约 620 亿美元，打破了此前时代华纳在 2002 年第四季度创下的约 450 亿美元的亏损纪录。分析家称，AIG 的亏损十分"成功"，92 天中每分钟亏损 47 万美元，620 亿平摊给全体美国人达每人约 200 美元。

3 月 3 日 美国政府启动一项计划，通过购买与各种贷款相关的证券向消费信贷市场注入 2000 亿美元。美国财政部和美联储联合发表声明说，该计划名为"定期资产担保证券贷款工具（TALF）"，目的是"为了重振自去年 10 月份金融危机开始恶化以来萎缩不振"的信贷市场。

3 月 4 日　彭博社报道，2 月份中国工业的采购经理人指数上升到 49%（1 月份为 45.3%）。专家认为，采购经理指数上升说明，中国政府近来采取的反危机举措，尤其是减税措施，是有效的。

3 月 5 日　全国人大第十一届二次会次召开，温家宝总理作政府工作报告，指出 2009 年的目标是 GDP 增长 8% 左右，新增就业 900 万人以上，城镇登记失业率不超过 4.6%。

英国央行和欧洲央行分别将基准利率下调 0.5 个百分点，前者从 1 下调至了 0.5，后者从 2 下调至了 1.5。

花旗银行股份盘中跌破 1 美元（0.97 美元），市值从 2006 年底时的 2770 多亿美元大幅缩水至不足 60 亿美元。该行至 2008 年 12 月 31 日的前 15 个月里，亏损达 375 亿美元。

通用汽车公司受其审计机构德勤会计师事务所警告，称其若不能控制损失并停止烧钱，其生存能力"非常令人怀疑"。投资者对此消息反应强烈，通用股价暴跌 15% 至每股 1.86 元。通用称，若不能就重组债务达成协议，它将面临破产。

3 月 6 日　IMF 报告称，目前的经济衰退将持续到 2010 年。"鉴于未来两年全球经济将持续衰退，除已宣布的经济措施外，应该考虑提供更多的经济刺激计划。"

美国政府公布的数据称，2 月份美国丧失了 65.1 万个工作岗位，失业率达 8.1%，创 25 年来最高。劳工部称，2 月份失业人口总数达 1250 万人。

世界银行行长佐利克与世行首席经济学家林毅夫联合撰文，称世界经济要想复苏，这两个经济发展的发动机必须合作，并成为 G20 的引擎。没有 G2 的强劲发展，G20 将会令人失望。

3 月 7 日　美国总统奥巴马在接受《纽约时报》采访时说："我们的信念和期望是，今年我们将为经济复苏打好基础……我们相信，只要与国会协同努力，就能实现这一目标。"

英国劳埃德银行宣布，英国政府将为其不良资产提供超过 2600 亿英镑

（约合 3670 亿美元）的担保，并成为其最大股东。

3月8日　世界银行预计，2009 年全球经济将出现二战以来的首次萎缩，全球贸易将降至 80 年来的最低点。最贫穷的国家将遭受严重冲击，有 129 个国家 2009 年面临着 2700 亿～7000 亿美元的资金缺口。

3月9日　亚洲开发银行发表的报告称，全球金融资产缩水可能已经超过 50 万亿美元，相当于全球一年的经济产出。亚洲受金融危机的打击格外严重，不包括日本，亚洲 2008 年的资本损失达 9.625 万亿美元。

日本财务省公布的 1 月份国际收支初步数据显示，反映日本与国外商品和服务贸易及海外投资所得状况的经常项目开支呈现 1728 亿日元（约合 17.6 亿美元）的赤字。这是自 1996 年 1 月以来首次遭遇经常项目赤字，且创下 1985 年有比较数据以来的最大赤字额。

3月10日　国家统计局公布的数据称，2 月份我国 CPI 同比下降 1.6%，为 2002 年起 6 年来首次下降。PPI 同比下降了 4.5%。

在 G20 伦敦峰会举行前夕，美欧为是否加码刺激经济而争执。欧美国家希望会议致力于改写金融市场监管规则，不赞成加大刺激经济力度成为会议主题。

3月11日　海关总署数据显示，我国 2 月份出口同比下降 25.7%，进口下降 24.1%，出口跌幅是 1993 年有纪录以来最大。该月的贸易盈余为 48.4 亿美元，创下三年来最低水平。

俄罗斯《红星报》文章称，金融危机已经演变为全球经济衰退，第二阶段危机潜伏着巨大的危险：一是各国政府无力挽救工业；二是危机转入社会和政治领域。美国在很大程度上决定着全球经济走势，而中国正成为新的世界经济领袖。

3月12日　美联储公布的数据显示，2008 年美国家庭财富缩水 11.2 万亿美元，第四季度缩水 5.1 万亿美元，幅度达 9%。两项指标均创纪录。

3月13日　全国人大十一届二次会议闭幕。温家宝总理在答记者问时称，实现 GDP 增长 8% 的目标确实有难度，但经过努力也是有可能的。温总理称，中国对应对这场金融危机做了长期的、困难的准备，预留了政策空间。我们已经准备了应对更大困难的方案，并且储备了充足的"弹药"，随时可以出台新的刺激经济政策。

　　美国商务部统计数据显示，2009年1月美国贸易赤字降至6年来的最低点，为360亿美元，比上年12月下降9.7%，是自2002年10月以来的最低水平。这表明，进口急剧下跌是因为国内经济衰退严重，全球经济普遍不景气也使美国出口愈发疲软。

　　3月14日　G20财政部长和央行行长会议在英国霍舍姆开幕。本次会议旨在为4月份在英国举行的G20峰会做准备。与会各国同意大幅增加IMF的援助资金，从此前的拟议扩大一倍增加至扩大两倍，达7500亿美元。会议还同意结束50年来IMF和世界银行领导人分别由欧洲和美国政府决定的潜规则，给中国和其他新兴国家更大的发言权。

　　美国总统奥巴马在结束与巴西总统卢拉的会晤后，表示否认G20中美国和欧洲国家存在分歧，同意加强金融监管，并向中国保证其对美国的投资是安全的。

　　德国总理默克尔拒绝接受英国首相布朗设计的新的全球刺激方案，称现在还没有到评估第一轮刺激计划以实行进一步政府援助的时候。

　　3月15日　美联储主席伯克南在接受哥伦比亚广播公司采访时说，美国经济的衰退将在2009年结束，并将在2010年复苏。

　　海外媒体报道，中国在强力经济刺激计划推动下，将领先世界各国经济体复苏。同时指出，如果在实施"量"的经济刺激计划的同时进行"质"的改革，中国就会成为值得世界信赖的"经济大国"。